21世纪经济管理新形态教材 · 国际经济与贸易系列

国际贸易实务

（第6版）

盛洪昌 ◎ 主编

清華大学出版社
北 京

内 容 简 介

本书系统、全面地介绍了国际贸易实务的基本知识。本书框架结构划分较细，脉络清晰，重点突出，理论贯通实务；在分析角度、引用资料、内容安排上都比较新颖，尽显经济全球化的新成果；语言简明通俗，内容深度适当，举例生动，力求调动学生学习的积极性和主动性；实务操作性较强，注重理论联系实际。各知识点具有较强连贯性，让学生从总体上把握进、出口业务的全盘过程，熟悉业务操作的细节，以突出"应用"和"动手"能力，让读者有效掌握国际贸易实务的知识和技能。

本书可作为普通高等院校国际贸易专业相关课程教材，特别是更适合没有单独开设国际贸易理论与政策课程的院校使用，因本书用一章的篇幅简明扼要地介绍了国际贸易理论与政策。本书也可作为国际贸易从业人员的培训和自学教材。

图书在版编目(CIP)数据

国际贸易实务/盛洪昌主编. —6 版. —北京：清华大学出版社，2023.7(2024.8 重印)
21 世纪经济管理新形态教材. 国际经济与贸易系列
ISBN 978-7-302-64117-9

Ⅰ. ①国… Ⅱ. ①盛… Ⅲ. ①国际贸易－贸易实务－高等学校－教材 Ⅳ. ①F740.4

中国国家版本馆 CIP 数据核字(2023)第 131092 号

责任编辑：张　伟
封面设计：汉风唐韵
责任校对：王荣静
责任印制：沈　露

出版发行：清华大学出版社
网　　址：https://www.tup.com.cn，https://www.wqxuetang.com
地　　址：北京清华大学学研大厦 A 座　　**邮　　编**：100084
社 总 机：010-83470000　　**邮　　购**：010-62786544
投稿与读者服务：010-62776969，c-service@tup.tsinghua.edu.cn
质量反馈：010-62772015，zhiliang@tup.tsinghua.edu.cn
课件下载：https://www.tup.com.cn，010-83470332
印 装 者：北京同文印刷有限责任公司
经　　销：全国新华书店
开　　本：185mm×260mm　　**印　张**：17.75　　**字　　数**：352 千字
版　　次：2006 年 1 月第 1 版　2023 年 8 月第 6 版　　**印　　次**：2024 年 8 月第 2 次印刷
定　　价：55.00 元

产品编号：100948-01

前　言

党的二十届三中全会提出："开放是中国式现代化的鲜明标识。必须坚持对外开放基本国策，坚持以开放促改革，依托我国超大规模市场优势，在扩大国际合作中提升开放能力，建设更高水平开放型经济新体制。要稳步扩大制度型开放，深化外贸体制改革，深化外商投资和对外投资管理体制改革，优化区域开放布局，完善推进高质量共建"一带一路"机制。"

本书出版以后，被多所高校作为经济类、管理类专业的专业课教材，深受用户及读者的欢迎。为了不辜负读者的厚爱，编者应出版社的要求，于2006年1月由清华大学出版社出版第1版，2008年7月出版第2版，2012年2月出版第3版，2015年8月出版第4版，2020年1月出版第5版；2023年，在以上几版基础上，又进行了修订，出版了第6版，力求把反映最新成果、符合时代要求的国际贸易实务教材献给读者。

第6版在框架结构保持不变的基础上，做了以下修订。一是重新改写了部分内容。对第三章国际贸易术语按《2020年国际贸易术语解释通则》做了进一步的修订和补充，对第五章国际货物运输第二节的大陆桥运输做了补充，对第五章第四节国际货物运输单据第一个问题海运单据中的海运单做了重写。第七章第三节信用证标题六信用证的种类增添了SWIFT信用证；将原第七章第四节其他支付方式分为两节，即第四节银行保函与备用信用证和第五节国际保理。第八章国际货物贸易的检验与检疫第一节第一个大问题按《中华人民共和国民法典》的相关条款做了重写。第九章进出口货物报关的第二节报关管理中的第四个大问题的第(二)个问题报关员管理做了重写。第十二章进出口合同的履行第二节第一个大问题进口许可证的申领做了重写。二是对数据做了更新。三是对错字、遗漏做了修订。四是增加习题的题型，如单项选择题、多项选择题、计算题，增加了期末三套试卷等。五是融入课程思政元素。添加了"数字贸易"等内容；在案例分析中融入社会主义核心价值观背景下，要求学生强化法律意识与责任担当、增强民族文化自信、诚实守信、严谨工作作风与敬业精神等元素。总之，这次修改会更方便教师与学生使用。

"国际贸易实务"课程不仅是国际经济与贸易专业的一门核心课，也是经济类、管理类的一门主干课。目前，国际贸易实务教材版本多样、各有侧重与特色，但缺乏一本融基本知识学习和实务技能拓展为一体，既可以满足国际贸易专业学生深入研究，又可以使其他相关专业学生全面、快速了解国际贸易业务的教材。本书以解决传统人才培养层次单一化与社会需求多样化的矛盾，适应高等教育的人才培养与教学模式的变化，培养高素质的应用型人才为主要目标。为此，本书的指导思想是体现教育思想和教育观念的转变，依据教学内容、教学方法和教学手段的现状与趋势的要求，以适应新型人才培养模式的需要。

本书的主要特色如下。

(1) 系统性与逻辑性强。本书以国际货物买卖合同为主线，以国际贸易法和惯例为依据，结合案例，系统地介绍了国际贸易实务的基本概念和知识点，力求达到内容的深化和细化。

(2) 内容新颖，具有前瞻性。本书在分析角度、引用资料、内容安排上都比较新颖，尽可能反映经济全球化的新成果，体现了面向21世纪的特点，具有创新精神和前瞻意识，力求反映国际贸易发展的最新成果。

(3) 针对性强。本书以全国报关员、单证员、国际货代员等考试大纲的相关内容为基础，注意运输、单证、国际商法、商务英语等内容的扩展讲解，有助于相关专业学生顺利通过各类考试中的国际贸易实务部分。

(4) 重视实用性、真实性。本书紧贴外贸业务实际，进出口业务操作并重，立足操作，介绍了进出口贸易实务运作程序、具体操作方法和技巧，所涉及的操作规范和方法具有一定的规范性与可操作性，通过学习掌握后可直接上岗操作，具有较强的可读性和实用性。

(5) 本书在关键知识点处都添加了案例与分析，使教学内容生动、形象，让学生更好地联系实际，掌握好国际贸易实务的具体业务活动。

本次修订在保持原书结构与风格的前提下，在内容上做了较大调整、补充。本书附带教学课件，在立体化新形态教材方面有较大的突破。本书可作为本科经济管理类相关专业的教材。

第6版由盛洪昌教授任主编，负责提纲拟定，全书的修改、编纂和定稿。盛守一任副主编。具体分工如下：盛洪昌、盛守一(第一、二、三、四、五章)；盛洪昌(第六、七章)；李中梅(第八、九章)；盛守一、太荣剑(第十章)；盛守一(第十一、十二章)；李中梅、王乙涵(第十三章)。

由于编者水平有限，书中难免出现不足之处，敬请读者批评指正。

编　者

2024年7月

目　　录

第一章　国际贸易理论与政策

学习目标

- 掌握国际贸易的基本概念与分类。
- 掌握国际分工的概念及类型，理解国际分工对国际贸易的影响。
- 了解世界市场的特征及构成。
- 理解国际贸易几个主要理论思想。
- 了解国际贸易政策的类型。
- 掌握关税措施、非关税措施。
- 了解世界贸易组织、区域经济一体化。

第一节　国际贸易概述

一、国际贸易的基本概念

（一）国际贸易

国际贸易(international trade)是一个历史的范畴，是在一定条件下产生和发展起来的，是人类社会生产力发展到一定阶段的产物。国际贸易的产生必须具备两个条件：一是相对独立的政治实体的出现，即国家的形成；二是各个国家之间有可供交换的剩余产品，即国际分工(international division of labor)的存在。

国际贸易是指世界各国之间商品和劳务的交换活动。对外贸易(foreign trade)是指一国(或地区)同别国(或地区)之间进行的商品和劳务交换活动。这是从一个国家或地区的角度出发，是相对国内贸易而言的；如果从世界的角度或全球角度看，就称国际贸易或全球贸易，有的也称世界贸易。一些海岛国家，如英国、日本等也常把对外贸易称为“海外贸易”。

（二）国际贸易额与国际贸易量

1．国际贸易额

国际贸易额(value of international trade)也称国际贸易值，它是计算和统计世界各国对外贸易总额的指标，是把世界上各国(或地区)的出口额相加，即按同一种货币单位换算后，把各国(或地区)的出口额相加得出的数额。不能把世界各国(或地区)的出口额与进口额相加，因为一国(或地区)的出口就是另一国(或地区)的进口，如相加就会出现重复计算。从世界范围看，一国(或地区)的出口就是另一国(或地区)的进口，这样世界进口总额应等于世界出口总额。但是，由于各国一般都按 FOB(船上交货)价格计算出口额，按 CIF(成本加保险费加运费)价格计算进口额，CIF 价格比 FOB 价格多了运费和保险费，所以世界出口总额往往小于世界进口总额。

2. 国际贸易量

国际贸易量(quantum of international trade)是指以数量(quantity)、重量、长度、面积、体积等计量单位表示进出口商品的数量。它可以避免因物价变动所引起的国际贸易规模的不真实。就一种商品而言,用计量单位表示很容易,但对一国全部进出口商品来说,成千上万种商品的计量单位不同,无法用统一的计量单位表示。为了反映国际贸易的实际规模,只有按一定时期的不变价格为标准来计算各个时期的国际贸易值,即用出口价格指数去除各个时期的出口值,得出国际贸易实际规模的近似值,即国际贸易量。然后再以一定时期国际贸易量为基期,同各个时期的国际贸易量做比较,就可得出反映国际贸易实际规模变化的贸易量指数。这种方法是联合国及欧美等发达国家所采用的。

(三)国际贸易差额

贸易差额(balance of trade)是指一个国家在一定时期内(通常为一年)出口总值与进口总值的差额。贸易差额的衡量指标有以下几个。

(1) 贸易顺差(favorable balance of trade),也称出超(excess of export over import),表示一定时期的出口额大于进口额。

(2) 贸易逆差(unfavorable balance of trade),也称入超(excess of import over export)或赤字,表示一定时期的出口额小于进口额。

(3) 贸易平衡(balance of trade),就是一定时期的出口额与进口额相等。

(四)贸易条件

贸易条件(terms of trade)是指一国在一定时期内的出口商品价格与进口商品价格的比率。由于一个国家的进出口商品种类繁多,很难直接用进出口商品的价格进行比较,所以,一般用一国在一定时期内的出口商品价格指数同进口商品价格指数对比进行计算。其计算公式为

$$\text{贸易条件}=\frac{\text{出口价格指数}}{\text{进口价格指数}}\times 100$$

出口价格指数是用来反映一定时期内一个国家出口商品价格的变动趋势及影响程度的动态相对数。

进口价格指数是用来反映一定时期内一个国家进口商品价格的变动趋势及影响程度的动态相对数。

如果贸易条件大于100,说明该国的贸易条件得到改善;如果贸易条件等于100,说明贸易条件不变;如果贸易条件小于100,说明贸易条件恶化。

(五)对外贸易依存度

对外贸易依存度(degree of dependence of foreign trade)是反映一国国民经济对进出口贸易依赖程度的重要指标。它是指一国在一定时期内进出口贸易值在其国民生产总值(gross national product,GNP)或国内生产总值(gross domestic product,GDP)中所占的比重。其计算公式为

$$Z=\frac{X+M}{\text{GNP(或 GDP)}}\times 100\%$$

式中，Z 为对外贸易依存度；X 为出口总值；M 为进口总值。

对外贸易依存度分为出口依存度和进口依存度。

（六）对外贸易商品结构和国际贸易商品结构

1. 对外贸易商品结构

对外贸易商品结构(composition of foreign trade)是指一个国家在一定时期内各种类别的进出口商品占进出口贸易额的比重。一个国家的对外贸易商品结构，主要是由该国的经济发展水平、产业结构状况、自然资源状况和贸易政策决定的。从一个国家对外贸易商品结构可以看出该国的经济发展水平和在国际分工中的地位。

2. 国际贸易商品结构

国际贸易商品结构(commodity composition of international trade)是指各种类别的商品在进出口贸易总额中所占的比重，通常以它们在世界出口总额或进口总额中的比重来表示。在国际贸易中，通常把商品分为初级产品和工业制成品两大类。20 世纪 50 年代以前，国际贸易商品结构是初级产品占主导地位；从 1953 年起，工业制成品比重超过初级产品。从国际贸易商品结构可以看出世界经济的发展水平。

（七）对外贸易地理方向和国际贸易地理方向

1. 对外贸易地理方向

对外贸易地理方向(direction of foreign trade)也称对外贸易地理分布，是指在一定时期内世界上一些国家(或地区)的商品在该国(或地区)进出口贸易总额中所占的比重。对外贸易地理方向既表明了一国(或地区)出口商品的去向，也表明了该国(或地区)进口商品的来源，从而反映该国(或地区)进出口贸易的国别(或地区)分布。

2. 国际贸易地理方向

国际贸易地理方向(direction of international trade)也称国际贸易地理分布，是指在一定时期内，世界上各洲、各国或经济集团的对外商品贸易在国际贸易中所占的比重。它表明各洲、各国或经济集团在国际贸易中的地位。

二、国际贸易的分类

国际贸易涉及的范围广，性质也很复杂，可以从不同的角度对其进行分类。

（一）按货物的移动方向划分

按货物的移动方向，国际贸易可分为出口贸易(export trade)、进口贸易(import trade)和过境贸易(transit trade)。

1. 出口贸易

出口贸易是指将本国生产和加工的产品运往国外市场销售的活动。不属于外销的产品则不计入。

2. 进口贸易

进口贸易是指将外国生产和加工的产品运入本国市场销售的活动。不属于内销的产品则不计入。

3. 过境贸易

某种商品从甲国经由丙国国境向乙国运送销售,对丙国来说,就是过境贸易。

(二)按交易对象的性质划分

按交易对象的性质,国际贸易可分为有形贸易、无形贸易和数字贸易。

1. 有形贸易

有形贸易(visible trade)是指有形商品的出口和进口。有形贸易的进口和出口要办理海关手续,引入海关统计,构成一个国家一定时期的对外贸易额。联合国秘书处出版的《联合国国际贸易标准分类》将货物种类划分为10大类:食品及主要供食用的活动物(0);饮料及烟草(1);燃料以外的非食用粗原料(2);矿物燃料、润滑油及有关原料(3);动植物油、油脂和蜡(4);未列名化学品及有关产品(5);主要按原料分类的制成品(6);机械及运输设备(7);杂项制品(8);没有分类的其他商品(9)。其中,0~4类称为初级产品,5~8类称为制成品,9类称为其他。

2. 无形贸易

无形贸易(invisible trade)是指无形商品(服务)的输出与输入,主要指运输、保险、金融、旅游、租赁等。无形贸易通常不办理海关手续,在海关进出口统计中反映不出来,而在国际收支中反映出来。

3. 数字贸易

数字贸易(digital trade)是指信息通信技术发挥重要作用的贸易形式。

数字贸易不仅包括基于信息通信技术开展的线上宣传、交易、结算等促成的实物商品贸易,还包括通过信息通信网络(语音和数据网络等)传输的数字服务贸易,如数据、数字产品、数字化服务等贸易。

通过联合运营模式,倡导企业以统一的技术标准搭建全球公共数字贸易平台,并以消费主权资本论调动消费者参与的主动性,平台不提供商品,通过供求双方互动电子信息通道达成数字化信息的高速交换,将数字化信息作为贸易标的,在完成商品服务交易时实现收益。

随着全球信息的无限扩张,竞争日趋白热化,普通商品大量过剩,以及5G时代的来临,通过网络的信息处理和数字交换,减少流通渠道、直接面对用户,产生更大价值的新型贸易方式日益被企业所青睐。数字贸易促进推广机构,该机构从仍然占绝大多数的传统贸易和新兴的网上贸易中取得灵感,构建出一整套数字贸易的宏伟蓝图,成功解决了网上贸易“下地难”的现状,并在不断实践应用过程中得到证明。

数字贸易两大特征分别是贸易方式数字化和贸易对象数字化。其中,贸易方式数字化是指信息技术与传统贸易开展过程中各个环节深入融合渗透;贸易对象数字化是指数据和以数据形式存在的产品、服务贸易。

随着互联网络的广泛应用,数字贸易已经深入商业流程的核心,其战略作用越来越突出。在信息时代和网络经济的驱使下，企业不得不考虑重塑新的商务运作模式。2006年3月，数字贸易诞生，作为“全球第一家数字贸易”，以B—C—B数字贸易模式，整合一切与民生息息相关的优秀商业资源，开创网商新时代。它的目标是成为全球数字贸易行业的倡导者，通过服务加强用户对数字贸易的归属感和依赖感，使数字贸易成为一种生活方式的代名词，最终达到获得用户终身商业价值的目标。

全球化与数字化，逐步影响和遍及国民经济的各个部门及其企业，首先受到影响的，无疑是国际贸易，没有大量的国际贸易活动，全球化就是一派空谈，数字化也失去其用武之地。全球化为国际贸易创造必要的、空前的有利条件，数字化为国际贸易提供了相应的、顺畅的基本手段。

（三）按有无第三方参加划分

按有无第三方参加，国际贸易可分为直接贸易（direct trade）、间接贸易（indirect trade）和转口贸易（entrepot trade）。

1. 直接贸易

直接贸易是指商品由生产国直接运销到消费国，没有第三方参加的贸易活动。

2. 间接贸易

间接贸易是指通过第三国或其他中间环节，把商品从生产国运销到消费国的贸易活动。

3. 转口贸易

转口贸易是指一国进口某种商品不是以消费为目的，而是将它作为商品再向别国出口的贸易活动。商品生产国与消费国通过第三国进行的贸易，对生产国和消费国而言是间接贸易，对第三国而言则是转口贸易。

（四）按统计边界划分

按统计边界，国际贸易可分为总贸易（general trade）和专门贸易（special trade）。

1. 总贸易

总贸易是指以国境为标准划分和统计的进出口贸易。总贸易包括总进口和总出口。凡是进入一国国境的商品一律列入总进口，凡是离开一国国境的商品一律列入总出口。总进口额加总出口额构成一国的总贸易额。采用总贸易统计的有美国、英国、日本、加拿大、澳大利亚等90多个国家和地区。

2. 专门贸易

专门贸易是指以关境为标准划分和统计的进出口贸易。专门贸易包括专门进口和专门出口。凡运入关境的商品列为进口，称为专门进口；凡运出关境的商品列为出口，称为专门出口。专门进口额加专门出口额构成一国的专门贸易总额。采用专门贸易统计的有德国、意大利、瑞士、法国等80多个国家和地区。

（五）按清偿工具划分

按清偿工具，国际贸易可分为自由结汇贸易（cash-liquidation trade）和易货贸易(barter trade)。

1. 自由结汇贸易

自由结汇贸易也称现汇贸易,是指以货币作为清偿工具的贸易。通常用可兑换货币来支付结算,如美元、英镑、欧元等,结算方式以信用证为主,辅以托收和汇付等。

2. 易货贸易

易货贸易是指以经过计价的货物互相作为清偿工具的国际贸易。政府间的易货贸易也称协定贸易,需签订贸易协定与支付协定。民间的易货贸易也可以部分现汇、部分易货相结合,通常采取进出口结合,双方易货总额尽可能对等平衡。

(六) 按货物的运送方式划分

按货物的运送方式,国际贸易可分为陆路贸易(trade by roadway)、海路贸易(trade by seaway)、空运贸易(trade by airway)和邮购贸易(trade by mail order)。

1. 陆路贸易

陆路贸易是指采用陆路运送货物的贸易。陆地相邻国家通常采用陆路运送货物开展贸易,运输工具主要是火车、卡车等。

2. 海路贸易

海路贸易是指通过海上运输货物的贸易,运输工具主要是各种船舶。

3. 空运贸易

空运贸易是指采用航空运输方式开展的贸易。这种贸易方式适用于贵重物品、鲜活商品或在途时间短的商品。

4. 邮购贸易

邮购贸易是指采用邮政包裹方式寄送货物的贸易。这种方式适用于样品传递、数量不多和特别急需的商品。

三、国际分工

人类社会发展早期曾出现两次社会大分工,但在随后漫长的奴隶社会和封建社会,由于生产力水平相对低下,社会分工主要局限于一国之内。国家之间的产品交换十分偶然,更不用说世界范围的国际分工和协作了。世界性的国际分工大致产生于15世纪。纵观其演变过程,可分为以下几个阶段:国际分工的萌芽阶段(16世纪—18世纪中叶)、国际分工的形成阶段(18世纪60年代—19世纪60年代)、国际分工的发展阶段(19世纪中叶到第二次世界大战)、国际分工的深化阶段(第二次世界大战以后)。

(一) 国际分工的含义

国际分工是指世界上各国之间的劳动分工。所谓劳动分工,就是各种社会劳动的划分与独立化。劳动分工是一切社会生产的一种基本形式,是不同形态的社会所共有的现象。

生产力决定国际分工的产生和发展，各国的资源禀赋、国际资本流动是推动国际分工的重要力量。

在人类历史发展的过程中，劳动分工经历了自然分工、社会分工和国际分工等几个不同的发展阶段。

（二）国际分工的类型

按分工的具体内容，国际分工可大致分为以下几种类型。

1. 垂直型国际分工

垂直型国际分工，是指原材料的生产和提供国与工业制成品的生产和供应国之间的分工合作。这种分工一般发生在发展水平和经济结构具有明显差别的国家之间，如宗主国与殖民地国家之间的分工就属于这种类型。

2. 水平型国际分工

水平型国际分工，是指发展水平相近、生产技术水平相似的国家之间，对某些产品生产的不同环节或工艺过程进行专业化协作。第二次世界大战之后，随着第三次科技革命带来的科学技术和工业的迅速发展，水平型国际分工日益普遍，垂直型国际分工的重要性逐渐下降。在发展中国家之间，发达国家和部分发展中国家之间，以及发达国家之间出现了广泛的水平型国际分工。

3. 混合型国际分工

目前，世界上绝大多数国家同时参与垂直型国际分工与水平型国际分工。形成这种复合分工形式有历史上的原因，也有新的生产组织方式的影响。特别是第二次世界大战后跨国公司的迅猛发展，使国际分工形式越加复杂，世界各国相互间的依赖与联系进一步加深。

（三）国际分工对国际贸易的影响

国际贸易可追溯到数千年之前。荷兰人的帆船、阿拉伯人的驼队、中国的古丝绸之路都曾在远途贸易史中留下自己的痕迹。但世界性国际贸易的大规模开展却只是近四五百年以来的事情。如果说早期国际贸易的动力是出自少数人的奢侈消费，那么，在各国相互联系日益加深的今天，毫无疑问，国际贸易同国际分工的形成和发展有着直接的联系。

1. 国际分工制约着国际贸易的发展速度

贸易产生的根源是分工，因此，贸易发展的程度取决于分工的发展程度。据统计，在1720—1820年长达100年的时间里，世界贸易量仅增长1.74倍，但在国际分工蓬勃发展的1720—1870年和1870—1913年这两个时期，世界贸易量分别增长了6.7倍和3.2倍。第二次世界大战后，随着国际分工的深化，世界贸易迅猛发展。1955—1973年，世界贸易的年增长率达7.8%，成为国际贸易有史以来增长最快的时期。进入21世纪，国际贸易又呈不断扩大之势，如2015年世界贸易额达16.446 7万亿美元，2021年更是高达28.5万亿美元。大量资料表明，在国际分工发展较快的时期，国际贸易的发展速度也较快；反之，国际贸易发展较慢甚至停滞。

2. 国际分工影响制约着国际贸易的空间分布格局

一个国家在国际分工体系中的地位决定了它在国际贸易中的地位。18世纪至19世纪,英国处于国际分工的中心,其对外贸易在世界贸易中占主导地位。1960年,发达国家在世界贸易值中所占的比重高达63%;20世纪90年代中期,这一比重进一步上升到70%以上。而众多的发展中国家,由于在国际分工中处于边缘地位,因此,在国际贸易中的份额也在不断下降。

3. 国际分工决定国际贸易的商品结构

第二次世界大战前,国际分工以垂直型分工为主,贸易主要发生在宗主国与其生产原料提供国之间,主要商品为初级产品。第二次世界大战后,工业制成品的比重明显提高。到1953年,工业制成品在世界出口贸易中的比重高达50.3%,第一次超过初级产品的比重。到20世纪80年代末,这两类商品所占比重分别为71%和21%,到了90年代,这一趋势得到加强,2001年工业制成品与初级产品比重分别为75%和25%。在发展中国家的出口贸易中,工业制成品的比重从1970年的18.5%上升到1991年的56%,制成品在进口中的比重同期从67.5%上升到74.3%。2015年,中国工业制成品占进出口贸易总额的比重为85.4%,2020年更是高达95.5%。同时,随着国际工业部门内部分工和跨国公司内部分工的扩大,内部贸易不断增多,从而中间性产品、半制成品等在整个制成品贸易中的比重迅速提高。

4. 国际分工的发展制约着各国的对外贸易依存度

据世界贸易组织(WTO)和国际货币基金组织(IMF)的数据测算,1960年全球外贸依存度为25.4%,1970年为27.9%,1990年升到38.7%,2000年升至41.7%。2020年美国对外贸易依存度为18.2%,日本为25.6%,德国为70.7%,中国为31.5%。

5. 国际分工的发展与创新导致贸易方式的演变

随着第二次世界大战后国际分工的进一步深化,贸易方式日益多样。服务业和服务贸易的迅速发展成为战后世界经济最为显著的变化之一。世界服务贸易从1967年的700亿～900亿美元猛增到1980年的6 500亿美元,其增长速度于1979年首次超过商品贸易。1987年服务贸易额达到了世界贸易额的1/4,即9 600亿美元,2022年达7万亿美元。此外,结合信息和通信技术诞生的数字贸易等预示着新的贸易时代的来临。

四、世界市场

(一) 世界市场的含义

市场是商品和服务的交换场所或领域,世界市场(world market)是世界各国商品和服务的交换场所或领域,是世界各国之间各种交换关系的总和。广义的世界市场包括世界商品市场、世界劳务市场和世界金融市场等。狭义的世界市场仅是指世界商品市场。世界市场是人类的商品交换关系突破国家和民族的界限而扩展到整个世界的结果,是资本主义生产国际化和国际分工的产物。虽然世界市场是在各国国内市场的基础上形成的，但它并不是各国国内市场的简单总和。两者之间既有紧密的逻辑联系，又存在显著的差异和不同的质的规定性。

（二）当代世界市场的主要特征

第二次世界大战后，世界经济和国际经济的关系发生了深刻的变化。世界市场继续扩大和发展，并出现了以下新特征。

1. 规模不断扩大

其主要标志就是国际贸易额的不断增加。从商品贸易来看，1948—1981 年的 33 年时间内，世界出口贸易量增长了 7.7 倍，年平均增长率达 6.8%，而在 1900—1938 年的 38 年内，世界出口量只增长了 3 倍，年平均增长率仅为 1.8%。进入 20 世纪 80 年代中期以后，增长速度加快。

2. 主体结构发生明显变化

组成世界市场的国家类型呈现多样化；主要经济发达国家在世界市场中的地位和作用也发生了明显的变化；广大的发展中国家，新兴工业化国家和地区以及石油输出国组织成员在世界市场上的占有率呈上升趋势。

3. 商品结构发生显著变化

国际贸易商品结构发生重大变化，在国际贸易中，初级产品所占比重下降，制成品所占比重急剧增加；在世界各大类产品贸易中，经济发达国家出口占主导地位(除石油外)；经济发达国家商品多样化，而发展中国家出口的商品品种仍比较单一；在世界市场上，主要商品的出口国仍然为少数资本主义国家。

4. 当代世界贸易的主要贸易对象是经济发达国家

经济发达国家的出口地理方向主要是它们自身，发展中国家的出口地理方向也是经济发达国家。

5. 垄断竞争进一步加强

第二次世界大战后，世界市场由卖方市场转向买方市场，垄断进一步加强，使市场上的竞争更为激烈。这主要表现在以下几个方面：经济发达国家的对外贸易大部分控制在少数大垄断企业手中；通过建立出口或进口卡特尔来瓜分和控制世界市场；跨国公司对国际贸易的影响日益增大；国家积极参与世界市场的竞争。

6. 贸易保护主义重新抬头

在当代世界市场竞争中，各主权国家政府为了维护本国的经济利益，必然要运用国家权力通过各种方式对竞争进行干预和保护，以促进本国经济的发展，最大限度地减少竞争对本国经济发展所起到的负面作用。

（三）世界市场的构成

第二次世界大战以后，随着生产国际化和专业化程度的加深，世界市场范围不断扩大，构成日趋复杂。当代世界市场主要由以下几部分构成。

1. 国家和地区

按照国家经济发展水平，当今世界上的国家可分为发达国家和发展中国家两大类。发展中国家又可以分为低收入发展中国家、中等收入发展中国家、高收入发展中国家三类。

2. 订约人

按活动的目的和性质,订约人主要有公司、企业主联合会、国家机关和机构。

3. 商品

当代世界市场上交换的商品主要包括货物和服务。货物贸易主要包括三大类产品,即初级产品、制成品和其他产品。

4. 商品市场

从世界商品市场的特征看,既有以自由竞争为特征的开放性市场,也有买方与卖方有组织上联系、受垄断组织控制的封闭性市场,以商业一次性合同为基础的市场,同时,还有以国际专业、协作化及长期的大规模联系为基础的市场,以及以区域经济一体化为模式、以经济集团为基础的市场。

从世界商品市场的组织形式看,既有有固定组织形式的国际商品市场,也有无固定组织形式的国际商品市场。有固定组织形式的国际商品市场一般均在固定场所按事先规定的原则和规章进行商品交易,主要包括商品交易所、国际商品拍卖中心、国际博览会和展销会、国际贸易中心等。无固定组织形式的国际商品市场是通过单纯的商品购销或与其他因素结合的商品购销形式,如补偿贸易、加工贸易、招标与投标、租赁贸易等来进行国际商品交易。

5. 商品销售渠道

销售渠道是指商品从生产者到消费者手中所经过的路线。世界市场上的销售渠道通常由三部分构成:第一部分是出口国的销售渠道,包括生产企业和贸易企业;第二部分是出口国和进口国之间的销售渠道,包括贸易双方的中间商;第三部分是进口国国内的销售渠道,包括经销商、批发商和零售商。

6. 运输网络

世界市场上的运输网络由铁路运输网、公路运输网、水上运输网、管道运输网、航空运输网等组成。

7. 信息网络

信息网络是世界市场的中枢。它由国际电话、电报、电传、电视、广播、报刊、通信卫星系统、计算机互联网组成。

第二节 国际贸易理论

一、绝对成本理论

绝对成本理论是由英国的经济学家亚当·斯密(Adam Smith,1723—1790年)提出来的,他是英国资产阶级古典政治经济学的奠基人之一。斯密在其代表著作《国民财富的性质和原因的研究》(1776年,又名《国富论》)中提出了国际分工和自由贸易理论。他认为每一个国家都有其适宜生产某些特定的产品的绝对有利的生产条件,去进行专业化生产,然后彼此进行交换,则对所有交换国家都有利,这就是绝对成本理论。

假定英国、葡萄牙两国都生产葡萄酒和毛呢两种产品,生产情况如表1-1(分工前)所示。斯密认为在这种情况下进行国际分工对两国都有利,即酒的产量从2单位增加到2.3单位,毛呢的产量从2单位增加到2.7单位。并以表1-1(分工后)加以说明。假定分工后,英国以1单位毛呢交换葡萄牙1单位酒,则两国拥有产品状况如表1-1(国际交换)所示。

表1-1　绝对成本理论举例

		酒产量/单位	生产酒所需劳动人数/(人/年)	毛呢产量/单位	生产毛呢所需劳动人数/(人/年)
分工前	英国	1	120	1	70
	葡萄牙	1	80	1	110
	合计	2	200	2	180
分工后	英国	0	0	2.7	190
	葡萄牙	2.3	190	0	0
	合计	2.3	190	2.7	190
国际交换	英国	1		1.7	
	葡萄牙	1.3		1	

斯密的绝对成本学说阐明了国际分工和国际贸易建立在绝对成本差异的基础之上,而没有回答如果一个国家在任何商品的生产上都不拥有绝对优势,是否能够参与国际分工和国际贸易问题。

二、比较成本理论

比较成本理论是在绝对成本理论的基础上发展起来的,是由英国经济学家大卫·李嘉图(David Ricardo,1772—1823年)提出的,他是英国资产阶级古典政治经济学的完成者。李嘉图在其代表著作《政治经济学及赋税原理》(1817年)中阐述了比较成本理论,他进一步发展了斯密的观点,认为每个国家不一定要生产各种商品,而应该按照"两优相权取其重,两劣相权取其轻"的原则,集中力量生产那些利益较大或不利较小的商品,然后通过国际贸易,在资本和劳动力不变的情况下,生产总量将会增加,如此形成的国际分工对贸易各国都有利。

假定英国、葡萄牙两国都生产葡萄酒和毛呢两种产品,生产情况如表1-2(分工前)所示。可以看出,葡萄牙生产酒和毛呢所需劳动人数均少于英国,说明葡萄牙在两种产品生产上都具有优势,而英国均处于劣势。葡萄牙生产酒所需劳动人数比英国少40人,生产毛呢只少10人,显然,葡萄牙在酒的生产上优势更大一些,而英国则在毛呢的生产上劣势小一些。根据李嘉图的分工原则,英国专门生产毛呢,葡萄牙专门生产酒。从而酒的产量从2单位增加到2.125单位,毛呢的产量从2单位增加到2.2单位,如表1-2(分工后)所示。假定分工后,英国以1单位毛呢交换葡萄牙1单位酒,则两国拥有产品状况如表1-2(国际交换)所示。

表1-2 比较成本理论举例

		酒产量/单位	生产酒所需劳动人数/(人/年)	毛呢产量/单位	生产毛呢所需劳动人数/(人/年)
分工前	英国	1	120	1	100
	葡萄牙	1	80	1	90
	合计	2	200	2	190
分工后	英国	0	0	2.2	220
	葡萄牙	2.125	170	0	0
	合计	2.125	170	2.2	220
国际交换	英国	1		1.2	
	葡萄牙	1.125		1	

李嘉图的比较成本理论比斯密的绝对成本理论更全面、更深刻,是传统国际贸易理论形成的标志,它揭示出国际贸易因比较利益而发生并且具有互利性,从而为世界范围内更大规模地开展国际贸易奠定了理论基础。但该理论也存在一些不足,如该理论的假设前提过于苛刻,不符合国际贸易的实际情况,有时与贸易实践相矛盾;还只是一种静态分析,对比较利益的根源及形成机制还未能作出很好的解释;不能很好地解释当今世界贸易的基本格局和各国的贸易政策倾向等。

三、要素禀赋理论

要素禀赋理论,又称H-O(Heckscher-Ohlin,赫克歇尔-俄林)模型,是现代国际贸易理论的新开端,是由两位瑞典经济学家赫克歇尔(Eli Heckscher,1879—1952年)和俄林(Bertil Ohlin,1899—1979年)于20世纪30年代创立的。赫克歇尔在其《国际贸易对所得分配的作用》(1919年)一文中首先提出有关国际贸易、要素配置及所得分配的问题。后来,他的学生俄林发展了他的观点,在《区际贸易和国际贸易》(1933年)一书中提出了要素禀赋理论,从而建立了H-O模型。

H-O模型认为,国际贸易的原因主要是不同国家拥有的生产要素禀赋和不同商品使用生产要素的比例存在差异。一国应该出口丰裕要素密集型产品,即在出口商品生产中密集使用丰裕生产要素;进口稀缺要素密集型产品,即进口密集使用稀缺生产要素的商品。按照H-O模型的解释,一个劳动力众多的国家应该生产劳动密集型产品,出口到劳动力相对匮乏的国家和地区。一个资本(技术)丰裕的国家应该集中生产资本(技术)密集型产品,出口到资本(技术)相对缺乏的国家和地区。这样的贸易模式将对参与国际贸易的各方都有利。

H-O模型是建立在均衡价格的基础上的。俄林认为,由于各个国家在生产要素的供给方面是不同的,因此对于这些生产要素的需求也不同,产生了各国国内生产诸要素的不同价格比例。由于不同商品是由不同的生产要素组合生产出来的,因此各国生产要素价格比例的不同产生了各国产品的成本比例的差异,即比较成本的差异,这构成了国际分工和国际贸易的基础与原因。如此分工和贸易,使各国能有效地利用各种生产要素,得到更多的社会总产品,获取国际贸易利益。

H-O模型开创了国际贸易的现代理论,虽然有助于理论分析,但一些列举的假定条件也给理论本身带来了极大的局限性;后经许多经济学家的发展和充实,成为当今西方国际贸易理论的主流。

四、里昂惕夫反论

H-O模型建立后,人们依据各国的资源禀赋情况,可以推断出一国的对外贸易模式。美籍俄裔经济学家沃西里·里昂惕夫(Wassily W. Leontief,1906—1999年)利用他的投入产出法对美国的对外贸易商品结构进行了具体计算,其目的是对H-O模型进行验证,但验证结果出乎预料,恰恰和理论判断相反。

他把生产要素分为资本和劳动力两种,采用1947年和1951年的统计资料对200种商品进行分析,计算并比较每百万美元的出口商品和进口替代商品所使用的资本和劳动比率,从而得出美国出口商品和进口替代商品生产要素的密集程度。其计算结果如表1-3所示。

表1-3　美国出口商品和进口替代商品对国内资本与劳动的需求量

	1947年		1951年	
	出口	进口替代	出口	进口替代
资本/美元	2 550 780	3 091 339	2 256 800	2 303 400
劳动/(人/劳动)	182.313	170.004	173.91	167.81
人平均年资本量	13 991	18 184	12 977	13 726

里昂惕夫的验证结果表明:美国出口商品具有劳动密集型特征,而进口替代商品则有资本密集型特征,这个结论正好与H-O模型相悖。

里昂惕夫发表其验证结论后,西方经济学界大为震惊,而将这个不解之谜称为"里昂惕夫之谜",并掀起了验证和探讨里昂惕夫之谜的热情。

五、产品生命周期理论

产品生命周期理论是美国哈佛大学著名经济学教授雷蒙·弗农(Raymond Vernon)在《国际投资和产品生命周期中的国际贸易》(1966年)一文中提出

的,它是对技术差距模型的拓展和一般化。

该模型强调的是产品在其生命周期的不同阶段所需投入要素的比例呈规律性变化。而各国所拥有的要素的相对丰裕度又是不同的,所以,当产品处于其生命周期的不同阶段,各国的比较优势也随之发生变化。当新产品刚刚被引进时,其技术、设计尚需改进,生产工艺尚未定型,所以通常需要投入大量的研究与开发费用和高度熟练的技术型劳动力,随着该产品的生产技术日臻成熟并走向大规模生产,只需标准化的技术和大量的非熟练劳动力即可。产品投入要素比例的变化使最初集中于技术和资本丰裕的发达国家的生产可以逐步地向劳动力成本低廉的欠发达国家转移。

弗农认为,制成品生命周期分为导入期、成长期和成熟期三个阶段。该模型依美国的实际情况将产品生命周期分为四个阶段:第一阶段,新产品问世,企业扩大国内市场直至饱和;第二阶段,产品出口到国外,开拓国际市场;第三阶段,国外开始模仿生产该产品;第四阶段,国外生产能力扩大,又廉价销售回本国。

在第一阶段(t_0-t_1),这种刚刚出现的产品仅在发明国生产和消费;在第二阶段(t_1-t_2),该产品在发明国得到了改进,产量迅速提高,出口到国外市场,这时由于国外还不能生产这种商品,所以只能从发明国进口;在第三阶段(t_2-t_3),模仿国开始生产该商品满足国内需要,发明国出口开始下降;在第四阶段(t_3 以后),模仿国产量迅速提高,发明国的出口降为零。而模仿国在达到自给自足后,凭借其成本优势开始向发明国出口该产品。当这四个过程结束后,该产品的生命周期在发明国基本完结,但在模仿国仍然继续,可能正处于第二阶段或第三阶段。此后,另外的国家可能又开始新的模仿过程,使这种产品在另外的国家又开始了自己的生命周期。产品生命周期模型如图1-1所示。

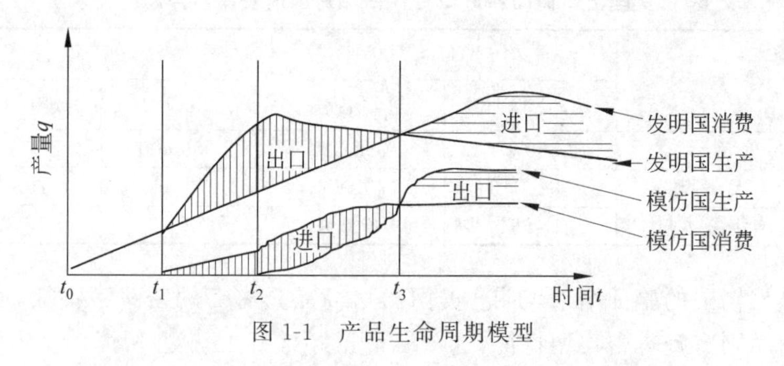

图1-1　产品生命周期模型

六、产业内贸易理论

产业内贸易理论认为,当代国际贸易可以分为两大类:产业间贸易(inter-industry trade)和产业内贸易(intra-industry trade)。产业间贸易是指两国不同产业之间完全不同产品的交换,如发展中国家用初级产品来交换工业国家的制成品。产业内贸易是指同一产业内的产品在两国间互相进口和出口的贸易活动,如美国和日本之间进行的汽车、电子产品贸易等。

产品的差异性即同类产品的异质性是产业内贸易的重要基础。同类产品在总体上是有差别的,这种差别是一国产品与其他国同类产品在主观或客观上或大或小的差别。产品的这种差别有垂直差别和水平差别两种。垂直差别是指在同一类别中的产品虽具有一样的根本特性,但产品根本特性在其程度上有差别;水平差别是指具有完全相同的根本特性的同类产品,具有的一系列不同规格、商标、牌号和款式的差别。与此同时,消费者的偏好具有多样化且互有差别。其垂直差别体现在消费者对同类产品中不同质量等级的选择上;水平差别体现在消费者对同类、同一质量等级产品的不同规格、外形、色彩等的选择上。产品和消费者偏好上的垂直差别与水平差别,决定了贸易双方对对方产品的需求,决定了一国在生产同一类产品时,还要进口国外的同一类产品。本国的消费者偏好是千差万别的,但由于规模经济的存在,本国产品的生产却不可能也是千差万别的,不可能完全满足各类消费者的需求。

规模经济或规模报酬递增是产业内贸易的重要成因。按照保罗·克鲁格曼(Paul R. Krugman)的观点,国与国之间之所以从事贸易和专业化生产有两个原因:一个是国与国之间在资源或技术上存在差别,因而各国生产各自擅长的产品;另一个是规模经济使每个国家只能在一些有限的产品和服务上具有专业化生产的优势。产业内贸易理论认为,生产要素比例相近或相似的国家之间能够进行有效的国际分工和获得贸易利益,其主要原因是其企业想尽可能地扩大生产以取得规模经济效益。

经济发展水平是产业内贸易的重要制约因素。发达国家产业结构相似,它们之间的分工大多是部门内产品内分工。它们的收入水平相近、消费结构相似,同时,经济发展水平都比较高,从而人均收入水平也就比较高,较高人均收入的消费者的需求会变得更加复杂和多样化,从而形成对异质性产品的需求。因而,两国人均收入水平越接近,其重合需求也就越大,产业内贸易发生倾向就越强。

第三节　国际贸易政策

一、国际贸易政策概述

国际贸易政策是各国在一定时期内对进出口贸易所实行的政策的总称,由各国的对外贸易政策组成。因此,从国别角度看,国际贸易政策就是对外贸易政策。一国的对外贸易政策是在一定时期内对进出口贸易所采取的方针、措施的总和。一般而言,一国的对外贸易政策由以下几方面组成。

(1) 对外贸易总政策。它是指一国从整个国民经济发展的需要出发,在较长时期内实行的对外贸易方针政策,包括对外贸易发展战略、出口贸易总政策和进口贸易总政策等。

(2) 进出口商品政策。它是根据本国对外贸易总政策和国内外市场状况,结合国内产业结构等分别制定的关于本国商品的进出口政策。例如,有意识地限制某些商品的输入以扶持或保护该种商品的生产等。

(3) 对外贸易的地区和国别政策。它是在对外贸易总政策和进出口商品政策的指导下,按照本国发展对外政治经济关系的需要,而对某些国家或地区制定和实施的国别与地区贸易政策。

二、保护贸易政策

保护贸易政策以保护贸易理论为基础,它的主要内容有:一国政府采取各种限制进口的措施限制或减少外国商品进入国内市场,使本国商品避免与外国商品竞争,并对本国出口商品给予优惠和补贴,以鼓励商品输出。

(一) 重商主义的保护贸易政策

重商主义是15世纪产生的代表商业资产阶级利益的经济思想和政策主张,是“对现代生产方式的最早的理论探讨”(马克思语)。重商主义产生于资本主义生产方式萌芽时期,即资本的原始积累时期。在这一时期,封建经济政治体制日渐衰落和解体,商业资本逐步发展壮大,对货币资本的需求不断增加,促使许多学者、商人和官员思考与研究如何加快货币资本的积累,重商主义的政策思想由此应运而生。

早期重商主义又称“重金主义”或“货币顺差论”。其贸易政策的主要内容包括:①严禁金银外流,凡输出金银币或金银块将受到严惩甚至被处死;②积极吸收金银,法律规定外国商人在本国进行贸易时,必须将其销售货物所得货款用于购买本国商品,不得将货币或金银携带出国境;③国家垄断全部货币贸易。

晚期重商主义又称“贸易顺差论”,其在贸易政策上较早期重商主义有所变化,主要体现在从管制金银的进出口转变为管制货物进出口,通过奖出限入来保证贸易出超,以达到金银流入的目的。

重商主义的贸易政策在历史上曾起到进步的作用,它促进了资本原始积累,推动了资本主义生产方式的建立与发展。但重商主义者对社会经济现象的探索只局限于流通领域,而未深入生产领域,因而他们的结论是片面的、不科学的。

(二) 资本主义自由竞争时期的保护贸易政策

19世纪初期至19世纪70年代,在大多数资本主义国家实行自由贸易政策的同时,美国和德国由于当时的经济发展水平相对落后却先后实行了保护贸易政策。

1. 汉密尔顿的保护关税学说

亚历山大·汉密尔顿(Alexander Hamilton,1755—1804年)是美国独立后的第一任财政部部长。当时美国经济仍处于殖民地经济形态,产业结构以农业为主，工业处于十分落后的水平。为了保护和促进制造业的发展，汉密尔顿于 1791 年 12 月向国会提交了《关于制造业的报告》，系统阐述了要使美国经济独立，必须保护和发展制造业，并明确提出实行保护关税政策的主张，主要有：①向私营工业发放政府信用贷款，为其发展提供资金；②实行保护关税制度，保护国内新兴幼稚工业；③限制重要原料出口，免税进口国内极端必需的原料；④为必需品工业发放津贴，给各类工业发放奖励金；⑤限制改良机器输出；⑥建立联邦检查制度，保证和提高制成品质量等。

与旨在增加金银货币财富、片面追求贸易顺差而主张实行保护贸易政策的重商主义不同，汉密尔顿的政策主张反映了经济欠发达国家通过独立自主地发展民族工业与先进国家抗衡的正当要求和愿望。汉密尔顿的保护关税学说为保护贸易学说奠定了基石。

2. *李斯特的保护贸易理论和政策*

弗里德里希·李斯特(Friedrich List，1789—1846 年)是 19 世纪德国进步的资产阶级经济学家，在 1841 年出版的代表作《政治经济学的国民体系》一书中，继承和发展了汉密尔顿的保护关税学说，系统地论证了保护贸易政策对后进国家的重要性，提出了一整套保护贸易的政策措施，充分体现了他的国家干预主义思想。

李斯特极力主张通过实行保护关税，保护国内的幼稚工业，以发展本国的生产力，即使在保护初期使本国的工业品价格较高，也在所不惜。他认为，处于农工业时期的国家，必须通过高关税甚至限制进口等措施对本国的幼稚工业特别是大宗消费品工业实行保护，但不是无限期的保护，以 30 年为限；对发展工业所需的机器和技术，则应减免进口关税；而农业本身是天然有充分保护的，是不怕国外竞争的，因此对农业不需用关税进行保护。

(三) 垄断资本主义时期的超保护贸易政策

第一次世界大战和第二次世界大战期间的超保护贸易政策遍及所有西方国家，即便长期坚持自由贸易的国家也不得不在 1931 年放弃自由贸易，转而实行超保护贸易政策，而且保护贸易的理论依据也发生了重大变化。各国经济学家纷纷提出了支持超保护贸易政策的理论依据，其中影响最大的当推约翰·梅纳德·凯恩斯(John Maynard Keynes，1883—1946 年)的超保护贸易理论。凯恩斯是英国资产阶级经济学家，他的代表作《就业、利息和货币通论》奠定了宏观经济学的理论基础，其中的保护贸易理论占有非常重要的地位。

超保护贸易政策保护的是国内高度发展或出口出现衰落的“夕阳工业”，在垄断国内市场的基础上，对国外市场实行进攻性扩张，带有明显的侵略性。超保护贸易政策的措施多种多样，不仅采取关税、贸易条约及各种各样的奖出限入措施，还采取如商品倾销、外汇管制、外汇倾销、进口数量限制等多种扩大出口和限制进口的措施。也正是保护贸易政策的侵略性，使许多国家在执行保护贸易政策的同时，采取了报复政策，出现了报复关税等政策措施，各国之间的矛盾日益加剧,最终导致了第二次世界大战的爆发。

(四) 新贸易保护政策

第二次世界大战后,世界经济经历一个高速发展的阶段。20世纪70年代中期以后,日本和德国的经济迅速赶超美国,发达国家经济发展的不平衡性加剧,而两次石油危机使发达国家经济陷入滞胀和衰退,更使它们对世界市场的争夺日益激烈。以美国为首所推行的贸易自由化陷入停顿,国际贸易越来越受到新贸易保护主义的影响。特别是1971年美国出现了78年来的首次贸易赤字,美国国内贸易保护的呼声日渐高涨,以美国为代表的新贸易保护主义因此兴起。但由于受到关税与贸易总协定(General Agreement on Tariffs and Trade,GATT)的约束,进口关税率大大降低,依靠传统的关税措施限制进口的作用大打折扣,于是,各国就纷纷采取了进口数量限制、政府补贴等其他手段对国际贸易进行干预,从而产生了新贸易保护政策。

新贸易保护政策的主要表现有:限制进口措施的重点从关税壁垒转向非关税壁垒(non-tariff barriers,NTBs),被保护的商品范围不断扩大,从国家贸易壁垒转向区域性贸易壁垒,将限出限入措施的重点从限制进口转向鼓励出口,从贸易保护制度转变为系统化的管理贸易制度。

三、自由贸易政策

自由贸易政策(free trade policy)以自由贸易理论为基础,其主要内容有:一国政府逐步放宽对进出口贸易的限制和障碍,取消对本国进出口商品的各种特权和优待,使商品自由进出口、在国内外市场上自由竞争。

(一) 资本主义自由竞争时期的自由贸易政策

自由贸易的政策主张从18世纪末开始形成,19世纪70年代达到高峰。但由于各国资本主义发展的不平衡,西方国家实行的贸易政策也有差别。在这一阶段,真正全面实行自由贸易政策的国家只有最早完成产业革命的英国和航海业发达的荷兰。

这一时期英国的自由贸易政策措施主要有:逐步降低关税税率,减少纳税的商品项目和简化税法;废除《谷物法》,使谷物自由进出;废除《航海法》;与外国签订促进贸易发展的贸易条约;对殖民地国家采取自由进出口的政策;取消外贸公司的特权,对广大民营企业开放外贸经营领域等。

英国的自由贸易政策措施后来成为其他西方国家的蓝本。然而,西方资本主义国家并未同步实施自由贸易政策。后进的资本主义国家往往先实行一段时期的保护贸易政策,待本国经济有了较大的发展后,再转向自由贸易政策。然而从总体上来说,自由竞争时期资本主义国家的对外贸易政策是以自由贸易为特征的。

(二) 第二次世界大战后的自由贸易政策

第二次世界大战后初期,西欧和日本等国家和地区为经济重建,一度实行保护贸易政策,严格限制商品进口。而美国在第一次世界大战和第二次世界大战中均未受到损失，经济实力得以保存和增强。因此美国在第二次世界大战后一直致力于推动贸易自由化，并促使成立了关税与贸易总协定，在各缔约方之间进行关税减让。在美国的压力下，加之经济的恢复和发展，日本和德国等主要发达国家也开始逐步推行贸易自由化政策。

第二次世界大战后贸易自由化主要表现在以下两方面：一是关税与贸易总协定缔约方的进口关税大幅度削减；二是减少或取消非关税壁垒。

第四节 国际贸易措施

一、关税措施

（一）关税的概念和特点

1. 关税的概念

关税（customs duties）是一国海关在进出口商品经过关境时，向本国的进出口商所征收的一种税。

海关是设在关境上的国家行政管理机构，它的职责是货运监管、查禁走私、征收关税、临时保管通关货物和统计进出口商品等。征收关税是一国海关的重要任务之一。

2. 关税的特点

关税是国家税收的一种，同其他税收一样，具有强制性、无偿性和预定性。除此之外，关税还有三个主要特点。

（1）关税是一种间接税。关税的纳税人是进出口货物的当事人，但负税人却是最终消费者。

（2）关税的课税主体和课税客体。关税的课税主体即纳税人，是本国进出口商；关税的课税客体即课税的对象，是进出境的货物。

（3）关税具有涉外性。这是对外政治、经济斗争的一种手段。

（二）关税的种类

1. 按征税对象或商品流向划分

按征税对象或商品流向，关税可分为进口税（import duties）、出口税（export duties）和过境税（transit duties）。

（1）进口税。进口税是进口国海关在外国商品输入时，对本国进口商所征收的关税。进口税也称正常关税或正税，是列在海关税率表当中，并以进口国货币征收的。所谓关税壁垒，就是对进口商品征收高额关税，以达到遏制进口的目的。

（2）出口税。出口税是出口国海关在本国商品出口时对出口商所征收的一种关税。经济发达国家一般不征收出口税，因为征收出口税会提高出口商品成本和在外国市场上的销售价格，削弱竞争力，不利于扩大出口。

（3）过境税。过境税又称通过税，是对通过其关境的外国商品所征收的一种关税。其目的主要是增加国家财政收入。现在大多数国家都不征收过境税,只征收少量的准许费、印花费和统计费等。

2. 按征税目的划分

按征税目的,关税可分为财政关税(revenue tariff)和保护关税(protective tariff)。

(1) 财政关税。财政关税又称为收入关税,是以增加国家财政收入为目的而对进口商品征收的关税。征收财政关税必须具备三个条件:一是征税的进口货物必须是国内不能生产或没有代用品的商品,以避免对国内市场形成冲击;二是征税的进口商品必须在国内有大量的消费需求;三是关税税率必须适中,否则就达不到增加财政收入的目的。

(2) 保护关税。保护关税是以保护本国工业或农业发展为主要目的而对进口商品征收的关税。保护关税的税率越高,越能达到保护目的,有时税率达到100%以上。保护关税达到保护目的的条件:一是进口税必须高于国内消费税,以提高进口商品价格,保护国内工业;二是进口量及消费的减少能减轻外国商品对本国生产的压力;三是国内有与进口商品相同的生产品存在。

3. 按差别待遇和特定的实施情况划分

按差别待遇和特定的实施情况,关税可分为普通关税(common tariff)、优惠关税和差别关税。

(1) 普通关税。普通关税是对与本国没有签署贸易或经济互惠等友好协定的国家或地区原产的货物征收的非优惠性关税。

(2) 优惠关税。优惠关税是对来自与本国签订双边或多边国际互惠贸易协定(或条约)的国家(或地区)的进口货物所征收的带有优惠性质的关税。其税率低于普通关税税率。它又包括以下几种。

① 特惠关税(preferential duties),是对来自特定国家或地区的进口货物征收的优惠关税,其他国家不得根据最惠国待遇条款要求享受这些优惠关税。

② 普遍优惠制,简称普惠制(generalized system of preference,GSP),是发达国家对进口原产于发展中国家的工业制成品、半制成品和某些初级产品给予降低或取消进口关税待遇的一种优惠制度,普惠制具有普遍性、非歧视性和非互惠特性。

③ 最惠国关税(most favoured nation duties),是对来自享受最惠国待遇(缔约国双方相互间现在和将来所给予第三国在贸易上的优惠、豁免和特权,同样给予缔约对方)的国家或地区的进口货物所征收的优惠关税,通常低于普通关税税率但高于特惠关税税率。

(3) 差别关税(differential duties),是对同一种商品由于输出国或生产国情况的不同而使用有差别的进口关税。其主要形式有以下几种。

① 反倾销税(anti-dumping duties),对外国倾销商品所征收的进口附加税,目的是抵制外国倾销。

② 反补贴税(countervailing duties),对直接或间接地接受出口补贴或任何资金的外国商品所征收的进口附加税。

③ 报复关税(retaliatory duties),当别国对本国贸易实行歧视性待遇或违背贸易法或拒绝接受 WTO 裁决后,为报复别国的这种行为而征收的额外关税。

(三) 关税的征收方法

关税的征收方法主要有从量税(specific duties)和从价税(ad valorem duties),在此基础上,又有混合税(mixed duties)和选择税(alternative duties)。

1. 从量税

从量税是以商品的重量、数量、容量、长度和面积等计量单位为标准计征的关税。从量税额的计算公式为

从量税税额＝商品数量×单位从量税率

从量税大部分是以商品的重量来征收的,对于货物的重量,不同货物的包装比较复杂,有毛重、半毛重、净重等计算方法,在关税税则中需按货物的具体情况作出规定。

从量税的优点有:手续简便,无须审定货物的规格、品质、价格,便于计算;进口商品价格跌落时仍有适度保护作用。

从量税也存在一些缺点:税负不合理,对同一税目货物,不管质量好坏、价格高低,都按同一税率征税;不能随价格变动作出调整,当物价上涨时,税收减少,保护作用减小,当物价下跌时,税收增加,保护作用增大;不能对进口商品普遍采用,对一些艺术品、贵重物品如古董、字画、宝石等不能采用。

2. 从价税

从价税是以进口商品的价格为标准计征的关税。从价税的税率表现为货物价格的百分率。从价税的计算公式为

从价税税额＝进口货物的完税价格×从价税率

征收从价税的关键问题是确定进口商品的完税价格。所谓完税价格,就是指经海关审定的作为计征关税依据的货物价格。各国规定不同的海关估价确定完税价格大体有三种:出口国离岸价格、进口国到岸价格、进口国法定价格或称进口国官定价格。由于各国海关估价规定内容不一,不少国家故意抬高进口商品完税价格,提高进口关税,把它变成一种限制进口的非关税壁垒措施。

从价税的优点有:税负合理,同类商品质高税额高,质次价低税额低;税负明确,便于各国关税税率比较;税负公平,税率随物价的涨落而增减,纳税人的负担可以按比例增减;各种商品都可适用。

从价税的缺点有:操作困难,完税价格不易掌握;通关时间长,纳税双方容易因估定货物价格发生摩擦,从而延缓了通关进程。

3. 混合税

混合税又称复合税,是对某种进口商品同时采用从量税和从价税征收的一种方法。它的计算公式为

混合税税额＝从量税额＋从价税额

4. 选择税

选择税是对某种进口商品同时规定从量税和从价税,征收时由海关选择其中一种征税,作为该商品的应征关税额;一般是选择税额较高的一种征收,在物价上涨时使用从价税,物价下跌时使用从量税。

关税能对国际贸易产生重要的影响,主要在世界贸易发展、商品结构和地理方向、商品价格和销售、贸易总额与国际收支等方面产生影响。

二、非关税壁垒

非关税壁垒是指除关税以外的一切限制进口的措施,它是相对关税壁垒而言的。非关税壁垒虽然与关税壁垒一样可以限制外国商品进口,却有其自身显著的特点。非关税壁垒在限制进口方面比关税壁垒更有效、更隐蔽、更灵活和更有歧视性。正是由于这些特点,非关税壁垒取代关税壁垒成为各国所热衷采用的政策手段和贸易保护主义的主要手段,有其客观必然性。

(一) 进口配额限制

进口配额限制(进口限额)是一国政府在一定时期(如一季度、半年或一年)以内,对于某些商品的进口数量或金额加以直接限制。在规定的限期内,配额以内的货物可以进口,超过配额不准进口,或者征收较高的关税或惩罚后才能进口。进口配额限制主要有以下两种。

1. 绝对配额

绝对配额(absolute quotas)是在一定时期内,对某些商品的进口数量或金额规定一个最高数额,达到这个数额后,便不准进口。如美国使用绝对配额限制进口的商品多达数百种,包括纺织品、奶制品、棉花、糖、咖啡、钢材制品等。绝对配额在实施过程中,又可以细分为以下两种。

(1) 全球配额(global quotas)。它属于世界范围的绝对配额,对来自世界任何国家和地区的商品一律适用。主管当局通常按进口商的申请先后或过去某一时期的进口实际额批给一定额度,直到总配额发放完为止,超过总配额就不准进口。

(2) 国别配额(country quotas)。在总配额内,按国别和地区分配给固定的配额,超过规定的配额便不准进口。

为了区分来自不同国家和地区的商品,在进口商品时,进口商必须提交原产地证明书。实行国别配额可以使进口国家根据它与有关国家或地区的政治、经济关系分配不同的额度。国别配额不得转让,当年的配额用完后,就宣布停止进口。

一般来说,国别配额可以分为自主配额和协议配额。

2. 关税配额

关税配额(tariff quotas)是对商品进口的绝对配额不加限制,而对一定时期内在规定的数量、价值或份额内的进口商品给予低税、减税或免税待遇,对超过配额的进口商品则征收较高的关税或征收附加税或罚款。按征收关税的目的，其可分为优惠性关税配额和非优惠性关税配额。

优惠性关税配额是对关税配额内进口的商品给予较大幅度的关税减让，甚至免税，而超过配额的进口商品即征收原来的最惠国税率。如欧共体在实行的普惠制中所采取的关税配额就属于这一类。

非优惠性关税配额是在配额内，进口商品可享受低税或免税待遇，对超过配额进口部分征收罚款的方式。

（二）“自动”出口配额制

“自动”出口配额制（voluntary export quotas）是指出口国在进口国的要求或压力下，“自动”规定在某一时期内（一般为 3～5 年）某种商品对该国的出口配额，在限定的配额内自行控制出口，超过配额即禁止出口的制度。它的特点就是带有明显的强制性。

“自动”出口配额制一般有两种形式。

（1）非协定的“自动”出口配额，即不受国际协定的约束，而是出口国迫于进口国的压力，自行单方面规定出口配额，限制商品出口。这种配额有的是由政府有关机构规定，并予以公布，出口商品必须向有关机构申请配额，领取出口授权书或出口许可证才能出口，有的是由本国大的出口厂商或协会“自动”控制出口。

（2）协定的“自动”出口配额，即进出口双方通过谈判签订“自限协定”或有秩序的销售协定。对于在协定中规定有效期内的某些商品，出口国应根据其出口配额实行出口许可证或出口配额签证制，自行限制这些商品的出口。进口国则根据海关统计进行检查，“自动”出口配额大多数属于这一种。

（三）进口许可证制

进口许可证（import license system）是政府颁发的凭以进口的证书。一些国家为了加强对进口的管制，规定商品进口必须领取许可证，没有许可证，一律不准进口。

1. 按进口许可证与进口配额的关系划分

（1）有定额的进口许可证，即一国政府有关部门预先规定有关商品的进口配额，然后在配额的限度内，根据进口商的申请对于每一笔进口货物发给进口商有关商品一定数量的进口许可证。

（2）无定额的进口许可证，即进口许可证不与进口配额相结合，国家有关政府机构也不预先公布进口配额、颁发有关商品的进口许可证，只是在个别考虑的基础上进行。由于它是个别考虑的，没有公开的标准，因而就给正常贸易的进行造成很大的困难，起到更大的限制进口作用。

2. 按商品许可程度划分

（1）公开一般许可证，也称公开进口许可证或一般进口许可证。这种许可证对进口的管制最松，其特点是没有国别或地区的限制。凡刊明属于公开一般进口许可证范围的商品，只要填写公开一般许可证后，即获准进口。

（2）特种进口许可证，进口商必须向政府有关当局提出申请，经逐笔审查批准后才能进口。这种进口许可证对进口商品的管制最严,而且多数都指定进口国别或地区。

(四) 外汇管制

外汇管制(foreign exchange control)是一国政府通过法令对国际结算和外汇买卖实行限制来控制商品进口、平衡国际收支和维持本国货币的汇价的一种制度。对外贸易与外汇是分不开的,没有外汇就不能在外国购买商品,也就不能进口。所以国家通过外汇管制措施,把外汇买卖掌握和控制起来,也就等于把商品的进口掌握在自己手中,外汇管制看起来是货币问题,但实际上是限制进口的一项重要措施。在外汇管制下,国家设立专门机构或专门银行管理。外汇管制的具体方式有以下几种。

1. 数量性外汇管制

数量性外汇管制即国家外汇管理机构对外汇的买卖数量直接进行限制和分配,其目的在于集中外汇收入,控制外汇支出,实行外汇分配,以达到限制进口商品品种、数量和国别的目的。一些国家实行数量性外汇管理时,往往规定进口商品必须获得进口许可证后,才可得到所需外汇。

2. 成本性外汇管制

成本性外汇管制即国家外汇管理机构对外汇买卖实行复汇率制度,利用外汇买卖成本的差异,间接影响不同商品的进出口。复汇率是指一国货币的对外汇率不止一个,而是有两个以上。其目的是利用汇率的差别达到限制和鼓励某些商品进口或出口。

3. 混合性外汇管制

混合性外汇管制即同时采用数量性外汇管制和成本性外汇管制,对外汇实行更为严格的控制,以影响控制商品进出口。

(五) 进口押金制

进口押金制(advanced deposit,进口存款制)即进口商在进口商品时,必须预先按进口金额的一定比例和规定的时间,在指定的银行无息存放一笔现金。这不仅增加了进口商的资金负担,而且使进口商蒙受了利息损失,最终起到了限制进口的作用。

(六) 最低限价和禁止进口

(1) 最低限价(minimun price)。最低限价是一国政府规定某种进口商品的最低价格,凡是进口货价低于规定的最低价格,即征收附加税或禁止进口。最低限价是根据某一商品生产国在生产水平最高的情况下生产出的价格而定的。

(2) 禁止进口(prohibitive import)。禁止进口是限制进口的极端措施,当一些国家感到实行进口数量限制已不能走出经济与贸易困境时,往往颁布法令,公布禁止进口的货单,禁止这些商品的进口。

(七) 国内税限制措施

国内税(internal taxes)限制措施是指通过对进口商品征收国内税的方法

来限制进口的措施。国内税是一种比关税更灵活和易于伪装的贸易政策手段。国内税的制定和执行属于本国政府机构，为使进口产品与国内产品在市场上处于同等地位，对国内产品与进口产品征收同样的国内税。

（八）进出口的国家垄断

进出口的国家垄断(state monopoly)，是指在对外贸易中，对某些或全部商品进口、出口规定由国家机构直接经营，或者把商品的进口或出口的垄断权给予某垄断组织的措施。各国进出口的国家垄断主要集中在四类商品上：烟和酒、农产品、武器、石油贸易。

（九）歧视性政府采购政策

歧视性政府采购政策(discriminatory government procurement policy)，是指国家制定法令，规定政府机构在采购时要优先购买本国产品的政策。政府优先采购本国货物的政策，使进口商品大受歧视，从而限制了进口商品的销售。

（十）海关估价

海关估价(customs valuation)是指进口国通过提高进口货物的海关估价来增加货物的关税负担和限制进口的措施。同一种商品按不同的价格计征关税，其税额就不同。如果选择较高的一种价格作为完税价格，就可增加进口商的税负。

（十一）烦琐的通关手续

进口商品在经过海关时，一般要办理非常烦琐的通关手续，一些国家为限制进口，往往会在其中故意制造麻烦，增加进口阻力。例如，各国海关对报关的文件和单据要求非常繁杂，填写要求很高，有些国家还会增加一些特别的文件，如领事发票，大大增加了进口难度。有的通过推迟结关、征收各种手续费、强迫使用海关所在国文字开列货物票据等来给进口制造麻烦。

（十二）技术性贸易壁垒

1. 技术标准

商品必须符合一些极为严格、烦琐、近乎苛刻的技术标准才能进口。其中有些规定往往是针对某些国家的。美国对进口的儿童玩具规定了严格的安全标准。

2. 卫生检疫标准

卫生检疫标准(health and sanitary regulation)是指进口国以公众健康为借口，制定复杂的、严格的、经常变化的检疫规定，使外国产品难以满足要求，从而起到限制外国商品进口的作用。其主要适用于农副产品及其制品。例如，许多国家都禁止进口被污染的商品。

3. 商品包装和标签的规定

商品包装和标签的规定(packing and labeling regulation)是指一些发达国家对进口商品的包装和标签的内容加以严格规定。不符合要求的要按规定重新改换包装和标签，因此，既费时又费工，增加了商品成本，削弱了商品竞争力。

三、鼓励出口措施

鼓励出口措施是指出口国家的政府通过经济、行政和组织等方面的措施,促进本国商品的出口,开拓和扩大国外市场的措施。

(一) 出口信贷

出口信贷(export credit)是一个国家的银行为了鼓励出口、加强商品的竞争能力,对本国出口厂商或国外的进口厂商提供的优惠贷款。按时间长短,其可分为短期信贷、中期信贷和长期信贷;按对象、资金使用的不同形式,其可分为买方信贷和卖方信贷。

(1) 买方信贷。买方信贷是出口方银行直接向外国的进口厂商(买方)或进口方的银行提供的贷款。其附加条件就是贷款必须用于购买债权国的商品,因而起到促进商品出口的作用,这就是所谓的约束性贷款(tied loan)。它可分为两种形式:一是出口方银行贷款给进口厂商;二是出口方银行贷款给进口方银行。

(2) 卖方信贷。卖方信贷是出口方银行向出口厂商(卖方)提供的贷款。这种贷款合同由出口厂商与出口方银行之间签订。进口商与出口商达成的买卖合同采用延期付款的方式。卖方信贷尽管可以加速出口厂商的资金周转和不至于长期占有大笔资金,但是进口厂商多要求采用延期付款的方式付贷款,这意味着买方要在相当一段时间后才能付清贷款,对卖方来说,收款时间长,风险较大。

出口信贷的利率低于相同条件国际金融市场贷款利率,其利差由出口国政府给予补贴;贷款指定用途;出口信贷的贷款金额,只能占合同金额的85%~90%,其余10%~15%要由进口商支付现汇;出口信贷的发放与信贷保险相结合。

(二) 出口信贷国家担保制

出口信贷国家担保(export credit guarantee system)是国家为了鼓励出口,对本国出口厂商或商业银行向外国进口厂商或银行提供的信贷,由国家设立的专门机构出面担保,一旦出现外国债务人拒绝付款,按照承担的数额给予补偿。

通常商业保险不承保的出口风险项目,都可向担保机构进行投保。其一般分为两类:政治风险,如进口国发生革命、暴乱、战争、政治禁运、冻结而造成的损失,可以补偿,承保金额一般为合同金额的85%~95%。经济风险,如进口厂商或贷款银行破产、倒闭、无力偿付、货币贬值或通货膨胀等原因造成的损失,可以给予补偿,承保金额为合同金额的70%~80%;为了扩大出口,有时对于某些项目的承保金额可达100%。

(三) 出口补贴

出口补贴(export subsidies)是国家为了降低出口商品价格、加强竞争能力，对出口商品给予出口商的现金补贴或财政优惠待遇，这是被 WTO 所禁止的一种不正当的贸易行为。

出口补贴的方式有：直接补贴（direct subsidies），即出口某种商品时，直接付给出口商的现金补贴；间接补贴（indirect subsidies），即政府对某些商品的出口给予出口商在财政上的优惠。

（四）商品倾销

商品倾销（commodity dumping）是出口国家的出口厂商以低于国内市场价格，甚至低于商品生产成本的价格，在国外市场抛售商品，以占领国外市场。

按照倾销的具体目的和时间的不同，商品倾销可分为以下几种。

（1）偶然性倾销。这种倾销通常是因为销售旺季已过，或公司改营其他业务，在国内不能售出的“剩余货物”以低价向国外市场抛售。这种倾销会对进口国的同类生产造成不利影响，但由于时间短暂，通常进口国很少采用反倾销措施。

（2）间歇性或掠夺性倾销。这种倾销是以低于国内价格甚至低于成本的价格，在某一国外市场上倾销商品，以打垮竞争对手，垄断市场，然后再提高价格，弥补低价时的损失。这种倾销严重损害进口国的利益，往往会遭到进口国反倾销税的抵制或其他报复。

（3）长期性倾销。这种倾销是长期以低于国内的价格，在国外市场出售。这种倾销具有持续性、长期性，其出口价格至少应高于边际成本，否则商品出口将会长期亏损，因此倾销者常采用规模经济扩大生产，降低出口成本，有时还可以通过获取政府补贴进行这种倾销。

（五）外汇倾销

外汇倾销（exchange dumping）是出口企业利用本国货币对外贬值的机会，进行商品倾销，争夺国外市场的一种特殊手段。

实行外汇倾销的国家往往也是外汇管制的国家。政府的金融管理当局把本国货币值调到相当低的水平，即本币汇率下降、外币汇率上升后，用一定数额的外国货币能兑换更多的本国货币，这使以外币表示的本国出口商品价格降低，提高了出口商品在国际市场上的竞争能力，从而有利于扩大商品出口；同时，以本币表示的进口商品价格会上涨，从而削弱了进口商品的竞争能力，起到了限制进口的作用。

（六）经济自由区

经济自由区（经济特区）是指在一个国家（或地区）交通便利的地方（港口码头、飞机场附近及铁路交通枢纽），在关境以外划出一定范围，对外采取特殊的开放政策，用减免关税、提供良好的基础设施等优惠办法，发展出口贸易和转口贸易，或吸收外资、引进技术、发展外向型工业及其他事业，以增加本国就业、扩大出口、赚取外汇，达到发展经济目的的区域。

各国或地区设置的经济自由区具有下列共同特点：经济自由区范围不属

于关境范围;一般都设在交通便利的地方;拥有良好的设施,包括基础设施、建筑、码头、仓库及标准厂房等;采取优惠政策,吸引外资,发展出口加工工业。

四、出口管制的措施

出口管制是指国家通过法令和行政措施对本国的出口贸易所实行的管理与控制。许多国家,特别是发达国家,为了达到一定的政治、军事和经济的目的,往往对某些商品尤其是战略物资与技术产品实行管制、限制或禁止出口。

(一) 出口管制的商品

常见的出口管制的商品有:战备物资、尖端技术及其产品;国内生产需要的原材料、半制成品及国内短缺的物资;某些古董、艺术品、黄金、白银等特殊商品;为对某国实行制裁而向其禁止出口的商品;为了缓和与进口国在贸易上的摩擦,在进口国的要求或压力下,"自动"控制出口的商品;为了有计划安排生产和统一对外而实行出口许可证制的商品;象牙、犀牛角、虎骨等珍稀动物药材、珍奇动物及其制品;劳改犯生产的产品。

(二) 出口管制的形式

出口管制的形式主要有以下两种。

(1) 单方面的出口管制。这是指一国根据本国的出口管制法案,设立专门机构对本国某些商品出口进行审批和颁发出口许可证,实行出口管制。例如美国商务部下设"贸易管理局",专门办理出口管制的具体事务,美国绝大部分管制的商品的出口许可证都在该局办理。

(2) 多边出口管制。这是若干国家政府为了共同的政治和经济目的,通过建立国际性的多边出口管制机构,商讨和编制多边出口管制货单和出口管制的国别,规定出口管制的办法等,以协调相互的出口管制政策的措施。例如在美国策划下于1949年11月成立的巴黎统筹委员会就是一个国际性的多边出口管制机构。

第五节 国际贸易的协调

一、区域经济一体化

(一) 区域经济一体化的含义

区域经济一体化(regional economic integration)是指地理区域比较接近的两个或两个以上的国家之间实行的某种形式的经济联合,或组成的区域性经济组织。各成员国通过达成经济合作的某种承诺或签订条约、协议,建立超国家的决策和管理机构,制定共同的政策措施,实施共同的行为准则,规定较为具体的共同目标,实现成员国的产品甚至生产要素的本地区的自由流动。

区域经济一体化需要各成员国让渡部分的国家主权，由一体化组织共同行使，实行经济的国际干预和调节。区域经济一体化组织的各成员国相互制定的经济政策，可以分为内部经济政策和外部经济政策两个方面。前者为成员国之间实行的统一的经济贸易政策，后者为对非成员国的统一的经济贸易政策。参与一体化的国家往往先在成员国之间逐步实施统一的内部经济政策，取消贸易和其他经济活动的障碍，然后实现外部经济政策的统一。

（二）区域经济一体化的特点

区域经济一体化具有以下几个特点。

1. 成员资格的区域性

地理上相连、相近是一体化进程的自然出发点，同时这些国家一般在历史、文化上联系密切，有着开展经济合作的传统历史。但近年来随着跨区域经济集团和次区域集团的涌现，该特征已不明显。

2. 对外的排他性

区域经济集团的建立旨在通过内部合作，建立一个封闭性的集团，成员间降低关税、互相得益，同时又限制与集团外非成员的经贸关系的发展。

3. 利益的放大性

对单一的成员国来说，参加一体化组织除了能降低关税、削减非关税壁垒外，还能实现生产要素的自由流动，按照规模经济的原理，实现资源的优化配置，提高与区域外国家对抗的实力。

4. 内部的开放性

各区域集团虽然在合作形式、合作范围、合作程度等方面存在差异性，但总是推行相互间全面降低关税，实现商品的自由流通，取消非关税壁垒，放宽内部的投资限制，促进本地区的资本和其他生产要素的自由流动，从而达到降低成本、改善资源配置的目的。

（三）区域经济一体化的形式

按贸易壁垒取消的程度，区域经济一体化的形式分为以下六种。

(1) 优惠贸易安排(preferential trade arrangement)，也称特惠贸易协定，它是经济一体化最低级和最松散的一种形式，是指成员国之间通过协定或其他形式，对全部或部分商品规定特别的关税优惠，也可能包含小部分商品完全免税的情况。1932 年英联邦特惠制和 1961 年建立的东南亚国家联盟就属于这种形式。

(2) 自由贸易区(free trade area)，是指由签订自由贸易协定的国家组成的贸易区。在区内，各成员国之间取消了商品贸易的关税和数量限制，使商品在区域内完全自由流动，但各成员国仍按照各自独立的标准对非成员国征收关税，保持不同的贸易和关税政策。其基本特点是用关税措施突出了成员国与非成员国之间的差别待遇。

(3) 关税同盟(customs union)，是指各成员国之间完全取消关税和其他壁垒，实现内部的自由贸易，并对非成员国的商品进口建立统一的关税税率而缔结的同盟。关税同盟是比自由贸易区更高一级的一体化形式,它除了包括自由贸易区的基本内容外,成员国还对同盟外的国家建立了共同的、统一的关税税率,它开始带有超国家的性质。世界上最早、最著名的关税同盟是比利时、卢森堡和荷兰组成的关税同盟。

(4) 共同市场(common market),是指除了在成员国内完全废除关税与数量限制并建立对非成员国的共同关税外,还取消了对生产要素流动的限制,允许劳动、资本等生产要素在成员国之间自由流动的市场。欧洲经济共同体在 20 世纪 70 年代接近发展到这一水平。

(5) 经济同盟(economic union),是指成员国之间,不但商品与生产要素可以完全自由流动,建立对外统一关税,而且要求成员国制定并执行某些共同经济政策和社会政策,逐步消除各国在政策方面的差异,使一体化程度从商品交换扩展到生产、分配乃至整个国家经济,形成一个庞大的经济实体的同盟。如 1991 年已解散的经济互助委员会。

(6) 完全经济一体化(complete economic integration),是区域经济一体化的最高级形式。各成员国统一所有重大的经济政策,如财政政策、货币政策、福利政策、农业政策和有关贸易及生产要素流动的政策完全统一化。完全经济一体化拥有新的超国家的权威机构,实际上支配着各成员国的对外经济主权。

以上六种经济一体化形式,虽然反映经济一体化的逐级深化,但一体化的不同层次并不意味着不同的一体化集团必然从现有形式向较高级形式发展和过渡。

二、世界贸易组织

世界贸易组织成立于 1995 年 1 月 1 日,总部设在日内瓦,并于 1996 年 1 月 1 日正式取代 1947 年创立的关税与贸易总协定。世界贸易组织是具有法人地位的国际组织,在调节成员争端方面具有更高的权威性。

(一) 世界贸易组织的宗旨

世界贸易组织基本上承袭了关税与贸易总协定的宗旨,但又随着时代的发展,对原总协定的宗旨做了适当的补充和修正。在《建立世界贸易组织协定》的序言部分,规定了世界贸易组织的宗旨。

(1) 提高生活水平,保证充分就业,保证实际收入和有效需求的大幅稳定增长。

(2) 扩大货物和服务的生产与贸易。

(3) 依照可持续发展的目标,考虑对世界资源的最佳利用,寻求既保护和维护环境,又以与各成员各自在不同经济发展水平的需要和关注相一致的方式,加强为此采取的措施。

(4) 积极努力以保证发展中国家,尤其是最不发达国家,在国际贸易增长中获得与其经济发展相当的份额。

（二）世界贸易组织的职能

世界贸易组织的主要职能包括以下几个。

（1）负责多边贸易协议的实施、管理和运作，促进世界贸易组织目标的实现，同时为诸边贸易协议的实施、管理和运作提供框架。

（2）为成员间就多边贸易关系进行的谈判提供场所，并提供实施谈判结果的体制。

（3）通过争端解决机制，解决成员间可能产生的贸易争端。

（4）运用贸易政策审议机制，定期审议成员的贸易政策及其对多边贸易体制运行所产生的影响。

（5）通过与其他国际贸易组织（国际货币基金组织和世界银行及其附属机构）的合作和政策协调，实现全球经济决策的更大一致性。

（三）世界贸易组织的基本原则

1. 非歧视原则

非歧视原则包括最惠国待遇原则和国民待遇原则。

（1）最惠国待遇原则。最惠国待遇原则是指一成员现在和将来在货物贸易、服务贸易和知识产权领域所给予任何第三方的优惠待遇，应立即和无条件地给予其他成员。

（2）国民待遇原则。国民待遇原则是指一成员对其他成员的产品、服务或服务提供者及知识产权所有者和持有者所提供的待遇，不低于本国（地区）同类产品、服务或服务提供者及知识产权所有者和持有者所享有的待遇。

2. 贸易自由化原则

贸易自由化原则是指通过多边贸易谈判，实质性削减关税和减少其他贸易壁垒，扩大成员之间的货物贸易和服务贸易。

3. 透明度原则

透明度原则是指成员应公布所制定和实施的贸易措施及其变化情况，不公布的不得实施，同时还应将这些贸易措施及其变化情况通知世界贸易组织。成员参加的影响国际贸易政策的国际协议也在公布和通知之列。

4. 公平竞争原则

公平竞争原则是指成员应避免采取扭曲市场竞争的措施，纠正不公平贸易行为，在货物贸易、服务贸易和与贸易有关的知识产权领域，创造和维护公开、公平、公正的市场环境。

5. 促进发展和经济改革原则

发展中成员和经济转型国家占 WTO 成员数的 3/4 以上，多边贸易体制日益认识到发展中国家，尤其是最不发达国家履行义务的灵活性和特殊需要。世界贸易组织沿袭了关税与贸易总协定关于发展中国家和最不发达国家优惠待遇的相关协议和条款，并在世界贸易组织的相关协定、协议或条款中加以完善。此外，世界贸易组织也充分考虑到经济转型国家复杂的内部、外部条件，对其加入该组织给予鼓励并承诺给予较灵活的处理。

(四)世界贸易组织的机构

1. 部长会议

部长会议(ministerial conference)由所有成员方的代表参加,至少每两年举行一次会议。其职能是履行世界贸易组织的职能,并为此采取必要的行动。它是世界贸易组织的最高决策机构,但不是常设机构。

2. 总理事会

总理事会(general council)由所有成员方的代表组成,定期召开会议,总理事会在部长会议休会期间承担其职能,总理事会负责处理世界贸易组织的日常事务,监督和指导各项协定以及部长级会议所做决定的贯彻执行情况。总理事会还有两项具体职能,即履行争端解决机构和贸易政策审议机构的职责。总理事会定期召开会议,通常每两个月一次。

3. 理事会

理事会(council)为总理事会附属机构。世界贸易组织在总理事会下设有三个理事会,即货物贸易理事会、服务贸易理事会以及与贸易有关的知识产权理事会(简称知识产权理事会),它们在总理事会指导下分别负责管理、监督相关协议的实施,并负责行使相关协议规定的职能以及总理事会赋予的其他职能。

4. 专门委员会

世界贸易组织在总理事会下还设有五个专门委员会(special committee),负责处理三个理事会的共性事务及其他事务。专门委员会包括:贸易与发展委员会、贸易与环境委员会、国际收支限制委员会、区域贸易协议委员会,以及预算、财务与行政委员会。

5. 秘书处及总干事

世界贸易组织下设秘书处(secretariat),秘书处由部长会议任命的总干事(director general)领导。总干事的权力、职责、服务条件和任期由部长会议通过规则确定。总干事有权指派其所属工作人员。

6. 其他机构

除上述常设机构外,世界贸易组织还根据需要设立一些临时机构,即工作组。有的工作组则直接向总理事会报告,如加入世界贸易组织工作组等。

本章小结与关键术语

思考题

1. 何为国际贸易、对外贸易和海外贸易?
2. 数字贸易及其特征是什么?
3. 国际贸易的分类有哪些?
4. 国际分工对国际贸易发展的影响有哪些?
5. 举例说明大卫·李嘉图的比较成本论。
6. 试述对外贸易政策包括哪几个方面的内容。
7. 试述自由贸易政策和保护贸易政策的含义。
8. 试述关税措施的种类。
9. 试述非关税措施的种类。
10. 试述商品倾销的含义及其种类。
11. 区域经济一体化的主要形式有哪些?
12. 世界贸易组织的功能有哪些?

第二章　国际货物的品名、品质、数量和包装

学习目标

- 了解国际货物品名及命名的方法。
- 掌握合同中商品品质的表示方法和如何订立品质条款。
- 掌握合同中货物数量的计量方法以及数量条款的订立，掌握数量条款及数量机动幅度的规定办法。
- 了解包装分类，掌握包装条款的规定，掌握运输标志的设计。
- 理解定牌和中性包装。

第一节　国际货物的品名

一、货物品名

货物品名(name of commodity)或称货物名称，是指能使某种货物区别于其他货物的称呼。它能够反映商品的自然属性、用途和特性等。

在国际贸易中首先要确定的交易条件，一般是凭借对拟进行买卖的商品做必要的描述来确定交易的标的。对交易标的物的描述是构成商品说明的主要组成部分，是买卖双方交接货物的一项依据，它关系到买卖双方的权利和义务。好的商品名称能促进消费、激发消费者的购买欲望，有利于买卖合同的签订。

[**案例 2-1**]

甲国某出口公司向乙国某公司出口驴肉一批，合同规定：每箱净重 16.6 千克，共 1 500 箱，合计 24.9 MT。但货抵乙国后，经乙国海关查验，每箱净重并非 16.6 千克，而是 20 千克，计 1 500 箱，合 30 MT。海关认为单货不符，进口商以少报多。这将会出现何种后果？

分析　对待出口商品的数量必须严格按合同或信用证的数量执行。少了买方当然不同意，多了进口国家的海关也不会放行。因为各国海关对进口货物的监督都很严格，如进口商申报的数量与到货数量不符，轻则认为企图逃漏关税，重则认为是走私舞弊，海关不仅可以处以罚款或没收货物，还可能进一步追究进口商的刑事责任。另外，若遇上当地市场疲软或价格趋跌，进口商也会拒收，或要求降低价格，或要求多交之货不再补钱。

思政元素　要具有较强的法律意识，严格遵守国际贸易规则。

二、货物品名的命名

(1) 以商品的主要用途命名。这种方法既强调了商品的主要用途，又便

于消费者购买。例如，电视机、网球鞋和保温瓶等。

(2) 以商品的主要成分或原料命名。这种方法既便于消费者了解商品的成分及含量，又能体现商品的质量。例如，羊绒衫、蜂王浆和铁锅等。

(3) 以商品产地、特殊原料命名。这种方法既可以与其他商品相区别，又可提高该商品的知名度。例如，东北大豆、青岛啤酒、云南白药和五粮液等。

(4) 以著名人物或传说命名。这种方法既可利用人物已有的知名度来提高商品的知名度，又可与其他商品相区别。例如，孔府家酒、皮尔·卡丹等。

(5) 以商品自身显著实体形态命名。例如，方桌、小绿豆和带鱼等。

(6) 以制作工艺命名。这种方法有利于客户了解该商品的制作特征，增强对商品的信任。例如，二锅头烧酒等。

(7) 以外来词命名。例如，咖啡、可口可乐、沙发、凡士林等。

三、合同中的品名条款

国际货物买卖合同中的品名条款一般较简单，通常是在“商品名称”或“品名”的标题下，列明交易双方成交商品的名称，也可不加标题，只在合同的开头部分列明交易双方同意买卖某种商品的文句。

品名条款的规定取决于成交商品的品种和特点。就一般商品来说，有时只要说明商品的名称即可。但有的商品往往具有不同的品种、等级和型号。因此，为了明确起见，也可把有关商品的品种、等级或型号的概括性描述包括进去，做进一步限定。

四、规定品名条款应注意的事项

(1) 内容必须明确具体，避免空泛、笼统地规定。

(2) 条款中规定的品名，必须是卖方能够提供且买方所需要的商品，凡做不到或不必要的描述性的词句不应该列入。

(3) 尽可能使用国际上的通用名称。若使用地方性的名称，交易双方应事先就其含义达成共识。对于某些新商品的命名及其译名，应力求准确、易懂，并符合国际上的习惯称呼。

(4) 在一个合同中，同一种商品不要使用不同的名称。

(5) 选用合适的品名，有利于降低关税、方便进出口和节省运费开支。

[**案例 2-2**]

甲国某食品有限公司出口苹果酒一批。乙国来证货品名为 Apple Wine，于是甲方为单证一致起见，所有单据上均用“Apple Wine”。不料货到乙国后遭到乙国海关的扣留罚款，因该批酒的内、外包装上均写的是“Cider”字样。结果外商要求甲方赔偿其罚款损失。问：甲方对此有无责任？

分析　甲方有责任，应负责赔偿。作为出口公司，理应知道所售货物的英文名称。如来证货品名与实际不符，一是要求对方改证，二是自己更改货物上的英文名称。

思政元素 作为外贸工作人员,应严格履行合同,认真细致分析,具有较强的法律意识。

第二节 国际货物的品质

一、商品品质及其要求

(一) 品质的重要性

商品品质(quality of goods)是商品的内在质量和外观形态的综合。内在质量指商品的物理性能、化学成分、生物特征及成分等内在素质;外观形态指商品的造型、结构、色泽及味觉等技术指标或要求。

商品品质是对成交商品品质的描述,是构成商品说明的一个主要组成部分,是买卖双方交接货物的基本依据,也关系到买卖双方的权利和义务。商品品质的优劣对商品价格有重要影响,买卖双方一般都要针对一定的商品,按质论价,同一品种,如质量不同,则价格也不同。商品品质和销路有着直接关系,随着消费者对商品品质要求的不断提高和市场竞争的加剧,当今世界各国都把提高商品品质作为加强竞争力和扩大销路的一种手段。商品品质的优劣,还关系到国家的信誉,所以提高出口商品品质具有重大的政治、经济意义。

(二) 对商品品质的要求

1. 对出口商品品质的要求

(1) 根据不同的国外市场和不同的消费者需求来确定商品质量。由于国外市场需求的不断变化,因此出口的商品品质、规格、花色和样式等应适应国外有关市场的消费习惯和消费水平。做好产销结合,使出口商品适销对路。

(2) 保证商品质量,提升商品信誉。商品必须具备使用性能,符合在产品包装上注明的用途、标准,符合产品的说明,符合实物样品所表明的质量状况。

(3) 符合外国政府的法律要求。凡是不符合进口国法令规定和要求的商品,该国一律不准进口,有的出口商品还要就地销毁并承担相关费用。所以,我们必须了解有关进口国家的政府法令和管理制度。

(4) 建立企业质量、环境管理体系。ISO(International Organization for Standardization,国际标准化组织)9000"质量管理和质量保证"系列标准和ISO 14000"环境管理"系列标准的实施,有助于改善和提升我国企业与产品在国内外消费者、客户中的形象,降低经营及管理成本,提高我国产品的国际竞争能力。

(5) 实行出口商品质量许可证制度。对符合产品标准、技术要求的出口商品颁发质量许可证,对生产出口商品的企业进行监督检查,不符合标准的企业严禁其产品出口。

2. 对进口商品品质的要求

凡品质、规格不符合要求的商品不准进口。对于确需进口的商品,其品质、规格不应低于国内的实际需要,以免影响国内的生产、消费与使用。在订立合同时,要注意对商品品质要求的严密性,避免疏忽而造成损失。要防止进口危害国家安全或者社会公共利益的商品、破坏环境的商品,以及影响人民健康的商品。

二、表示商品品质的方法

国际贸易中买卖的商品种类繁多、特点各异,表示品质的方法也很多,主要包括凭实物样品表示和凭文字说明表示两大类。

(一) 凭实物样品表示商品品质

1. 看货买卖

看货买卖是凭成交商品的实际品质进行交易的一种方式。其是由买方或其代理人在卖方所在地验看货物,如果认为商品品质符合购买要求,即可达成交易。这种方式只要卖方交付的是验看过的商品,买方就不得对品质提出异议。由于交易双方远隔两地,验看货物有很多不便,因此采用这种方式成交很有限。

2. 凭样品买卖

凭样品买卖(sale by sample)是凭样品规定商品品质所达成的交易。所谓样品,就是指由卖方或买方提供一件(数件)或少量足以代表商品质量的实物。这是由于有些商品本身的特点,难以用文字说明规定其品质,或出于市场习惯采用的一种方法。在国际贸易中,按样品提供者的不同,其可分为以下两种。

(1) 凭卖方样品(seller's sample)买卖。由卖方提供的样品称为"卖方样品"。凡凭卖方样品作为交货的品质依据者,皆称为"凭卖方样品买卖"。在凭卖方样品买卖时必须注意下列问题。

① 在将样品即原样或称标准样品送交买方的同时,应保留与送交样品质量完全一致的另一样品,即留样(keep sample),或称复样(duplicate sample),以备将来生产、交货或处理质量纠纷时做核对之用。

② 卖方提供的样品要具有代表性。样品的质量既不能偏高,也不能偏低。偏高会给日后交货带来困难,偏低会使卖方在价格上受到损失。

③ 凭卖方样品成交的商品多属品质难以规格化、标准化的商品,要求交货品质与样品完全一致很难做到。所以,在凭样品表示商品品质时,一般均在合同中规定"交货品质与样品大体相符"的条款。

④ 凭样品交易容易引起纠纷,所以除不能用科学方法表示品质的商品外,如工艺品、少数轻工业品、土特产品和服装等一般很少采用这种方法。

(2) 凭买方样品(buyer's sample)买卖。由买方提供的样品称为"买方样品"。凡凭买方样品作为交货的品质依据者,皆称为"凭买方样品买卖",也称

"来样成交"或"来样制作"。凭买方样品买卖应注意如下问题。

① 为避免日后交货时在品质上发生争议,卖方可以根据买方的来样仿制或提供相近的产品提交对方,即"回样",或称"对等样品"(counter sample)。如买方接受了卖方提供的对等样品,凭买方样品成交的交易就变为凭卖方样品成交。

② 为防止意外纠纷,需在合同中订明:如发生由买方来样引起的工业产权等第三者权利问题,与卖方无关,概由买方负责。

在凭样品买卖的交易中,为防止履行合同时发生不必要的纠纷,必要时可使用封样,即由第三方或由公证机关在一批商品中抽取同样品质的样品若干份,每份样品烫上火漆或铅封,由第三方或公证机关留存一份备案,其余供当事人使用。有时,封样也可由出样人自封或买卖双方共同加封。

买卖双方为发展贸易关系、增加对对方商品的了解,往往采用互相寄送样品的做法。这种以介绍商品为目的而寄出的样品,应标明"仅供参考"或"参考样品",或使用弹性用语,如"品质与所提供的样品相似",以免与标准样品混淆。

(二)凭文字说明表示商品品质

在国际贸易中,大部分商品的品质是用文字说明表示的,一般有以下几种。

1. 凭规格买卖

凭规格买卖(sale by specification)是指买卖双方在交易中用规格表示商品的品质。商品的规格是指一些足以反映商品品质的主要指标,如化学成分、含量、纯度和长短等。凭规格买卖时,说明商品品质的指标因商品不同而异;商品用途不同,要求的质量指标也有差异。这种方法的优点是明确、具体、简单和易行。例如,东北大豆的规格为:

含油量(oil content):最低(min)16%;

水分(moisture):最高(max)13%;

杂质(admixture):最高(max)1%;

不完善粒(imperfect grains):最高(max)7%。

2. 凭等级买卖

凭等级买卖(sale by grade)是指买卖双方在交易中以商品的等级表示商品品质。商品的等级是指同一类商品按其规格的差异,分为品质优劣不同的若干等级,用文字、数字或符号进行分类,如:优等、中等、低等;一级、二级、三级;大、中、小等。每一等级都规定有相对固定的规格。例如,西湖龙井茶分为特级、一级、二级、三级等。

3. 凭标准买卖

凭标准买卖(sale by standard)是指买卖双方在交易中以标准表示商品的品质。商品的标准是指经政府机关或工商业团体统一制定和公布的规格或等级。我国现行的标准有国家标准、专业标准、地方标准和企业标准。国际上常见的标准有国际标准、国家标准、团体标准和企业标准。

随着科学技术的发展，商品的标准不断地被修改或变动，所以，同一组织颁布的某类商品的标准往往有不同年份的版本。版本不同，质量标准的内容也不同。在合同中援引标准时，应说明标准的名称及版本年份。

在国际贸易中，对于某些品质变化大、难以规定统一标准的农副产品，往往采用“良好平均品质”(fair average quality，FAQ)和“上好可销品质”(good merchantable quality，GMQ)来表示交易商品的品质。

(1) 良好平均品质，是指在装运地装运出口的货物平均品质，即平均中等平均品质。在我国农副产品的出口业务中，有时也用 FAQ 表示品质，习惯上称为“大路货”，品质标准一般是以我国产区当年生产该项农副产品的平均品质为依据而确定的。由于这一标准比较笼统，容易发生争议，在合同中除注明 FAQ 字样和年份外，还要规定一些具体规格指标。例如：“2018 年的中国大米，FAQ，规格要求：水分(最高)14%；杂质(最高)0.1%；碎粒(最高)5%。”

(2) 上好可销品质，通常是指卖方出售的货物品质上好，适合市场销售，无须说明商品的具体品质，一般适用于无法以样品或国际公认的标准来检验产品品质的一些商品，如木材、冷冻鱼虾等水产品。这种品质标准更为笼统，容易引起争议，所以在国际贸易中一般不用。

4. 凭商标或牌名买卖

凭商标或牌名买卖(sale by trade mark or brand name)是指买卖双方在交易中用商品的商标或牌号表示商品的品质。商品的牌名(brand)是指厂商所生产或销售商品的牌号，简称“品牌”，以便与其他企业的同类产品区别开来。一个品牌可用于一种产品，也可用于一个企业的所有产品。商标(trade mark)是牌号的图案化，作为商品的记号，经注册登记后受法律的保护。它是一个品牌或品牌的一部分，是一个法律名词。在国际贸易中，对于某些品质稳定、规格统一并在市场上树立了良好信誉的商品，交易时只要说明牌号或商标，品质即已明确，故可凭牌名或商标买卖，如海尔冰箱、红双喜乒乓球和松下电器等。这种方法适用于日用消费品、加工食品和耐用消费品等很多商品。

5. 凭产地名称买卖

凭产地名称买卖(sale by name of origin)是指买卖双方在农副土特产品的交易中，以产地名称来表示商品的品质。因为有些农副土特产品受产地的自然条件及传统加工工艺的影响，在品质方面具有独特的风格或特色。对这类产品习惯上用产地的名称来说明其品质，如景德镇瓷器、绍兴黄酒、长白山人参和涪陵榨菜等。

6. 凭说明书和图样买卖

凭说明书和图样买卖(sale by descriptions and illustrations)是指买卖双方在技术密集型产品的交易中，以说明书、图样等来表示商品的品质。在国际贸易中，有些机器、电子产品、仪器等商品，由于结构和性能复杂，生产工艺不同,因此不能简单地用几个指标表示品质的全貌。对于这类商品,通常以说明书并附以图样、照片、设计图纸等来说明其具体性能和结构特点。

在实际业务中用文字说明表示商品品质的方法被广泛应用,但常与凭样品买卖结合使用。还有一些商品,由于它们独特的性质,既无法用文字概括其质量,又没有质量完全相同的样品可做交易的依据,对此,买卖双方只能看货成交,如珠宝、玉雕、牙雕和字画等。

[**案例 2-3**]

甲国某公司向乙国某客户出口榨油大豆一批,合同中规定大豆的具体规格为含水分14%、含油量18%、含杂质1%。乙国客户收到货物不久,甲方便收到对方来电称:甲方的货物品质与合同规定相差较远,具体规格为含水分18%、含油量10%、含杂质4%,并要求甲方给予合同金额40%的损害赔偿。乙国的索赔要求是否合理?合同中就这一类商品的品质条款应如何规定为宜?

分析 乙国的要求是合理的。因为甲方交货的品质不符合合同的规定,应给予对方一定金额的损害赔偿,但是否为合同金额的40%,应根据具体情况而定。较难掌握交货品质的出口商品的品质条款,应采用规定品质公差(quality tolerance)或品质机动幅度(quality latitude)的方法,来避免因交货品质难以掌握给甲方交货带来的困难。

思政元素 作为外贸业务工作人员应养成遵守合同规定、细致周到的精神。

三、合同中的品质条款

(一)基本内容

商品的品质条款是买卖合同的基本条件,是买卖双方交接货物的依据。它是买卖双方对货物的质量、等级、标准、规格、商标、牌名、产地名称等的具体规定。在凭样品买卖时,一般应列明样品的编号或寄送日期,有时还加列交货品质与样品一致相符的说明。在凭标准买卖时,一般应对照所引用的标准和标准版本的年份;在以图样和说明书表示商品品质时,还应在合同中列明图样、说明书的名称和份数等内容。

(二)订立品质条款注意事项

1. 品质机动幅度

品质机动幅度是指商品的品质指标在一定的幅度内灵活掌握。品质机动幅度的掌握方法如下。

(1) 规定范围,即对某些商品品质指标允许有一定的差异范围。例如,漂布,幅阔47/48英寸(1英寸=2.54厘米),即布的幅阔只要是47~48英寸,均为合格。

(2) 规定极限,即对某些商品的品质以最大、最高、最多或最小、最低、最少来规定其上下极限。例如,芝麻:含油量45%(最低),水分8%(最高),杂质1%(最高)。

(3) 规定上下差异，是指规定品质指标的同时，规定一定幅度的上下变化。例如，羽绒服：含绒量18%，上下1%。

(4) 在数字前加“大约”使商品品质规定有一定的弹性。例如，每筐苹果200个，大约50千克。

2. *品质公差*

品质公差是指国际同行业所公认的品质的误差。在工业制成品中，对产品质量指标难免产生一定的误差，如手表走时每天误差若干秒等。这种为国际所公认的产品品质的误差，即使在合同中不做规定，卖方交货只要在此范围内，即为符合规定。如国际上同行业无公认的品质公差，或公差不明确或由于生产原因需扩大公差范围，应在合同中明确规定品质公差的内容。

3. *交货品质与样品大体相等或其他类似条款*

在凭样品买卖时，买卖双方容易在交货品质与样品是否一致的问题上发生争议，为了避免争议和便于履行合同，卖方可要求在品质条款中加订“交货品质与样品大体相符”或其他类似条款。

4. *品质条款要有科学性和合理性*

对品质条款的规定要适度，不宜规定得过高或过低。对于一些与品质无关的条件，不宜订入。品质条款应明确、具体，不宜采用诸如“大约”“左右”“合理误差”等字样，以免在交货的品质上发生争议。

第三节　国际货物的数量

一、货物数量的重要性

货物的数量是国际货物买卖合同中的主要交易条件之一，对于买卖双方顺利达成交易、合同的履行具有重要意义。货物的数量是指以一定的度量衡表示商品的重量、个数、长度、面积、体积和容积的量。数量的多少直接关系交易价格的高低以及总贸易量对市场的影响。根据《联合国国际货物销售合同公约》的规定，卖方所交付的货物的数量必须与合同规定相符。卖方所交付货物的数量如小于合同规定的数量，买方有权拒收货物；相反，卖方所交货物的数量如大于合同规定的数量，买方除了可以拒收超额部分外，也可以全部拒收。另外，买卖双方应在彼此可能的情况下达成买卖商品数量，而不能为了追求数量而忽视市场的容量、客户的信用度、支付的能力或配额等限制。

二、商品数量的计量方法

在国际贸易中，由于商品的种类和性质不同，计量的方法不同，还有各国采用的度量衡制度也不同，所以买卖双方应熟悉各种计量单位和计量方法。

(一) 国际度量衡制度

各国采用度量衡制度不同,使用的计算数量的单位也不同。目前,国际贸易中使用比较广泛的度量衡制度有:国际单位制(international system of units),代号“SI”;公制(metric system);英制(British system)和美制(U. S. system)。

我国自1959年至1985年一直使用公制。1985年9月通过,经2009年、2013年、2015年、2017年和2018年修正的《中华人民共和国计量法》第三条规定:“国家实行法定计量单位制度。国际单位制计量单位和国家选定的其他计量单位,为国家法定计量单位。”我国从1991年1月起,除少数特殊领域之外,不允许再使用非法定计量单位。在对外贸易中,出口货物除合同规定需要采用公制、英制和美制计量单位外,均应采用法定计量单位。

(二) 计量单位

商品的计量单位是表示商品数量的方法。通常采用的计量单位名称及适用的商品有以下几种。

1. 重量

按重量(weight)计算是国际贸易中广泛使用的一种。常用的重量单位有:千克(kilogram,kg)、公吨(metric ton,M/T)、长吨(long ton,L/T)、短吨(short ton,S/T)、磅(pound,lb,1磅≈453.592克)和盎司(ounce,oz)。1公吨=1 000千克,1长吨=1 016千克,1短吨=907千克。这种计量单位一般适用于农副产品、矿产品和部分工业制成品,如羊毛、棉花、矿砂、钢铁、油类和药品等商品。对黄金、白银等贵重商品通常采用克或盎司来计量,钻石则采用克拉计量。

2. 数量

常用的数量(number)单位有:只(piece,pc)、件(package,pkg)、双(pair)、套(set)、打(dozen,doz)、罗(gross,gr)、令(ream,rm)、卷(roll,coil)、袋(bag)、箱(case)和桶(barrel,drum)等。1罗=12打。这种计量单位一般适用于大多数工业制成品、土特产品及杂货,如电视机、纸张、水果和服装、鞋袜等商品。

3. 长度

常用的长度(length)单位有:米(meter,m)、英尺(foot,ft,1英尺≈0.304 8米)和码(yard,yd)等,一般适用于绳索、电线电缆、丝绸和布匹等商品。

4. 面积

常用的面积(area)单位有:平方米(square meter,m^2)、平方英尺(square foot,ft^2)和平方码(square yard,yd^2)等,一般适用于玻璃、木板、地毯、纺织品和皮革制品等商品。

5. 体积

常用的体积(volume)单位有:立方米(cubic meter,m^3)、立方英尺(cubic

foot,ft^3)、立方码(cubic yard,yd^3)等,一般适用于木材、天然气和化学气体等商品。

6. 容积

常用的容积(capacity)单位有:公升(liter,L)、加仑(gallon,gal)和蒲式耳(bushel)等,一般适用于谷物、酒类及油类等商品。

(三) 计量重量的方法

在国际贸易中,大多数商品是按重量计量的。计量重量的方法通常有以下几种。

1. 按毛重计量

毛重(gross weight)指商品本身的重量加上包装物的重量,包装物的重量叫皮重。对于有些商品,由于价值较低,可以忽略包装物的重量,如粮食、饲料等产品以毛重作为计算价格的基础。

2. 按净重计量

净重(net weight)即商品的实际重量,也就是不带包装的重量。在国际贸易中,采用最多的一种计量方法是按净重计量,即将货物的毛重减去皮重(tare)。计算皮重的方法有以下几种。

(1) 实际皮重(actual tare)。实际皮重,即将各商品的包装物逐一过秤所得的重量。

(2) 平均皮重(average tare)。平均皮重,即按若干件包装物的实际重量计算出单件包装物的平均重量。由于包装材料的规格化和标准化采用平均皮重的做法已很普遍,它也称为标准皮重。

(3) 习惯皮重(customary tare)。习惯皮重是指有些比较规格化的包装,其重量已被公认,可不必过秤,按公认的重量计算,如装运粮食的机制麻袋,每条习惯皮重为2.5磅。

(4) 约定皮重(computed tare)。约定皮重是指按买卖双方约定的重量计算皮重而无须过秤。

3. 公量

公量(conditioned weight)是指用科学方法抽去商品中的水分,再加上标准含水量所求得的重量。这种方法适用于水分含量不稳定而经济价值又较高的货物,如羊毛、生丝等。

公量是以货物的标准回潮率计算的,所谓回潮率就是指水分与干量的比,也称法定回潮率。货物中实际水分与干量的比称为实际回潮率。其计算公式为

$$\begin{aligned}\text{公量} &= \text{干量} + \text{标准含水量} \\ &= \text{实际重量} \times (1 + \text{标准回潮率})/(1 + \text{实际回潮率})\end{aligned}$$

例 2-1 今出口羊毛10公吨,买卖双方约定标准回潮率为11%,实际回潮率则从10公吨货物中抽取部分样品进行测定。假设抽取10千克样品,用

科学方法去掉货物中的水分后,净剩8千克羊毛,试计算这批羊毛的公量。

解 公量=实际重量×(1+标准回潮率)/(1+实际回潮率)

=10×(1+11%)/(1+25%)

=8.88(公吨)

4. 按理论重量计量

按理论重量(theoretical weight)计量是指一些有固定规格和尺寸的商品,每件重量大致相等,所以可以根据件数推算出其重量,如钢板、马口铁等。

5. 按法定重量计量

按法定重量(legal weight)计量是指以商品本身重量加上直接与商品接触的内包装重量。它是海关征收从量税的基础。

三、合同中的数量条款

合同中的数量条款主要包括交货的数量和计量单位,如"中国大豆1 000公吨,麻袋装净重"。

有些商品因本身的特性、生产、运输、包装条件和运输工具等的限制,交货数量往往很难符合合同约定的某一具体数量,为了顺利履行合同、减少争议,买卖双方在合同中规定合理的机动幅度。

(一) 溢短装条款

溢短装条款(more or less clause)是指在买卖合同的数量条款中,明确规定卖方可以多交或少交的百分比,但以不超过规定的百分比为限。例如,汽油100公吨,卖方可溢短装2%,即卖方的交货数量为98~102公吨,买方不得有异议。

利用溢短装条款时应注意以下问题:①允许溢短装比例,即允许多交或少交的百分比,多数规定为5%,具体应由商品特性、运输方式等确定。②溢短装选择权,即约定何方有权决定多交或少交,一般规定为由卖方决定,但在买方租船接货时,为了与租船合同衔接,也可由买方决定。③溢短装数量通常按合同价格计算。但当交货时市价下跌,多装对卖方有利;如市价上升,多装对买方有利。所以,为了避免这种情况,可在合同中规定,多装或少装的部分,不按合同价格计算,按装船时或到货时的市价计算。

(二) 约量条款

约量条款(about clause)是指实际交货数量可有一定幅度的弹性条款,即在交货数量前加"约"字规定机动幅度的方式。例如,约100公吨。由于"约量"一词含糊,国际上对其有不同的解释,有的国家解释为2%,有的为5%,也有的为10%。为了避免履行合同时引起不必要的纠纷,除非双方对"约"数已有协议或默认,否则最好不要使用约量。如果一定要使用约量,双方应事先明确允许的百分比。

第四节　国际货物的包装

一、商品包装的重要性

商品包装(packing of goods)是指在商品流通过程中为保护商品、方便储运、促进销售,按一定技术方法而采用的容器、材料及辅助物等的总体名称;也指为达到上述目的而采用容器、材料和辅助物的过程中施加一定技术方法等的操作活动。

现代商品包装反映了商品包装的商品性、手段性和生产活动性。商品包装是社会生产的一种特殊商品,本身具有价值和使用价值,同时又是实现商品价值和使用价值的重要手段。商品包装的价值包含在商品的价值中,优质的包装能带来巨大的经济效益。商品包装是商品生产的重要组成部分,绝大多数商品只有经过包装,才算完成它的生产过程,才能进入流通和消费领域。

商品包装是依据一定商品的属性、数量、形态以及储运条件和销售的需要,采用特定的包装材料和技术方法,按设计要求创造出来的造型和装饰相结合的实体,具有技术和艺术双重特性,具有体积性、形态性、层次性和整体性等多方面的特点。

商品包装在一定程度上反映出一个国家的生产水平,包装生产部门已成为一个重要的工业部门。商品包装是保护商品在流通领域中品质完好和数量完整的重要措施。优良的包装能反映出一个国家的生产、科学技术和文化艺术的水平。因此,出口商品包装的好坏直接关系到出口商品的销售和一个国家商品的信誉。

在买卖合同中,一般要对包装作出具体规定,包装条件也就成了买卖合同中的一项主要条件,构成了货物说明的重要组成部分。

二、商品包装的种类

商品包装按作用可分为运输包装(transport package)和销售包装(sales package)。

(一) 运输包装

1. 运输包装的定义和作用

运输包装又称外包装(out packing),它是将货物装入特定容器,或以特定方式成件或成箱地包装。运输包装的主要作用有:一是能有效地保护商品,防止货物在长时间和远距离的运输过程中发生损坏与散失;二是方便货物的运输、搬运、储存、检验和计数等;三是合理的运输包装能节省材料和费用。

2. 运输包装的种类

运输包装可分为单件运输包装和集合运输包装。

(1) 单件运输包装,是指货物在运输过程中作为一个计件单位的包装。

① 箱。按不同材料,箱又可分为木箱、纸箱、板条箱和铁箱等,通常适用

于不能挤压的货物。

② 桶。桶有木桶、铁桶和塑料桶等,适用于液体、半液体、粉状、粒状货物。

③ 袋。袋有麻袋、纸袋、布袋和塑料袋等,适用于粉状、颗粒状和块状的农产品及化学原料。

④ 包(bale)。凡可以紧压的商品,如羽毛、羊毛、棉花、布匹和生丝等,均可先经机压打包,压缩体积,然后再以棉布、麻布包裹,外加箍铁和塑料带,捆包成件。

⑤ 其他。如篓、瓶、坛、罐、听、捆和卷等。

(2) 集合运输包装,也称成组化运输包装。它是把一定数量的单件包装组合成一件大的包装或装入一个大的包装容器内。常见的集合运输包装有以下两种。

① 集装袋和集装包(flexible containers),一般是用合成纤维或塑料编织成的大袋。集装袋和集装包有一次性使用和可回收周转使用两种。它们的容量为1～4吨,多的可达13吨。集装袋适用于盛装粉状、粒状的化工产品、矿产品、农产品及水泥等散装商品;集装包则适用于盛装已经包装好的桶、袋和箱等单件包装的商品。

② 集装箱(container),又称货柜。它是一种用金属板材、塑料和纤维板材制成的长方形的大箱。为适应各种运输方式和不同货物运输的需要,集装箱的种类越来越多。集装箱是一种现代化的运输方式,它可以保护货物品质,减少货损、货差,节省包装费用,减轻劳动强度,提高装卸效率,加速车船及货物的周转。

(3) 托盘(pallet),指用木材、金属和塑料等材料制成的托板。货物可以放在托板上,然后用塑料薄膜、金属绳索等加以固定,组成一件包装。托盘下面有插口,供铲车起卸之用。托盘有一次性使用和回收周转使用两种。托盘便于计数、装卸、运输和保管,能降低成本、加快运输。

3. 运输包装的要求

运输包装应体现如下要求:适应商品的特性;适应各种不同运输方式的要求;考虑有关国家的法律规定和客户的要求;便于各环节有关人员的操作;在保证包装牢固的前提下节省费用。

(二) 销售包装

1. 销售包装的概念

销售包装(sales package),又称内包装(internal packing)、小包装,是直接接触商品,跟随商品进入零售市场和消费领域的包装。它具有保护商品、便于储存和保管的作用,同时还具有美化商品、宣传商品、介绍商品、吸引消费者的作用。销售包装的美观感、新潮感和艺术感能引起消费者的购买欲望。作为"无声售货员"的销售包装,在征服消费者、提高销量等方面有着不可低估的作用。

2. 销售包装的种类

1) 便于陈列的包装

(1) 堆叠式包装。这种包装的顶部和底部都设有吻合部分,上下堆叠可以互相吻合，既稳固，又节省货位。这类包装多用于进入超级市场销售的罐头、瓶类和盒类等商品。

(2) 挂式包装。这种包装通过挂钩、挂孔和吊带等将商品悬挂在货架上展销，以便利用货架的空间。这类包装常见的有贴体包装、盒形包装和套形包装。

(3) 展开式包装。这种包装有特殊结构的盒盖，打开盒盖，盒面图案与盒内商品互相衬托，具有良好的展销效果。

2) 便于识别商品的包装

(1) 透明包装和开窗包装，是指容器全部或部分采用透明材料制成，或在容器上开有窗口的包装。这种包装能直接看到商品的形态，增加消费者购买信心。

(2) 习惯性包装，是指某些商品的包装经长期使用而形成的习惯造型，使消费者很容易认出是某种牌号的商品。

3) 便于使用的包装

(1) 携带式包装，是适于消费者携带的包装。例如，在包装上设置便于携带的提手装置。

(2) 易开包装，是便于消费者开启使用的包装，通常在封口严密的容器上增加易开结构，如易拉罐、易开瓶等。

(3) 喷雾包装，是使用时只要按动按钮，液体或粉末即可喷出的包装，适用于日用消费品，如香水、洗发露等。

(4) 配套包装，是把在使用上有关联的商品搭配成套，放在同一包装内的包装。

(5) 一次用量包装，是为一次性商品所做的较简单包装，如一天用量的药品包装。

(6) 礼品包装，是专为送礼用的包装，要求美观大方、具有艺术性。

3. 销售包装的要求

为了使销售包装适应国际市场的需要，在设计和制作时要体现如下要求。

(1) 包装的造型与装潢设计有利于促销。造型装潢美观大方，富有艺术吸引力并能突出商品的特点，其图案和色彩应符合有关国家的风俗习惯和消费者爱好。

(2) 标签的使用不能违反有关国家的标签管理条例的规定，许多国家对进口商品特别是食品和药品的标签内容有具体要求，一般都要求标明产地、重量、成分、生产者名称、生产期、保质期以及有关添加剂、化学成分或脂肪含量等的特殊说明。如不符合规定，则禁止进入该国市场。

(3) 有条形码标志。

(4) 包装的设计有利于再用、再循环和最终处理，实行绿色包装标志。包装材料本身的后处理应安全、方便、可行，不造成环境危害，能再利用、再生和再循环,完善绿色包装标准体系,实行绿色包装标志制度。

三、包装标志

包装标志是在运输包装外部用文字、图形、数字制作的特定记号和说明事项。其主要作用是:便于识别货物,以利于运输、仓储、商检和海关查验,便于核对单证、货物,使单货相符;避免发生错运,便于收货人收货。包装标志按其用途,可分为运输标志(shipping mark)、指示性标志(indicative mark)和警告性标志(warning mark)等。

(一)运输标志

运输标志又称唛头,由一个简单的几何图形和一些字母、数字以及简单的文字组成。其主要作用是便于识别货物、方便运输、易于计数和查箱等,防止错发、错运。运输标志一般由下列内容组成。

(1) 收货人(发货人)的代号、合同号码和信用证号码,通常用一个简单图形表示,如三角形、矩形和菱形等。

(2) 目的港(目的地)的名称,如需经某地或某港口转运的,在目的港下面加上转运地的名称。

(3) 件号。该批货物的总件数和本件货物的顺序号。例如,"No. 1-100"。

此外,有的运输标志还包括原产地、许可证号和体积与重量等内容。运输标志的内容繁简不一,由买卖双方根据商品特点和具体要求商定。如图2-1和图2-2为运输标志的式样。

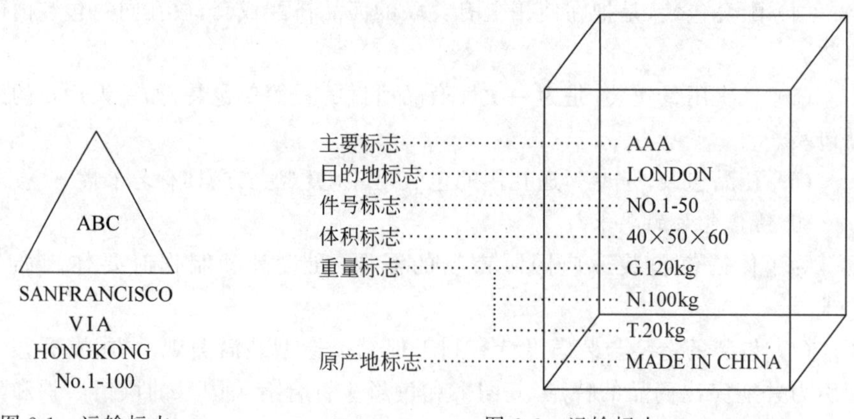

图2-1　运输标志一　　图2-2　运输标志二

鉴于运输标志的内容差异较大,有的过于繁杂,不适应货运量增加、运输方式变革和电子计算机在运输与单据流转方面应用的需要。因此,联合国欧洲经济委员会简化国际贸易程序工作组,在国际标准化组织和国际货物装卸协调协会的支持下,制定了一套运输标志向各国推荐使用。该标准运输标志包括:①收货人或买方简称或代号;②参考号,如运单号码、订单号码或发票号码等;③目的地;④件数号码。至于根据某种需要而在运输包装上刷写的其他内容,如许可证号等,则不作为运输标志必要的组成部分。

需要指出的是，为了便于刻唛、刷唛，节省时间和费用，便于在制单及其信息传递过程中使用电信手段，国际标准化组织推荐的标准运输标志应为四行，每行不超过17个字母，不采用几何图形或其他图形。例如：

CBD …………………………………………… 收货人代号
4326 …………………………………………… 参考号
NEW YORK ………………………………… 目的地
1/50 …………………………………………… 件数代号

（二）指示性标志

指示性标志是指对一些易碎、易损、易变质商品的性质，用醒目的图形和简单的文字提醒有关人员在装卸、搬运和储存时应注意的事项。例如，"易碎""防湿""防热""防冻""由此吊起"和"重心"等，如图2-3所示。

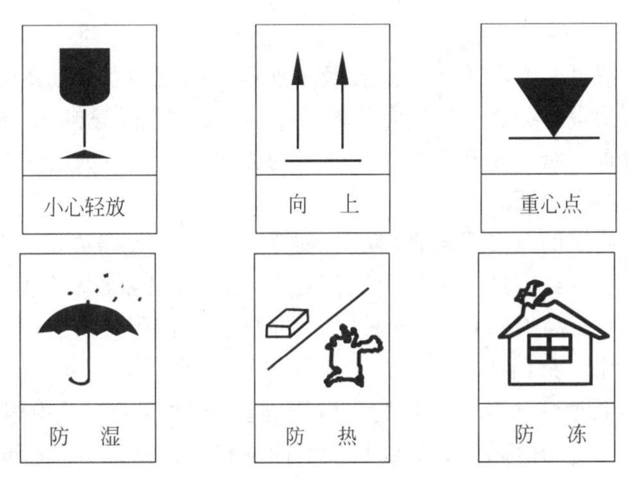

图2-3　指示性标志

（三）警告性标志

警告性标志又称危险性标志，是指对一些易燃品、易爆品、有毒品、腐蚀性物品和放射性物品等危险品在其运输包装上清楚而明确地刷制的标志，以示警告。警告性标志如图2-4所示。

各国对警告性标志都有统一规定。我国颁布有《危险货物包装标志》，联合国政府海事协商组织公布有《国际海上运输危险品货物标志》，目前已被国际上许多国家所采用。有的国家规定进口危险品时要在运输包装上刷写国际海上运输危险品货物标志，否则不准靠岸卸货。所以，在出口危险品时，除刷写我国国内危险品标志外，还应刷写国际海上运输危险品货物标志。

（四）条形码标志

条形码(product code)是由一组粗细间隔不等的平行线条及其相应的数字组成的标记。随着光电扫描阅读设备的使用，条形码成为销售包装上不可缺少的标记。通过条形码标记，消费者可以了解商品的原产地、生产厂家和

爆炸品标志
(白纸印正红色)

氧化剂标志
(白纸印正红色)

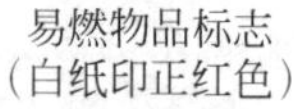

易燃物品标志
(白纸印正红色)

自燃物品标志
(柠檬黄色纸印黑色)

遇水燃烧物品标志
(柠檬黄色纸印黑色)

剧毒品标志
(白纸印黑色)

图 2-4 警告性标志

品种规格等信息；售货员可以在数据库查询商品的单价、记录和结算等；商场可以对商品进行分类、汇总及更新库存，并及时进行分析，掌握市场动态。条形码是进入超级市场和大型百货商店的先决条件，所以在出口商品上使用条形码显得相当重要。

国际上通用的条形码有两种：一种是美国统一代码委员会编制的 UPC 码(通用产品代码)；另一种是由欧洲各国成立的国际物品编码协会编制的 EAN 码(欧洲商品编码)。目前 EAN 码是国际上使用最广、国际公认的物品编码标识系统。我国于 1988 年 12 月成立了中国物品编码中心，该中心于 1991 年 4 月代表中国加入国际物品编码协会，该协会分配给中国的国别号为"690、691、692"。凡标有"690、691、692"国别代码的商品，即表示为中国出产的商品，如图 2-5 所示。

图 2-5 EAN13 条形码符号

(五) 二维码

二维码(dimensional barcode)，又称二维条码，是在一维条码的基础上扩展出的一种具有可读性的条码。设备扫描二维码，通过识别条码的长度和宽度中所记载的二进制数据，可获取其所包含的信息。相比一维条码，二维码记载更复杂的数据，如图片、网络链接等，如图 2-6 所示。

国外对二维码技术的研究始于 20 世纪 80 年代末，我国对二维码技术的

图 2-6　二维码示例

研究开始于 1993 年。中国物品编码中心对几种常用的二维码 PDF417、QRCCode、Data Matrix、Maxi Code、Code 49、Code 16K、Code One 的技术规范进行了翻译和跟踪研究，制定了两个二维码的国家标准：《二维条码　网格矩阵码》(SJ/T 11349—2011)和《二维条码　紧密矩阵码》(SJ/T 11350—2011)。

分类：按原理，二维条码/二维码可分为堆叠式/行排式二维条码和矩阵式二维条码。按业务，二维码可分为被读类和主读类两大类。

功能：信息获取；网站跳转；广告推送；手机电商；防伪溯源；会员管理；手机支付。

优点：高密度编码，信息容量大；编码范围广；容错能力强，具有纠错功能；译码可靠性高；可引入加密措施；成本低，易制作，持久耐用。

缺点：二维码技术成为手机病毒、钓鱼网站传播的新渠道。

四、定牌和中性包装

(一) 定牌

定牌是指根据买方的要求在出口商品的包装上使用买方指定的商标、牌名。其目的是适应国外市场，利用买方的企业商誉和名牌声誉提高商品集团价，主要用于外商订货数量较大、需求比较稳定的商品。

在我国出口贸易中，定牌生产的使用有以下几种情况。

(1) 接受国外指定的商标或牌名，同时在商标处注明由买方所在国家工厂制造，即定牌定产地。

(2) 接受国外买方指定的商标或牌名，但在商标或排名处注明“中华人民共和国制造”或“中国制造”。

(3) 对于某些国外大量、长期的稳定订货，为了扩大销售，可以接受买方指定的商标，不加注生产国别的标志，即定牌中性包装。

(二) 中性包装

中性包装(neltral packing)是指在商品和内外包装上不注明生产国别的包装。中性包装分为无牌中性包装和定牌中性包装。无牌中性包装是指商品和包装上既无商标、牌号,也无生产国别的包装;定牌中性包装是指商品包装上有指定的商标、牌号,但不注明生产国别的包装。

采用中性包装,一是为了适应国际市场的特殊需要,如转口销售等;二是为了打破某些进口国的关税、非关税壁垒,它是出口厂家扩大出口的一种手段。

[**案例2-4**]

甲国某公司与乙国某自行车厂洽谈进口业务,打算进口某牌自行车1 000辆。但要求乙方改用"剑"牌商标。请问:乙方是否可以接受?在处理此项业务时,应注意什么问题?

分析 乙方可以接受。因为,这是一笔中性包装交易,甲方要求采用定牌中性包装,乙方一般可以接受。在处理该业务时要注意甲方所用商标在甲国是否有第三者已经注册,若有则不能接受。如果一时无法判明,则应在合同中写明"若发生工业产权争议应当由买方负责"。

思政元素 作为外贸工作人员,应养成终身学习、专业专注、具体问题具体分析的哲学思维。

五、合同中的包装条款

(一) 包装条款的基本内容

国际商品贸易合同中的包装条款一般包括包装材料、包装方式、包装费用和运输标志等内容。

1. 包装材料和包装方式

在包装条款中,要订明包装材料和包装方式,一般是根据商品的性能、特点及运输方式而定,通常采用的包装材料有纸箱装、木箱装、麻袋装和铁桶装等。在包装方式上可采用单件运输包装和集合运输包装。在规定包装材料和包装方式时,还要订明用料、尺寸、每件重量以及填充物和加固条件等。在进出口贸易中,有时商品要以花色、尺寸搭配装箱或装袋出口,这就必须具体规定搭配方式及搭配量。

2. 包装费用

按国际惯例,包装费用包括在货价之内,不必在合同中另行订明。但有时买方认为卖方的包装不能满足要求,而使用特殊包装,由此产生的超出正常的包装费用应由买方承担,并在合同中具体规定负担的金额和支付方法。

3. 运输标志

按国际贸易惯例,运输标志由卖方设计确定,然后通知买方。如买方要求自己设计运输标志,卖方也应接受,但必须在合同中订明买方提供运输标志的式样和内容及具体的时间,如超过时间,卖方可自行决定。

(二) 订立包装条款注意事项

(1) 对包装的规定要明确具体,一般不宜采用"海运包装""习惯包装"之类的术语,因为这些术语缺乏统一的定义和解释,容易引起纠纷。

(2) 注意有关国家对包装的特殊要求和风俗习惯。各国对包装的要求越来越严格，有的国家不允许使用玻璃和陶瓷做包装材料；有的国家禁止使用稻草、报纸做包装衬垫；同时，还要符合各国的风俗习惯。

(3) 卖方交付的货物，须按合同规定的方式包装。如果包装与合同不符，买方有权索赔，甚至拒收货物。

本章小结与关键术语

思考题

1. 规定品名条款应注意哪些问题？
2. 表示货物品质的方法有哪些？说明其含义及在使用中应注意的问题。
3. 什么是样品、复样和对等样品？它们有何区别？
4. 订立品质条款应注意哪些问题？
5. 在出口贸易中，如何规定交货数量的机动幅度？
6. 运输标志由哪些内容组成？在使用中应注意哪些问题？
7. 什么是指示性标志、警告性标志？简述其用途和用法。
8. 什么是“定牌”“无牌”和“中性包装”？它们分别在什么情况下采用？
9. 订立包装条款应注意哪些问题？
10. 如按100美元/吨的价格出售1 000吨铁矿石，合同规定“数量允许有5%溢短装，由卖方决定”。(1)“数量允许有5%溢短装”是什么条款？(2)卖方最多可装多少吨，最少可装多少吨？(3)如果该货物国际市场价上涨，卖方可能会尽量多交货还是少交货？

练习题

第三章　国际贸易术语

学习目标

- 了解和掌握国际贸易术语的概念，有关国际贸易术语的国际惯例。
- 掌握适用于水上运输方式的贸易术语的解释及在实际运用中应注意的问题。
- 了解适用于任何运输方式的贸易术语的解释和使用。

第一节　国际贸易术语概述

一、国际贸易术语的含义和作用

国际贸易术语（trade terms）也称价格术语（price terms），是指用一个简短的英文缩写来表示价格的构成和交易双方的有关责任、费用与风险的划分的一种专门用语。

贸易术语是在国际贸易的长期实践中产生的，随着国际贸易的发展变化，贸易术语也在不断地发展。一般来说，每一个贸易术语都包含以下三方面内容。

(1) 责任划分问题，包括：买卖双方如何交货、收货，从卖方交货到买方收货过程中涉及的一些相关工作由谁负责，买卖双方需要交接哪些有关的单据等。

(2) 费用负担问题，是指买卖双方在交接货物过程中需要支付的相关费用由谁负担的问题。

(3) 风险划分问题，是指买卖双方在交接货物过程中，尤其是长途运输过程中，货物可能遇到的风险由谁来承担的问题。

每种贸易术语都有其特定的含义，不同的贸易术语意味着买卖双方承担的责任、费用和风险不同。一般而言，卖方承担的责任、费用和风险小，商品售价就低；反之，售价就高。在贸易术语中，责任、费用和风险的划分与商品价格关系成正比例。

国际贸易术语在国际贸易中的作用有：简化交易手续，缩短洽商时间，节省费用，促进交易尽快达成；有利于买卖双方核算价格和成本；明确买卖双方的权利和义务，有利于履约中争议的解决，促进国际贸易的发展。

二、有关国际贸易术语的国际贸易惯例

早在19世纪初，在国际贸易中就已使用贸易术语，但是由于各国法律制

度、贸易惯例和习惯做法不同，不同国家对贸易术语解释和运用存在差异，易引起贸易纠纷。为了避免各国对贸易术语解释出现分歧和争议，有些国际组织和商业团体便分别就某些贸易术语作出统一的解释与规定。

有关国际贸易术语的国际贸易惯例主要有以下三种。

（一）《1932年华沙—牛津规则》

国际法协会于1928年在波兰华沙开会，就CIF术语制定了统一规则，称为《1928年华沙规则》；后经多次修改，最后将此规则定名为《1932年华沙—牛津规则》（*Warsaw-Oxford Rules 1932*），全文共21条。这一规则规定了CIF术语下买卖双方的责任与义务，以及CIF术语所确定的买卖合同的性质和特点。

（二）《1990年美国对外贸易定义（修订本）》

1919年，美国九大商业团体在纽约以美国贸易惯用的FOB价格为基础，制定了《美国出口报价及其缩写条例》。1941年，美国对这一条例进行了修订，改称为《1941年美国对外贸易定义（修订本）》。为了顺应环境的变化，在1990年，对《1941年美国对外贸易定义（修订本）》进行了一些修改，通过了《1990年美国对外贸易定义（修订本）》（*Revised American Foreign Trade Definition 1990*）。在此次修改中，增加了一些买卖双方的责任；同时，对原有的责任划分更加细致，以便双方都能从变化中受惠。对《1990年美国对外贸易定义（修订本）》的广泛应用使对外贸易程序更加规范化。它对六种贸易术语做了解释。

EX：point of origin，产地交货。

FOB：free on board，在运输工具上交货。

FAS：free along side，在运输工具旁边交货。

C&F：cost and freight，成本加运费。

CIF：cost insurance and freight，成本加保险费加运费。

EX dock：named port of importation，目的港码头交货。

美国、加拿大以及其他一些美洲国家采用该条例，但国际上很少采用。

（三）《国际贸易术语解释通则》

《国际贸易术语解释通则》（*International Rules for the Interpretation of Trade Terms*，*Incoterms*，以下简称《通则》）是国际商会（International Chamber of Commerce，ICC）于1936年制定的，为了适应国际贸易实践的发展，先后于1953年、1967年、1976年、1980年、1990年、1999年、2010年、2020年进行了8次补充修订。

1.《2000年国际贸易术语解释通则》

在《2000年国际贸易术语解释通则》（*International Rules for the Interpretation of Trade Terms 2000*，以下简称《2000年通则》）中，国际商会

按卖方责任、费用和风险由小到大依次分组,形成E、F、C、D四个组。其特点如下。

(1) E组贸易术语的特点是卖方在其处所(如工厂、仓库等)将货物置于买方控制之下,即完成交货任务,卖方承担的责任、费用、风险最小。

(2) F组贸易术语的特点是由买方签订运输合同并指定承运人,卖方将货物交给买方指定的承运人或装上运输工具,即完成交货任务。F组术语属于主运费未付的术语。

(3) C组贸易术语的特点是卖方负责签订运输合同,支付正常的运费,承担交货前货物的损坏或灭失的风险,在装运港将货物装上船(CFR,CIF)或将货物交至承运人(CPT,CIP)即完成交货任务。C组术语属于主运费已付的术语。

(4) D组贸易术语的特点是卖方自负费用和风险将货物运至指定目的地,并将货物置于买方的控制之下,即完成交货任务。

2.《2010年国际贸易术语解释通则》

国际商会于2010年对《通则》进行了第7次修订,于2011年1月1日实施。

(1) 贸易术语被整合成11种,且按照运输方式被划分成两类。

① 适用于任何运输方式的七种(EXW,FCA,CPT,CIP,DAT,DAP,DDP)。

② 适用于水上运输方式的四种(PAS,FOB,CFR,CIF)。

(2)《2010年国际贸易术语解释通则》(*International Rules for the Interpretation of Trade Terms 2010*,以下简称《2010年通则》)删去了《2000年通则》中的4个术语:DAF(delivered at frontier,边境交货)、DES(delivered ex ship,目的港船上交货)、DEQ(delivered ex quay,目的港码头交货)、DDU(delivered duty unpaid,未完税交货)。

(3) 新增了2个术语。DAT(delivered at terminal,在指定目的地或目的港的集散站交货)、DAP(delivered at place,在指定目的地交货),即用DAP取代了DAF、DES和DDU 3个术语,用DAT取代了DEQ,且扩展至适用于一切运输方式。

(4) 修订后的《2010年通则》取消了“船舷”的概念。卖方承担货物装上船为止的一切风险,买方承担货物自装运港装上船后的一切风险。考虑到对于一些大的区域贸易集团内部贸易的特点,《2010年通则》不仅适用于国际销售合同,也适用于国内销售合同。

(5) 电子文件取代纸文件。新通则亦因应国际贸易市场的电子货运趋势,指明在货物买卖双方同意下,电子文件可取代纸张文件。

《2010年通则》贸易术语对比表见表3-1。

表 3-1 《2010年通则》贸易术语对比表

类别	国际代码	术语名称		交货地点	风险转移点	报关责任及费用		运输费用	保险费用	交货运输状态
		英文名称	中文名称			出口	进口			
Any Mode of Transport 适用于任何运输方式	EXW	EX Works(insert named place of delivery)	工厂交货(插入指定交货地点)	商品所在地或产地	在指定地点交由进口商处置时	进口商	进口商	进口商	进口商	不装上进口商备妥车辆
	FCA	Free Carrier (insert named place of delivery)	货交承运人(插入指定交货地点)	出口国仓库、车站、机场、码头	承运人或运输代理人处置货物后	出口商	进口商	进口商	进口商	当地要装 异地不卸 承运人运输工具
	CPT	Carriage Paid to (insert named place of destination)	运费付至(插入指定目的地)	出口国仓库、车站、机场、码头	承运人或运输代理人处置货物后	出口商	进口商	出口商	进口商	当地要装 异地不卸 承运人运输工具
	CIP	Carriage and Insurance Paid to(insert named place of destination)	运费、保险费付至(插入指定目的地)	出口国仓库、车站、机场、码头	承运人或运输代理人处置货物后	出口商	进口商	出口商	出口商	当地要装 异地不卸 承运人运输工具
	DAT	Delivered at Terminal(insert named terminal at port or place of destination)	运输终端交货(插入指定港口或目的地的运输终端)	目的港、地的承运人运输终端	抵达目的地的运输工具上卸下交由进口商处置时	出口商	进口商	出口商	出口商	要从运输工具上卸下
	DAP	Delivered at Place (insert named place of destination)	目的地交货(插入指定目的地)	指定目的地	抵达目的地的运输工具上，且已做好卸载准备时	出口商	进口商	出口商	出口商	不从运输工具上卸下
	DDP	Delivered Duty Paid(insert named place of destination)	完税后交货(插入指定目的地)	指定目的地	抵达目的地的运输工具上，且已做好卸载准备时	出口商	出口商	出口商	出口商	不从运输工具上卸下

续表

类别	国际代码	术语名称		交货地点	风险转移点	报关责任及费用		运输费用	保险费用	交货运输状态
		英文名称	中文名称			出口	进口			
Sea and Inland Waterway Transport 适用于海运及内河水运	FAS	Free Alongside Ship(insert named port of shipment)	船边交货(插入指定装运港)	指定的装运港	货物到达船边	出口商	进口商	进口商	进口商	置于码头或驳船上
	FOB	Free on Board (insert named port of shipment)	船上交货(插入指定装运港)	指定的装运港	货物装上船	出口商	进口商	进口商	进口商	装上指定船舶
	CFR	Cost and Freight (insert named port of destination)	成本加运费(插入指定目的港)	装运港	货物装上船	出口商	进口商	出口商	进口商	装上指定船舶
	CIF	Cost, Insurance and Freight(insert named port of destination)	成本、保险费加运费(插入指定目的港)	装运港	货物装上船	出口商	进口商	出口商	出口商	装上指定船舶

3.《2020年国际贸易术语解释通则》

为适应国际贸易新发展，国际商会于2019年对《通则》进行了第8次修订，于2020年1月1日实施。目前，它是国际贸易中得到普遍承认和广泛应用的国际贸易惯例。

《2020年国际贸易术语解释通则》(以下简称《2020年通则》)相比《2010年通则》并没有进行大幅度的修改，主要是对一些术语的细节问题进行了改进。其中主体内容仍旧延续了《2010年通则》的规定。修改的主要内容如下。

(1) 目的地≠终点。《2020年通则》将《2010年通则》的DAT术语更名为DPU(delivered at place unloaded，卸货地交货)，并且相应的含义也发生了变化。在《2020年通则》的规定下，DPU术语的交货地点仍旧是目的地，但这个目的地不再限于运输的终点，而可以是任何地方。除了这一点之外，其余内容均和《2010年通则》中的DAT术语完全一致。

(2) 最低保险级别。在《2010年通则》中，CIF、CIP[carriage and insurance paid to(...named place of destination)，运费、保险费付至(……指定目的地)]术语下如果双方没有特别约定，卖方只有义务投保最低级别的海上货物运输保险，即平安险。但在《2020年通则》中则有所不同，CIP术语下的保险级别提高到"一切险"，不包括除外责任。CIF仍旧和以前相同。

(3) 自有运输工具。《2020年通则》规定，当采用FCA[free carrier(...named place)，货交承运人(……指定地点)]、DAP、DPU、DDP[delivered duty paid (...named place of destination)，完税后交货(……指定目的地)]术语进行贸易时，买卖双方可以根据运输义务使用自有运输工具，而不再像《2010年通则》那样推定适用第三方承运人进行运输。双方承担的运输义务不变，仍旧遵循《2010年通则》的规定。

(4) 提单附加机制。《2020年通则》规定，FCA术语下虽然买方负责运输，但买方和卖方同意买方指定的承运人在装货后将向卖方签发已装船提单，然后再由卖方向买方做出交单(可能通过银行链)。

(5) 安全义务及费用承担。每个术语下都明确规定了与安全有关的义务分配规则以及相应的费用承担方式，并且《2020年通则》对双方应该承担的费用提供了"一站式费用清单"。

(6) 增加了国际贸易术语图示(扫二维码阅读)。

《2020年通则》和《2010年通则》的11种贸易术语见表3-2。

表 3-2　《2020年通则》和《2010年通则》的11种贸易术语

《2020年通则》的11种贸易术语		《2010年通则》的11种贸易术语		运输方式
缩写	全　称	缩写	全　称	
EXW	Ex Works	EXW	Ex Works	适合任何运输方式(七种)
FCA	Free Carrier	FCA	Free Carrier	
CPT	Carriage Paid to	CPT	Carriage Paid to	
CIP	Carriage and Insurance Paid to	CIP	Carriage and Insurance Paid to	
DAP	Delivered at Place	DAT	Delivered at Terminal	
DPU	Delivered at Place Unloaded	DAP	Delivered at Place	
DDP	Delivered Duty Paid	DDP	Delivered Duty Paid	
FAS	Free Alongside Ship	FAS	Free Alongside Ship	仅适合于水运(四种)
FOB	Free on Board	FOB	Free on Board	
CFR	Cost and Freight	CFR	Cost and Freight	
CIF	Cost, Insurance and Freight	CIF	Cost, Insurance and Freight	

第二节　适用于水上运输方式的贸易术语

本节以《2020年通则》为依据,介绍适用于水上运输方式的贸易术语的买卖双方权利和义务,以及在使用中应注意的问题。

一、FAS

FAS是free alongside ship(...named port of shipment)的缩写,即装运港船边交货(……指定装运港)。

买卖双方负担的风险和费用均以船边为界。当买方所派船只不能靠岸时,要求买方负责用驳船把货物运至船边,仍在船边交货。装船的责任和费用由买方承担。

(一) FAS贸易术语下买卖双方的义务

1. 卖方义务

(1) 必须在买方指定的装运港、在规定日期或期间内,按照该港习惯方式将货物交到买方指定的船边。

(2) 承担货物在指定地点交由买方船边为止的风险和费用。

(3) 自担风险和费用,取得任何出口许可证或其他官方许可,并办理货物的出口清关手续。

(4) 提交商品发票,以及证明完成交货义务的单据或有同等效力的电子信息。

2. 买方义务

(1) 自负费用订立运输合同并支付运费,并将船名、装货地点和要求交货时间及时通知卖方。

(2) 在船边按照合同规定的时间、地点接收卖方提供的单据,受领货物,并按合同规定支付货款。

(3) 承担货物在指定地点交由船边为止的风险和费用。

(4) 自担风险和费用,取得任何进口许可证或其他官方许可,办理货物的进口和从他国过境所需的一切海关手续。

(二) 使用 FAS 术语应注意的问题

(1) FAS 术语下,船边通常是指船舶装卸设备的吊货机或岸上装卸索具可触及的范围。

(2) 当装货港口拥挤或大船无法靠近时,卖方征得买方同意可将交货条件改为"驳船上交货"(free on lighter),此时,卖方的责任仅在货物越过驳船船舷时为止,驳船费用及其风险可由买方承担。

(3) 在 FAS 术语下,当买方没有及时向卖方发出关于装运船舶、装运地以及交货时间等通知,或所指定的船舶没有按时抵达装运港,或船舶按时抵达却无法完成装货工作或提前停止装货时,在货物完成特定化后风险和费用可提前转移。

(4)《2020 年通则》中的 FAS 术语与《1990 年美国对外贸易定义(修订本)》中的 FAS 术语的不同解释。按照美国术语的解释,FAS 的全称是 Free Alongside,即指货交到各种运输工具的旁边,包括陆运在内均适用。因此,对美国出口时则需要在 FAS 之后加上 vessel 字样才表示《2020 年通则》中 FAS 的含义。

二、FOB

FOB 是 free on board(...named port of shipment)的缩写,即装运港船上交货(……指定装运港)。它是指卖方必须在合同规定的日期或期间内在指定装运港将货物交至买方指定的船上,并负担货物装上船为止的一切货物丢失或损坏的风险。该术语仅适用于海运和内河运输。

(一) FOB 贸易术语下买卖双方的义务

1. 卖方义务

(1) 在合同规定的装运期内,在指定的装运港将货物装上买方指定的船,并及时通知买方。

(2) 承担货物在装运港装上船之前的一切费用和风险。

(3) 必须自负风险和费用,取得任何出口许可证或其他官方许可,办理货物出口所需的一切海关手续。

(4) 提供符合合同规定的商业发票或有同等作用的电子信息,以及合同可能要求的、证明货物符合合同规定的其他任何凭证。

2. 买方义务

(1) 负责租船订舱,支付运费,并将船名、装船地点和装船时间通知卖方。

(2) 承担货物在装运港装上船后的一切费用和风险。

(3) 按照合同规定支付货款,收取符合合同规定的货物,接收与合同相符的单据。

(4) 取得进口许可证或其他官方证件,并办理货物进口报关手续。

(5) 办理保险并支付保险费。

(二) 使用FOB术语应注意的问题

1. 订立运输合同

在以FOB条件成交的交易中,买方有义务安排运输事宜。而卖方没有义务为买方订立运输合同。若买方要求,或者如果是按商业惯例而买方未适时给予卖方相反指示,则卖方可以按照通常条件订立运输合同,但是费用和风险由买方承担。任何情况下,卖方都可以拒绝订立此合同;如果拒绝,则应立即通知买方。

2. 船货衔接

在FOB合同中,买方负责租船或订舱,并将船名、装船地点和时间通知卖方;卖方负责在合同规定的时间和地点,将货物装上买方指定的船。这就涉及船货衔接的问题。

(1) 未经卖方同意,船只提前到达,则卖方不负责支付空舱费或滞期费(demurrage);如果买方按时派船,而卖方未备妥货,则卖方应承担由此造成的空舱费或滞期费。

(2) 如果买方不按期派船,卖方有权拒绝交货,由此而导致的卖方仓储费用的增加、空舱费以及因迟收货款而造成的利息损失等,均由买方负责。

3. 装船费用的负担

若采用班轮运输,船方负责装卸,装卸费、平舱费和理舱费等都已包括在运费内。由于FOB合同的运费由买方支付,因此上述费用实际上由买方负担;若采用租船运输,船方一般不负担装卸费用。所以,在合同中就必须明确说明各种有关装船费用由谁来负担。为了明确租船运输时,有关装船费用的划分,买卖双方往往在FOB术语后加列附加条件,来表明具体的有关装船费用到底由谁来负担,从而形成了FOB术语的变形,常见的有以下几种。

(1) FOB班轮条件(FOB liner terms):是指装船费用按照班轮的做法来办,即卖方不负担装船的有关费用,有关装船费用由买方负担。

(2) FOB吊钩下交货(FOB under tackle):是指卖方将货物交到买方指定船只的吊钩所及之处,即吊装入舱以及以后其他各项费用一概由买方负担。

(3) FOB理舱费在内(FOB stowed):是指卖方负担将货物装入船舱,并承担包括理舱费在内的装船费用。理舱费是指货物装入船舱后进行安放和整理的费用。该变形通常用于大宗的打包货物或以件数计量的货物。

(4) FOB平舱费在内(FOB trimmed):是指卖方负责将货物装入船舱,并承担包括平舱费在内的装船费用。平舱费是指对装入船舱的散装货物进行调动和平整所产生的费用。该变形主要用于大宗的散装货物。

(5) FOB理舱费和平舱费在内(FOB stowed and trimmed):是指卖方负

责将货物装入船舱，并支付包括平舱费和理舱费在内的装船费用。

需要强调的是，上述五种 FOB 术语的变形，仅表明装船费用由谁负担，并不改变 FOB 术语的交货地点和风险转移的界限。

4.《1990 年美国对外贸易定义（修订本）》对 FOB 贸易术语的不同解释

在《1990 年美国对外贸易定义（修订本）》中，也对 FOB 贸易术语进行了规定，然而，在交货地点以及买方承担的责任义务等方面都与《2020 年通则》有较大的不同，具体来讲，体现在以下几方面。

（1）使用范围不同。《2020 年通则》中对于 FOB 的规定，专指海洋运输和内河运输。《1990 年美国对外贸易定义（修订本）》中，FOB 则既被用作装运港船上交货，也被用作各种运输工具上交货，使用范围非常广。

（2）交货地点不同。按照《2020 年通则》的解释，使用 FOB 贸易术语不必加入 vessel 字样，即代表在港口交货。按《1990 年美国对外贸易定义（修订本）》的解释，如果在某装运港口船上交货，则必须加 vessel 字样，如“FOB vessel NEW YORK”代表在纽约港船上交货。

（3）出口税的负担不同。《2020 年通则》中，规定由出口方负担出口税，因该笔费用是在装船前发生的。《1990 年美国对外贸易定义（修订本）》中则规定进口方要支付在出口国征收的一切出口税和其他费用。

［**案例 3-1**］

甲国某公司以 FOB 条件出口一批冻鸡，合同签订后接到买方来电称租船比较困难，委托甲方代为租船，有关费用由买方承担。甲方在规定的装运港无法租到合适的船舶，且买方又不同意改变装运港，因此，到装运期满时，货物仍未装船。买方因销售季节即将结束，便来函以甲方没有按期租船履行交货义务为由撤销合同，甲方应如何处理这种问题？

分析　该损失应由买方负责。在 FOB 术语中，应由买方负责租船订舱、支付运费。如果买方委托卖方代为办理，在买方自负风险和费用的情况下，卖方也可以代办，但租不到合适的船舶的风险应由买方承担。

思政元素　作为外贸工作人员，应具备较强的法律意识，严格按照合同、惯例办事。

三、CFR

CFR 是 cost and freight (...named port of destination)的缩写，即成本加运费(……指定目的港)。它是指卖方必须在合同规定的日期或期间内在指定装运港将货物交至运往指定目的港的船上，并负担货物装上船前的一切货物灭失或损坏的风险。该术语仅适用于海运和内河运输。

（一）在 CFR 贸易术语下，买卖双方的义务

1. 卖方义务

（1）负责租船订舱和支付货物运费，在约定期限内在装运港装船，并及时向买方发出已装船通知。

(2) 承担交货前的一切费用和风险。

(3) 自负货物的装运风险和费用,取得出口许可证或其他官方证件,并办理货物出口所需的海关手续。

(4) 按合同规定提供正式有效的提单、发票及其他有关凭证,所有相关单证均可为同等作用的电子记录或程序。

(5) 在应买方要求并由其承担风险和费用的前提下,卖方必须及时向买方提供或协助其取得相关货物进口和/或运输所需的单证和信息,包括与安全相关的信息。

2. 买方义务

(1) 接收卖方提供的有关单据,受领货物,并按合同规定支付货款。

(2) 承担货物在装运港装上船以后的一切风险。

(3) 自负风险和费用,取得进口许可证或其他官方证件,并办理货物进口所需的海关手续,支付关税及其他有关费用。

(4) 及时告知卖方任何安全信息要求。

[**案例 3-2**]

甲国某公司以 CFR 条件出口一批瓷器,甲方按期在装运港装船后,即将有关的单据寄交买方支付货款。之后,业务员发现忘记向买方发装船通知。此时买方已经来函向甲方提出索赔,因为货物在运输途中因海上风险而损毁。甲方能否以运输途中的风险由买方承担为由,拒绝买方的索赔?

分析 不能拒绝买方索赔。按有关法律及惯例的规定,如果货物在运输途中受损,而卖方未及时发出装船通知导致买方漏保,那么卖方不能以风险在船舷转移为由免除责任。所以甲方公司必须对此损失进行赔偿。

思政元素 作为外贸公司,应遵守职业道德并具备较强的法律意识。

(二) 使用 CFR 术语应注意的问题

1. 明确规定目的港指定地点

CFR 术语下,由于卖方要承担将货物运至目的港的具体地点的费用,特别建议双方尽可能确切地在指定目的港内明确该点。建议卖方取得完全符合该选择的运输合同。

2. 交货

在《2020 年通则》中,CFR 术语下,卖方需要将货物在船上交付,或以取得已经这样交付运往目的港的货物的方式交货。此外,卖方还需要签订一份运输合同,或者取得一份这样的合同。此处使用"取得"一词适用于商品贸易中常见的交易链中的链式销售。

3. 装船通知的重要性

装船通知也称装运通知(shipping advice),其目的在于让进口商做好付款(payment)、购买保险或提货手续准备。在 CFR 术语下,卖方负责安排运输,而买方自行办理保险,因此《2020 年通则》强调卖方必须向买方发出已装船通知，以便买方采取收取货物通常所需要的措施。

按照国际惯例，如果卖方未能及时向买方发出已装船通知，致使买方未能及时办理保险，则货物在运输途中发生灭失或损坏，其风险仍由卖方承担。所以，CFR 术语下的装船通知具有重要的作用。

4. 租船订舱

CFR 术语下，卖方必须签订或取得运输合同，将货物自交货地内的约定交货点运送到指定目的港或该目的港的交付点。必须按照通常条件订立合同，由卖方支付费用，经由通常航线，由通常运输该类商品的船舶运输。基于此，如果买方提出对船龄、船籍、船级、船型以及指定某航运公司的船只等限制性要求，卖方可以拒绝，如果卖方接受了买方限制性的条件，则必须严格执行。

5. 关于卸货费用的划分

在班轮运输情况下，由于班轮运费包括装船费用和在目的港的卸货费用，因此，CFR 条件下的卸货费用实际上由卖方负担。但大宗商品的交易通常采用程租船运输，在多数情况下，船公司一般不负担装卸费。因此，在 CFR 条件下，买卖双方容易在卸货费由何方负担的问题上引起争议。船方是否承担装卸货责任，也即运费是否包括装卸费用，需由租船合同另行规定。故买卖双方在商定买卖合同时，应明确装卸费用由谁负担。CFR 术语中有关卸货费用负担通常采用 CFR 术语的变形来说明。常见的 CFR 术语变形有以下几种。

(1) CFR 班轮条件(CFR liner terms)：卸货费由承运人支付，实际上由卖方支付。

(2) CFR 舱底交货(CFR ex ship's hold)：买方负担将货物从舱底吊卸到码头的费用。

(3) CFR 吊钩下交货(CFR ex tackle)：卖方负责将货卸离船舶吊钩。如船不能靠泊在锚地卸货，买方需承担风险和费用租用驳船，在载货船的吊钩下接收货物。

(4) CFR 卸到岸上(CFR landed)：卖方负责将货卸到岸上。如船不能靠泊在锚地卸货，卖方需承担风险和费用租用驳船。

四、CIF

CIF 是 cost insurance and freight(...named port of destination)的缩写，即成本加保险费、运费(……指定目的港)。它是指卖方必须在合同规定的日期或期间内在指定装运港将货物交至运往指定国的港口的船上，并负担货物装上船前的一切货物丢失或损坏的风险。该术语仅适用于海运和内河运输。

(一) CIF 贸易术语下买卖双方的义务

1. 卖方义务

(1) 签订指定装运港承运货物的合同；在合同规定的时间和港口，将合同要求的货物装上船并及时通知买方，支付至目的港的运费。

(2) 承担交货前的风险。

(3) 负责办理从装运港到目的港的海运货物保险,支付保险费。

(4) 自负风险和费用,取得出口许可证或其他官方证件,并负责办理出口手续。

(5) 提交商业发票以及通常的运输单据、保险单据等,所有单证均可是同等作用的电子记录或程序。

(6) 在应买方要求并由其承担风险和费用的前提下,卖方必须及时向买方提供或协助其取得相关货物进口和/或运输所需的单证和信息,包括与安全相关的信息。

2. 买方义务

(1) 接收卖方提供的有关单据,受领货物,并按合同规定支付货款。

(2) 承担货物装上船之后的风险。

(3) 负责货物装船后,自装运港到目的港的通常运费、保险费以外的费用。

(4) 自负风险和费用,取得进口许可证或其他官方文件,办理进口手续。

(5) 及时告知卖方任何安全信息要求。

(二) 使用CIF术语应注意的问题

1. 明确规定目的港指定地点

CIF术语下,由于卖方要承担将货物运至目的港的具体地点的费用,特别建议双方尽可能确切地在指定目的港内明确该点。建议卖方取得完全符合该选择的运输合同。

2. 保险

在使用CIF术语情况下,卖方负责订立保险合同,按约定的险别和金额投保货物运输险,支付保险费,提交保险单。但如果合同中未能就保险险别等问题作出具体规定,那么就要根据有关惯例来处理。卖方只需要投保责任范围最小的一种险别,而最低投保金额应为合同规定的价款的10%,同时须以合同货币投保。在买方要求下,卖方可加保战争、罢工和暴乱等险,但费用需要买方自行承担。

3. 租船订舱

以CIF术语签订合同,卖方应租船订舱,办理从装运港到目的港的运输事项。

根据《2010年通则》的规定,卖方必须按照通常条件及惯驶航线,用通常类型可供运输合同货物之用的海轮,装运货物至指定目的港。所以,买方提出限制装运船舶的国籍、船型、船龄、船级以及指定装载某班轮公司的船只等要求,卖方有权拒绝接受。但在实际业务中,如买方提出上述有关规定,在卖方能够办到又不增加额外费用的情况下,也可考虑接受。

4. 卸货费用负担

按照CIF条件成交,卖方负担的费用只是在FOB基础上增加负担运费和保险费。这里的运费是指正常的运费，不包括在运输途中可能发生的额外费用。在租船运输中，在装运港的装船费用一般由卖方负担，至于目的港的卸货费用究竟由谁来负担的问题，仍然存在较大分歧。按《2010 年通则》的规定，通常要求买方支付卸货费。为了明确在使用租船运输方式中卸货费用到底由谁来负担，在国际贸易实践中，产生了 CIF 的几种变形。其主要有以下几种。

(1) CIF 班轮条件(CIF liner terms)：指卸货要按班轮条件办理，即由卖方负担卸货费。

(2) CIF 卸到岸上(CIF landed)：指由卖方负担卸货费，包括驳船费和码头费。

(3) CIF 吊钩下交货(CIF ex tackle)：指由卖方负责将货物从船舱吊起，卸离吊钩。如果船舶靠不上码头，那么应由买方自费租用驳船，卖方只负责将货卸到驳船上。

(4) CIF 舱底交货(CIF ex ship's hold)：指货物运抵目的港后，自船舱起吊直到卸到码头的卸货费用由买方负担。

CIF 的变形只是说明了卸货费用的负担问题，并不改变 CIF 术语交货地点和风险划分的界限。

5. 象征性交货

根据交货方式，CIF 条件可采用象征性交货和实际交货。象征性交货是指卖方只要按期在约定地点完成装运，并向买方提交合同规定的，包括物权凭证在内的有关单据，就算完成了交货义务，而不需保证到货。实际交货则是指卖方要在规定的时间和地点将符合合同规定的货物提交给买方或者指定人，而不能以交单代替交货。

[**案例 3-3**]

甲国某进出口公司同乙国一客户洽谈一笔核桃仁出口业务，双方同意以 CIF 条件成交，并就具体价格达成了一致。但在签约时，客户提出，该批核桃仁是为了在圣诞节前销售，因此要求在合同中订明：卖方需于当年 10 月在某市装运，并保证货物于 11 月前到达目的港，否则买方有权撤销合同并要求损害赔偿。卖方能同意客户的这一要求吗？

分析　卖方不能同意客户的要求。因为 CIF 合同属于象征性交货，签订的合同属于装运合同。如果规定了到货时间，就变成了到货合同，将增加卖方的风险和费用，所以不可以接受。

在 CIF 条件下，卖方只要按期在约定地点完成装船并向买方提交符合合同规定的合格单据，就算完成了交货义务。买方则对卖方负有凭装运单据付款的义务，并非以卖方实际到达目的港交货作为付款的前提条件，也就是说，CIF 遵循的是交单与付款对流的原则，若货物在运输途中发生丢失或损坏，只要卖方提交了符合合同要求的单据，买方就必须履行付款义务，然后可凭卖方提供的有关单据向船方或保险公司提出索赔。可见，CIF 实际上是一种单据买卖。所以,装运单据在CIF条件下的贸易中具有特别重要的意义。当然,买方凭单付款后,对运抵目的港的货物仍保留复验权。如果检验发现货物不符合合同规定,仍有依合同向卖方索赔或拒收货物的权利。

思政元素 作为外贸公司的工作人员,应具有法律意识、专业专注精神。

第三节 适用于任何运输方式的贸易术语

《2020年通则》适用于任何贸易方式的术语有七种。交易双方可根据具体业务的需要,灵活选用。

一、EXW

EXW是ex works(...named place)的缩写,即工厂交货(……指定地点)。它是指当卖方在其所在地或其他指定的地点将货物交给买方处置时,即完成交货,卖方不办理出口通关手续或将货物装上任何运输工具。EXW术语是卖方承担的责任、风险和费用最小的一种贸易术语。

(一) EXW贸易术语下买卖双方的义务

1. 卖方义务

(1) 按合同要求提供货物和商业发票或者同等作用的电子信息,以及合同可能要求的、证明货物符合合同规定的其他任何凭证。

(2) 在通常的地点或合同规定的时间和地点,将货物交由买方处置。

(3) 应买方要求并由其承担风险和费用,在需要办理海关手续时,卖方必须给予买方一切协助,以帮助买方取得为货物出口所需的出口许可证或其他官方许可。

(4) 必须承担货物交至买方处置前的一切费用和风险。

(5) 自费提供货物的包装,在包装上打上适当的标志,并承担对货物进行必要检查的工作及费用。

(6) 在根据买方请求并由买方承担风险和费用的前提下,卖方需将其所拥有的关于货物清关以及与安全相关的信息和文件提供给买方,并向买方提供必要的买方投保的信息。

2. 买方义务

该术语下,买方必须承担在卖方所在地受领货物后的全部费用和风险。

(1) 必须自负风险和费用,取得任何出口、进口许可证或其他官方许可,在需要办理海关手续时,办理货物出口的一切海关手续。

(2) 在通常地点或合同规定的地点,及时提取卖方提供的货物,承担卖方交货后的一切费用与风险;按照合同规定支付价款。

(3) 必须支付任何装运前检验的费用,包括出口国有关当局强制进行的检验。

（4）在卖方协助下取得的进出口报关所需的，由出口国所提供的各种文件或同等的EDI的有关费用，由买方承担。

（5）必须及时告知卖方任何安全信息要求。

（二）使用EXW贸易术语应注意的问题

1. 装货义务

卖方没有义务装货，实际上，卖方可接受买方委托装货，但风险和费用由买方承担。如果卖方装货条件更为有利，则可采用FCA价格术语，但风险和费用则由卖方承担。

2. 出口通关

交易双方按工厂交货条件成交，办理货物出口结关手续，不由卖方负责，而由买方承担，在此情况下，买方必须了解出口国家的政府当局是否接受一个不住在该国的当事人或其他代表在该国办理出口结关手续，以免蒙受不必要的损失。在买方不能直接或间接地办理货物出口手续的情况下，不应该使用这一术语。

二、FCA

FCA是free carrierl(...named place)的缩写，即货交承运人(……指定地点)，指卖方只要将货物在指定的地点交给买方指定的承运人，并办理出口清关手续，即完成交货。承运人是指在运输合同中承诺通过铁路、公路、空运、海运、内河运输或上述运输的联合方式履行运输或由他人履行运输的任何人。该术语可用于各种运输方式，包括多式联运。

（一）FCA贸易术语下买卖双方的义务

1. 卖方义务

（1）在合同规定的时间、地点，将合同规定的货物置于买方指定的承运人控制下并及时通知买方。

（2）承担将货物交给承运人控制之前的一切费用和风险。

（3）自负风险和费用，取得出口许可证或其他官方批准证件，并办理货物出口所需的一切海关手续。

（4）提交商业发票或具有同等作用的电子信息，并自费提供通常的交货凭证。

2. 买方义务

（1）签订从指定地点承运货物的合同，支付有关的运费，并将承运人名称及有关情况及时通知卖方。

（2）根据买卖合同的规定受领货物并支付货款。

（3）承担受领货物之后所发生的一切费用和风险。

（4）自负风险和费用，取得进口许可证或其他官方证件且办理货物进口所需的海关手续。

（二）使用FCA术语应注意的问题

1. 承运人和交货地点

在FCA条件下，通常是由买方安排承运人，与其订立运输合同，并将承运人的情况通知卖方。该承运人可以是拥有运输工具的实际承运人,也可以是运输代理人或其他人。

交货地点的选择直接影响到装卸货物的责任划分问题。如果双方约定的交货地点是在卖方所在地,卖方负责把货物装上买方安排的承运人所提供的运输工具即可;如果交货地点是在其他地方,卖方就要将货物交给承运人,在自己所提供的运输工具上完成交货义务,而无须负责卸货。

2. 订立运输合同

按照FCA术语成交时,一般是由买方自行订立从指定地点承运货物的合同,但是,在买方有要求,并由买方承担风险和费用的情况下,卖方也可以代替买方指定承运人并订立运输合同。当然,卖方也可以拒绝订立运输合同,如果拒绝,应立即通知买方,以便买方另行安排。

3. 风险转移

买卖双方的风险划分是以货交承运人为界。也就是说,在正常情况下,风险是在卖方货交买方指定的承运人时发生转移,但如果由于买方的原因致使卖方无法按时货交承运人,只要货物已被特定化,那么风险界限可以前移至合同约定的交货期限届满。

4. 有关责任和责任的划分

FCA术语下,买卖双方承担的费用以货交承运人为界,即卖方承担货物交给承运人控制之前的有关费用,买方承担货物交给货物承运人之后的各项费用。

[**案例3-4**]

甲国某进出口公司向乙国某贸易公司出口玩具6 000个,对外报价为每个5美元FOB某地,装运期为8月,集装箱装运。甲方8月11日收到买方的装运通知,为及时装船,公司业务员于8月13日将货物存于某地码头仓库,不料货物因当夜发生火灾而全部灭失,以致货物损失由甲方承担。

该笔业务中,甲方选用的贸易术语是否妥当?若不妥,应选用何种贸易术语?

分析 本案中贸易术语的选择是不妥当的,应采用FCA术语。

思政元素 作为外贸工作人员,应具有法律意识,具体问题具体分析,灵活选用贸易术语。

三、CPT

CPT是carriage paid to ...(named place of destination)的缩写,即运费付至……(指定目的地),卖方要自负费用,订立将货物运往目的地指定地点的运输契约,并负责在合同规定的时间内,将货物交至约定地点承运人的有效处置之下,办理出口清关手续,即完成交货义务。

（一）CPT 贸易术语下买卖双方的义务

1. 卖方义务

（1）在约定日期或期限内，将货物在双方约定地点交给买方指定的承运人或其他人，并向买方发出通知。

（2）自负风险和费用，按照通常条件办理运输；取得所有的出口许可或其他官方授权，办理货物出口和交货前从他国过境运输所需的一切海关手续；采用适合运输的方式包装货物，并做适当标记。

（3）应买方要求并由其承担风险和费用，及时向买方提供办理保险需要的信息；及时向买方提供或协助其取得相关货物进口和/或将货物运输到最终目的地所需要的任何文件和信息，包括安全相关信息。

（4）承担完成交货前货物的一切风险和费用及交货后的运输费用，包括根据运输合同规定由卖方支付的装货费和在目的地的卸货费用，以及由卖方支付的货物从他国过境运输的费用等。

2. 买方义务

（1）当有权决定发货时间和/或指定目的地或目的地内收取货物的点时，必须向卖方发出充分的通知。

（2）自负风险和费用，办理保险；取得所有的进口许可或其他官方授权，办理货物进口和从他国过境运输所需的一切海关手续。

（3）应卖方要求并由其承担风险和费用，及时向卖方提供或协助其取得货物运输和出口及从他国过境运输所需要的任何文件和信息，包括安全相关信息。

（4）承担自交货时起货物的一切风险和费用（运费除外），包括在目的地的卸货费用、从他国过境的费用等，除非根据运输合同这些费用应由卖方支付。

（二）使用 CPT 贸易术语应注意的问题

（1）双方应尽可能准确地在合同中明确交货点和指定目的地，如果在两个地点内还有可供选择的交付点，应尽可能约定；卖方应尽量取得完全符合这两点的运输合同。

（2）卖方应及时发出装运通知，以便买方及时办理保险，否则要承担由此发生的一切损失（参见 CFR 的注意事项）。

四、CIP

CIP 是 carriage and insurance paid to（... named place of destination）的缩写，即运费及保险费付至（……指定目的地），是指卖方将货物在双方约定地点交给指定的承运人或其他人。卖方必须签订运输合同并支付将货物运至指定目的地所需的费用，还必须为买方在运输途中货物的灭失或损坏风险签订保险合同。该术语可适用各种运输方式，包括多式联运。

（一）CIP 贸易术语下买卖双方的义务

1. 卖方义务

（1）在约定日期或期限内，将货物在双方约定地点交给卖方指定的承运人或其他人,并向买方发出通知。

(2) 自负风险和费用,按照通常条件办理运输;与信誉良好的保险公司签订货运保险合同。

(3) 自负风险和费用,取得所有的出口许可或其他官方授权,办理货物出口和交货前从他国过境运输所需的一切海关手续;采用适合货物运输的方式包装货物,并做适当标记。

(4) 应买方要求并由其承担风险和费用,及时向买方提供或协助其取得货物出口和/或将货物运输到最终目的地所需要的任何文件和信息,包括安全相关信息。

(5) 承担交货前货物的一切风险和费用及交货后的运输与保险费用,包括根据运输合同规定由卖方支付的装货费和在目的地的卸货费用、货物从他国过境运输的费用等。

2. 买方义务

(1) 当有权决定发货时间和/或指定目的地或目的地内收取货物的点时,必须向卖方发出充分的通知。

(2) 自负风险和费用,取得所有的进口许可或其他官方授权,办理货物进口和从他国过境运输所需的一切海关手续。

(3) 应卖方要求并由其承担风险和费用,必须及时向卖方提供或协助其取得货物运输和出口及从他国进境运输所需要的任何文件和信息,包括安全相关信息。

(4) 承担自交货时起与货物相关的一切风险和费用(运费和保费除外),包括目的港的卸货费用、从他国过境运输费用等,除非它们已包括在运输合同中。

(二) 使用CIP贸易术语应注意的问题

1. 风险和保险

在按CIP术语成交的合同下,卖方要负责办理货运保险,并支付保险费,但货物从交货地点运往目的地的运输途中的风险由买方承担。所以,卖方的投保仍属于代办性质。如果双方未在合同中规定应投保的险别,则由卖方投保一切险,不包括除外责任。

2. 订立运输合同

卖方订立运输合同是有条件的,只限"按照通常方式经惯常路线"条件订立运输合同。就是说,如果卖方在订立运输合同时,惯常路线因不可抗力(force majeure)受阻,卖方对订立运输合同可以免责,因此而造成延迟交货或不交货,卖方不承担责任。

3. 装卸费和过境海关费用

卖方应该在合同规定日期或期间内将货物交给承运人或其他人或第一承运人接管。若在卖方所在地交货,卖方应该负责装货并承担费用和风险;若在其他地点交货,卖方则不负责装货。在目的地(港)的卸货费由买方负担,但根据运输合同应由卖方负担卸货费的,卖方无权要求买方支付。

五、DPU

DPU 是 delivered at place unloaded(...named place of destination)的缩写,即目的地卸货后交货(……指定目的地),是指卖方在指定最终目的地,或者在该地方的指定地点,从到达的运输工具上把货卸下,交由买方处置及完成交货,风险由买方承担。

该贸易术语适用于任何运输方式或多式联运。

(一) DPU 贸易术语下买卖双方的义务

1. 卖方义务

(1) 卖方必须自负风险和费用,取得任何出口许可证、其他官方许可证或其他文件,并办理货物出口所需的一切海关手续。

(2) 卖方负担所有的风险直到最终目的地的指定地点,包括货物转移以及卸货的风险。

(3) 卖方应确认,其有一个代理人,或者有其他的安排,确信他们有此能力,能够在最终目的地顺利地完成卸货工作。

(4) 卖方应向买方提交约定的单证或相等的电子信息。

2. 买方义务

(1) 按照销售合同规定支付价款。

(2) 必须在卖方按照规定交货时受领货物,从卖方交付货物时起,承担货物丢失和损坏的一切风险。

(二) 使用 DPU 贸易术语应注意的问题

(1) 卖方应当在指定的目的地或目的港将货物从运输工具卸下,并承担卸货费。

(2) 交易双方应对指定的地点进行精确的规定。

(3) 如果约定由卖方承担货物从指定地点运到另一地点的费用和风险,则可采用 DAP 或 DDP 术语。

六、DAP

DAP 是 delivered at place(...named place of destination)的缩写,表示指定地点交货(……指定目的港或目的地)。DAP 是指卖方在指定的目的地将货物交由买方处置即完成交货义务,无须将货物从运输工具卸下。卖方承担货物运至指定目的地的一切风险。该术语适用于任何运输方式,包括多式联运。

(一) DAP 贸易术语下买卖双方的义务

1. 卖方义务

(1) 必须自担风险和费用,取得任何出口许可证、其他官方许可或其他文件,并在需要办理海关手续时办理货物出口及从他国过境所需的一切海关手续。

(2) 必须自付费用订立运输合同,将货物运至指定目的地或目的港。

(3) 必须承担交货前货物灭失或损坏的一切风险和费用。

(4) 向买方提交约定的单证或具有同等效力的电子信息。

(5) 在买方自负风险和费用的情况下,按买方要求提供买方安全清关和后续所需的单据与信息。

2. 买方义务

(1) 必须按照销售合同规定支付价款。

(2) 必须在卖方按照规定交货时受领货物,从卖方交付货物时起,承担货物灭失和损坏的一切风险。

(3) 在卖方自负风险和费用的情况下,按卖方要求提供卖方运输、出口和安全清关所需的信息。

(二) 使用DAP贸易术语应注意的问题

(1) 交易双方应对指定的地点进行精确的规定,如未约定或按照惯例也无法确定具体交货点,则卖方可在目的地选择最适合其目的的交货点。

(2) 如果卖方订立运输合同支付的费用包含了卸货费,除非双方另有约定,否则卖方无权向买方索偿。

(3) 卖方应将货物预期到达时间通知买方,让买方做好接收货物的准备。

七、DDP

DDP是delivered duty paid(...named place of destination)的缩写,即完税后交货(……指定目的地),是指卖方在指定的目的地,办理完进口清关手续,将在交货运输工具上尚未卸下的货物交与买方,卖方即完成交货。卖方要承担交货前的一切风险、责任和费用。该术语适用于各种运输方式,是卖方承担的风险、责任和费用最大的一种术语。

(一) DDP贸易术语下买卖双方的义务

1. 卖方义务

(1) 必须自担风险和费用,取得任何出口许可证和进口许可证或其他官方许可、文件,并在需要办理海关手续时办理货物出口和进口以及从他国过境所需的一切海关手续。

(2) 必须自付费用订立运输合同,将货物运至指定目的地。如未约定或按照惯例也无法确定具体交货地点,则卖方可在目的地选择最适合其目的的交货地点。

(3) 必须承担交货前货物灭失或损坏的一切风险和费用。

(4) 向买方提交约定的单证或相关的电子信息。

2. 买方义务

(1) 必须按照销售合同规定支付价款。

(2) 应卖方要求,并由其负责承担风险和费用,买方必须给予卖方一切协助,帮助卖方在需要办理海关手续时取得进口货物所需的进口许可证或其他官方许可。

(3) 必须在卖方按照规定交货时受领货物,从卖方交付货物时起,承担货物灭失和损坏的一切风险。

（二）使用 DDP 贸易术语应注意的问题

（1）卖方办理货运保险。

（2）双方尽可能清楚地约定指定目的地内的交货点。建议卖方取得完全符合该选择的运输合同。

第四节　国际贸易术语的运用

在进出口业务中，选用贸易术语时应遵循以下几个原则。

一、运输方式

例如，海运可以选用 FAS、FOB、CFR、CIF，铁路运输和空运就不能选用这四个术语；另外，《2020 年通则》在 FAS、FOB、CFR、CIF 四个术语的使用说明中指出，这四个术语可能不适合货物在上船前已经交给承运人的情况，例如，用集装箱运输的货物通常是在集装箱码头交货，在此类情况下，应当使用 FCA、CPT、CIP。

二、运输能力与货物特点

如果进出口双方中的一方有足够的能力安排运输事宜，且经济上又比较划算，在能争取最低运费的情况下，可争取采用自行安排运输的贸易术语。例如，出口企业可争取使用 CFR、CIF 或 CPT、CIP 等术语，而进口企业则可尽力争取 FOB、FCA 或 FAS 等术语。如果其中一方无意承担运输或保险责任，可尽力选用由对方负责此项责任的术语。我国在进口贸易中，大多使用 FOB 或 FCA 术语；在出口贸易中，则争取按 CIF 或 CIP 方式成交，这有利于出口公司控制贸易风险。

另外，还需要考虑货物的特性、成交量的大小并选择相应的运输工具。在货物需要特定的运输工具，而出口企业无法完成时，可选用 FOB、FAS、FCA 术语，交由进口企业负责安排运输。当成交量太小而又无班轮直达运输，其中一方企业如果负责安排运输则费用太高且风险也加大，最好选用由对方负责安排运输的术语。

三、风险规避

在出口贸易中，出口企业应尽量采用 CFR、CPT、CIF、CIP 术语成交，由卖方负责签订运输合同，保证运输工具与货物的衔接，因为卖方对运输公司和货代状况比较了解，容易控制货物。在进口贸易中，进口企业应采用 FOB 或 FCA 方式，由买方自行订立运输合同、自行投保，以避免出口方与承运方勾结，利用提单骗取货款。

如果出口企业不愿意承担过多风险，不要选择 DPU、DAP、DDP 术语；如果进口企业不愿意承担货物在运输途中的风险，则可选用以上三个术语。

四、通关的难易程度

在国际贸易中,办理货物的通关手续是进出口双方的重要责任。通常由进口商负责进口通关,出口商负责出口通关。但是按照《2020年通则》的规定,EXW术语进出口通关工作都由进口商负责,而DDP术语项下进出口通关工作都由出口商负责。所以,当选用这两个术语时,负责通关工作的一方必须对对方国家通关工作的政策规定、手续和费用负担等事宜详细了解,如果没有能力完成此项工作,应尽量选用其他术语。例如,进口商可将EXW改为FCA。

附录

本章小结与关键术语

思考题

1. 什么是国际贸易术语?它有哪些作用?
2. 常用的国际贸易术语的国际惯例有哪几种?
3. FOB、CIF两种贸易术语在使用时应分别注意什么事项?
4. 试分析FOB、CIF、CFR三种贸易术语买卖双方的责任及异同点。
5. 在选用国际贸易术语时应注意哪些问题?
6. 某公司以CIF条件进口一批货物。载货船舶自装运港起航后不久,因遇风暴而沉没,货物丢失。在这种情况下,卖方仍将包括保险单、提单、发票在内的全套单据寄给买方,要求买方支付货款。问:进口方是否有义务付款?

练习题

第四章　国际货物的价格

学习目标

- 理解进出口商品作价的原则和方法。
- 掌握出口商品的成本核算并选用有利的计价货币。
- 掌握和计算与价格有关的佣金和折扣。
- 了解合同中的价格条款的订立。

第一节　进出口商品的作价原则与作价方法

一、进出口商品的作价原则

在进出口业务中，我国进口商品作价应遵循的原则是：在平等互利的前提下，参照国际市场价格水平，结合国别与地区政策，根据购销意图，制定适当价格。

由于成交商品价格的构成因素不同，影响商品价格变化的因素也比较多，因此在制定进出口商品价格时，还应适当考虑下列因素。

(1) 商品质量的优劣。其主要包括商品档次的高低、包装的好坏、式样的新旧以及商品品牌的知名度等。

(2) 成交数量的大小。一般情况下，交易量比较大时，应在价格上给予适当的优惠；相反，成交量较小时，可提高售价。

(3) 运输距离的远近。在制定价格时，要核算好运输成本，做好比价工作。

(4) 交货条件不同。依据不同的贸易术语进行贸易时，贸易双方所承担的责任、费用和风险不同。所以，对于同一商品，在与同一国家或地区进行贸易时，可以有不同的价格。

(5) 季节性需求的变化。一些商品随着季节的变化，其需求量会发生很大的变化。因此，应适当考虑季节性差价，提高商品的竞争力。

(6) 货款的支付条件与外汇汇率变动的风险。同一商品，在其他条件相同的情况下，可以选用不同的支付条件，对于出口方，应尽量采取有利的支付条件。为了防止汇率变动给买卖双方带来风险，应尽量选取有利的货币。

(7) 交货期的远近、货物保险条件和市场销售习惯等。

二、进出口商品的作价方法

在实际业务中，根据不同情况，买卖双方的作价方法主要有以下几种。

(一) 固定价格

固定价格(fixed price)是指买卖双方在签订合同时,将货物的价格固定,不再变动。在合同中规定固定价格是一种常规做法,具有明确、具体、肯定和便于核算的特点,并可避免事后发生价格争议。合同价格一经确定,双方当事人就必须严格执行。除非合同另有约定,或经双方当事人一致同意,任何一方都不得擅自更改。在国际贸易中规定价格,就意味着买卖双方要承担从订约到交货付款以至转售时价格波动的风险。

由于市场商品价格行情的变动不定,影响商品价格变化的因素也很多,因此在采用固定价格时,必须分析行情变化趋势,对客户的资信进行了解和研究,以减少风险和损失。

(二) 暂不固定价格

在买卖双方洽商交易时,如果对价格变动趋势难以判断,可签订活价合同,即只约定成交的品种、数量和交货期,而具体的价格,或在合同中订明以后定价时间及定价方法,或在合同中规定以后某个时期商定。按此办法成交,由于买卖双方都不承担价格变动的风险,故有利于交易的顺利完成。但在合同中规定在以后某个时期商定具体的价格这种情况,容易给合同带来较大的不稳定性,双方也可能因未规定作价方法而各执己见,因此,一般只有长期合作的贸易伙伴,才宜使用。

(三) 部分固定价格,部分暂不定价

在大宗交易和分批交货的情况下,买卖双方为避免风险,可在合同中规定,近期交货部分的商品价格采用固定作价的方法;远期交货部分的商品价格不采用固定作价的方法,而是根据市场变化按国际市场价格或双方另行协商议定的价格。因此,同暂不固定价格一样,该种方法有一定的不稳定性,双方有可能在远期作价时出现矛盾,影响合同的正常履行。

(四) 暂定价格

买卖双方在合同中先订立一个初步价格,作为开立信用证和初步付款的依据,待双方确定正式价格后,再根据多退少补的原则进行最后清算。这种做法有利于促进贸易、减少双方风险。

(五) 滑动价格

国际贸易中对某些成套设备、机械的买卖合同,因交货期限较长,为避免因原材料、工资的价格变动而影响产品价格或给买卖双方造成价格变动的风险,往往采用“滑动价格”,又称“价格调整条款”。通常是在签约时先规定一个初步价格,同时规定如果原材料价格、工资发生变化,卖方保留调整价格的权利,即交货时再对价格做相应调整,按原材料价格、工资的实际变动情况来计算合同的最后价格。

在价格条款中,常用下面的公式进行调整:

$$P = P_0\left(A + B \cdot \frac{M}{M_0} + C \cdot \frac{W}{W_0}\right)$$

式中，P 为商品交货时的价格，即最终价格；P_0 为签约时规定的初步价格；A 为签约时的经营管理费用和利润；B 为签约时的原料；C 为签约时的工资；M 和 M_0 分别为计算最后价格与签订合同时引用的有关原料的价格或价格指数；W 和 W_0 分别为计算最后价格与签订合同时引用的有关工资的价格或价格指数。

另外，也可应用物价指数的变动趋势作为价格调整的依据。

我国进出口贸易作价，一般都采用固定作价的方法，但根据不同商品的不同特点，有时也采用其他作价方法。

第二节　成本核算

一、出口价格构成

出口商品价格的构成包括实际成本（cost）、费用（expenses/charges）和预期利润（expected profit）三部分。

（一）实际成本

出口商品的实际成本包括生产成本、加工成本和进货成本三种类型。我们对出口商品的实际成本的核算应当剔除增值税。由于我国尚未采取足额退税，因此就有必要掌握如何根据增值税以及实际退税率来计算出口商品的实际进货成本。其计算公式为

实际成本＝含税成本－退税收入

退税收入＝含税成本÷（1＋增值税税率）×出口退税率

故

实际成本＝含税成本－含税成本÷（1＋增值税税率）×出口退税率

＝含税成本×[（1－出口退税）÷（1＋增值税税率）]

（二）费用

出口商品的费用包括国内费用和国外费用两部分。

国内费用项目较多，主要包括以下内容。

（1）加工整理费。

（2）包装费用。

（3）保管费用（包括仓储、火险等）。

（4）国内运输费用（仓库至码头、车站、空港、集装箱运输场、集装箱堆场）。

（5）拼箱费（如果货物构不成一整个集装箱）。

（6）证件费用（商检费、公证费、领事签证费、产地证费、许可证费、报关单费等）。

（7）银行费用（贴现、贷款利息、手续费等）。

（8）预计损耗（损耗、短损、漏损、破损、变质等）。

（9）港区港杂费（出口货物在装运前在港区码头所需支付的各种费用）。

(10) 经营管理费(通信费、交通费、交际费等)。

国外费用主要包括以下内容。

(1) 国外运输费用(自转运港至目的港的海上运输费用)。

(2) 国外保险费(海上货物运输保险)。

(3) 如果有中间商,还应包括支付给中间商的佣金(commission)。

(三) 预期利润

在出口交易中,预期利润对于出口商是极为重要的,因此它是价格构成必不可少的。价格所包含利润的多少,往往根据商品、行业、市场竞争状况以及企业的价格策略等因素来决定。贸易商计算利润的方法不尽相同,有的以某一固定的数额作为单位商品的利润,有的以一定的百分比作为经营的利润率。在用利润率核算利润额时,应当注意确定利润率计算的依据。

用采购成本作为利润计算依据的,称为成本利润率。其计算公式为

$$售价 = 成本 \times (1 + 利润率)$$

$$利润 = 成本 \times 利润率$$

用销售价格作为利润计算依据的,则称为销售利润率。其计算公式为

$$售价 = 成本 \div (1 - 利润率)$$

$$利润 = 售价 \times 利润率$$

二、成本核算指标

(一) 出口商品盈亏率

出口商品盈亏率是指出口商品盈亏额与出口总成本的比率。出口商品盈亏额是指出口销售人民币净收入与出口总成本的差额,前者大于后者为盈利;反之,为亏损。其计算公式为

出口商品盈亏率

$= (出口销售人民币净收入 - 出口总成本) / 出口总成本 \times 100\%$

$= 出口盈亏额 / 出口总成本 \times 100\%$

例 4-1　出口某商品 1 000 件,每件 15 美元 CIF 纽约,总价为 15 000 美元,其中,运费 2 010 美元,保险费 102 美元。进价每件人民币 70 元,共计 70 000 元,费用定额率为 10%。当时银行美元买入价为 6.25 元。该商品的出口盈亏额和出口盈亏率各为多少?

解　出口盈亏额=出口销售人民币净收入-出口总成本

=(15 000-2 010-102)×6.25-(70 000+70 000×10%)

=80 550-77 000

=3 550(元人民币)

出口盈亏率=出口盈亏额÷出口总成本×100%

=3 550÷77 000×100%

=4.61%

答：该笔业务的出口盈亏额为 3 550 元人民币，出口盈亏率为 4.61%。

（二）出口商品换汇成本

出口商品换汇成本(cost of export goods to revenue in foreign exchange)是用来反映出口商品盈亏的一项重要指标，它是指以某种商品的出口总成本与出口销售外汇净收入之比，得出用多少人民币换回 1 单位外币。如出口商品换汇成本高于银行的外汇牌价，则出口为亏损；反之，则说明出口有盈利。其计算公式为

$$\text{出口商品换汇成本}=\text{出口总成本(人民币)}/\text{出口销售外汇净收入(外币)}$$

$$\text{出口总成本}=\text{出口商品进价}+\text{定额费用}-\text{出口退税收入}$$

$$\text{出口退税收入}=\frac{\text{出口商品进价(含增值税)}}{1+\text{增值税税率}}\times\text{退税率}$$

例 4-2　出口某商品 1 000 件，每件 15 美元 CIF 纽约，总价为 15 000 美元，其中，运费 2 010 美元，保险费 102 美元。进价每件人民币 70 元，共计 70 000 元，费用定额率为 10%。当时银行美元买入价为 6.25 元。求该笔业务的出口换汇成本。

解　出口商品换汇成本＝出口总成本(人民币)/出口销售外汇净收入(外币)

＝(70 000＋70 000×10%)÷(15 000－2 010－102)

＝5.97(元人民币/美元)

答：该笔业务的出口换汇成本是 5.97 元人民币/美元。

例 4-3　某外贸公司出售一批货物至伦敦，出口总价为 65 000 美元 CIF C 5%伦敦，从中国口岸到伦敦的运费和保险费占 10%。这批货物的国内购进价为人民币 360 000 元(含增值税 13%)，该外贸公司的费用定额率为 5%，退税率为 8%，结汇时银行外汇买入价为 1 美元折合人民币 6.90 元。试计算这笔交易的换汇成本和出口盈亏率。

解　出口总成本＝360 000＋360 000×5%－360 000÷(1＋13%)×8%

＝360 000×(1＋5%)－25 486.7

＝352 513(元人民币)

FOB 外汇净收入＝65 000×(1－5%－10%)＝55 250(美元)

换汇成本＝352 513÷55 250＝6.38(元人民币/美元)

出口盈亏率＝(55 250×6.90－352 513)÷352 513×100%＝8.14%

（三）出口创汇率

出口创汇率(外汇增值率)是指加工后成品出口外汇净收入与原料外汇成本的比率。如原料为出口产品，则外汇成本可以按照原料的 FOB 出口价计算。如原料是进口的，则按照该原料的 CIF 价计算。通过出口外汇净收入和原料外汇成本的对比，可以看出成品出口的创汇情况，从而确定出口成品是否有利。特别是在进料加工的情况下，核算出口创汇率这项指标更有必

要。其计算公式为

$$出口创汇率=\frac{成品出口外汇净收入-进口原料外汇成本}{进口原料外汇成本}\times 100\%$$

例 4-4 某公司实行进料加工出口某货物,进口原料每吨 CIF 价为 29 000 美元,加工后成品出口外汇净收入为每打 130 美元,每吨进口原料可加工 270 打产品出口,试计算外汇增值额和出口创汇率各为多少。

解 外汇增值额=成品出口外汇净收入-进口原料外汇成本
=130×270-29 000
=6 100(美元)

出口创汇率=外汇增值额/进口原料外汇成本×100%
=6 100/29 000×100%
=21.03%

此外,在掌握出口商品价格上,还要防止盲目坚持高价或随意削价竞销的偏向。在这方面,我国是有教训的。出口商品价格过高,不仅会削弱我国出口商品的竞争能力,而且会刺激其他国家发展生产,或增加替代品来同我国产品竞销,从而产生对我国不利的被动局面;相反,不计成本,削价竞销,盲目出口,不仅会在外销价格方面出现混乱,造成肥水外流,给国家带来经济损失,而且会使一些国家借此对我国出口产品采取限制措施,致使反倾销案件增多。在当前形势下,主要应该防止后一种偏向。

第三节 佣金与折扣

一、佣金

(一) 佣金的含义

佣金是指卖方或买方付给中间商代理买卖或介绍交易的服务酬金。此佣金可由卖方支付,也可由买方支付。

(二) 佣金的表示方法

凡价格含有佣金的称为"含佣价"。佣金有"明佣""暗佣"两种。凡在商品的价格中明确佣金的百分比或绝对数的,叫作"明佣"。如果不标明佣金的百分比或绝对数,甚至连"佣金"的字样也不表示出来,有关佣金问题由双方另行约定,则这种做法称为"暗佣"。

明佣的表示方法有以下三种。

1. 文字说明

例如,USD 100 per M/T CIF London including 3% Commission(每公吨 100 美元,CIF 伦敦包括 3%佣金)。

2. 直接在贸易术语后面加上 commission 的缩写字母"C"和所付的佣金率

例如,USD 100 per M/T CIF C 3% London(每公吨 100 美元 CIF C 3%伦敦)。

3. 绝对数

例如,Pay commission USD 100 per M/T(每公吨付佣金 100 美元)。

暗佣的表示方法,从贸易条件本身看不出来,双方就具体内容可通过签订“付佣协议”或“代理协议”加以规定。

(三) 佣金的计算方法

佣金一般是按交易金额的百分比计算,也可按成交的数量来计算。我国在实际业务中,一般是按发票金额作为计算基数。佣金的计算公式为

$$佣金=含佣价\times佣金率$$

$$含佣价=净价+佣金$$

$$净价=含佣价-佣金=含佣价\times(1-佣金率)$$

$$含佣价=\frac{净价}{1-佣金率}$$

例 4-5　某公司出口 CIF 发票净价金额 2 000 美元,佣金率 5%,佣金和含佣价为多少?

解　含佣价=2 000/(1-5%)=2 105.26(美元)

佣金=含佣价×佣金率=2 105.26×5%=105.26(美元)

(四) 佣金的支付方法

佣金的支付方法有两种:一种是由中间代理商直接从货价中扣除;另一种是由卖方收到货款后按双方约定的佣金比率,另行支付给中间商。在支付佣金时,要防止错付、漏付和重付。在我国,通常是出口企业在收到全部货款后再支付给中间商或代理商佣金。

二、折扣

(一) 折扣的含义

折扣(discount)是卖方在原价格的基础上给予买方的一定比例的价格减让。货价中的折扣,一般应在合同中订明,这种在价格条款中明确标明价格折扣的做法称为“明扣”;单价中没有标明折扣,而由买卖双方另行约定折扣的做法称为“暗扣”。暗扣一般属于不公平竞争。

(二) 折扣的表示方法

明扣有以下三种表示方法。

1. 文字说明

例如,USD 100 per M/T FOB DaLian including 2% discount(每公吨 100 美元 FOB 大连,折扣 2%)。

2. 绝对数

例如,Discount USD 200 per M/T(每公吨折扣 200 美元)。

3. 在贸易术语中加注“D”(discount)或“R”(rebate)和折扣率

例如,CIF D 2% 新加坡或 CIF R 2% 伦敦。

采用暗扣时,在合同的价格中不做规定。折扣按买卖双方达成的协议处理。

(三)折扣的计算方法

折扣一般按成交额或发票金额来计算。其计算公式为

折扣＝原价×折扣率

卖方净收入＝原价×(1－折扣率)

例4-6 某公司以每公吨520美元CIF香港出口一批货物,含折扣2%的价格,该公司每公吨的净收入为多少?

解 卖方净收入＝原价×(1－折扣率)

＝520×(1－2%)＝509.6(美元)

(四)折扣的支付方法

折扣是由买方在付款时,预先扣除。如果暗扣在合同中不表示出来,按双方达成的协议,由卖方另行支付给买方。

佣金与折扣虽都直接影响到商品的价格,但两者存在很大不同。例如,二者付给的对象不同,佣金是由卖方或买方付给中间商的报酬,而折扣是卖方给予买方价格上的优惠;许多国家对佣金征收所得税,而对折扣则不征税。

三、常用价格换算

(一)净价之间的换算

1. FOB与CIF、CFR的换算

1)FOB价换算为其他价格

以FOB价换算为其他价格的公式:

CFR价＝FOB价＋运费

CIF价＝(FOB价＋运费)/(1－投保加成×保险费率)

＝CFR价/(1－投保加成×保险费率)

2)CIF价换算为其他价格

CIF价的构成包括FOB价、海运保险及扩展责任保险费和海运运费。

FOB价＝CIF价×(1－投保加成×保险费率)－运费

CFR价＝CIF价－保险费

＝CIF价×(1－投保加成×保险费率)

3)CFR价换算为其他价格

CFR价包括FOB价及单位货物的海运运费。

CIF价＝CFR价/(1－投保加成×保险费率)

FOB价＝CFR价－运费

2. FCA、CPT、CIP之间的换算

1)FCA价换算为其他价

CPT价＝FCA价＋运费

CIP价＝(FCA价＋运费)/(1－投保加成×保险费率)

2)CPT价换算为其他价

FCA价＝CPT价－运费

CIP 价 = CPT 价 /(1 − 投保加成 × 保险费率)

3) CIP 价换算为其他价

FCA 价 = CIP 价 ×(1 − 投保加成 × 保险费率) − 运费

CPT 价 = CIP 价 ×(1 − 投保加成 × 保险费率)

(二) 净价与含佣价的换算

1. 以 FOB 含佣价换算为其他价格

FOB 净价 = FOB 含佣价 ×(1 − 佣金率)

CIF 净价 = [FOB 含佣价 ×(1 − 佣金率) + 运费]/(1 − 投保加成 × 保险费率)

CFR 净价 = FOB 含佣价 ×(1 − 佣金率) + 运费

2. 以 CFR 含佣价换算为其他价格

FOB 净价 = CFR 含佣价 ×(1 − 佣金率) − 运费

CIF 净价 = CFR 含佣价 ×(1 − 佣金率)/(1 − 投保加成 × 保险费率)

CFR 净价 = CFR 含佣价 ×(1 − 佣金率)

3. 以 CIF 含佣价格换算为其他净价

FOB 净价 = CIF 含佣价 ×(1 − 投保加成 × 保险费率 − 佣金率) − 运费

CIF 净价 = CIF 含佣价 ×(1 − 佣金率)

CFR 净价 = CIF 含佣价 ×(1 − 投保加成 × 保险费率 − 佣金率)

第四节　合同中的价格条款

一、价格条款的基本内容

合同中的价格条款包括单价(unit price)和总值(total value)两部分。

(一) 单价

单价通常由四部分组成,即计量单位、单位价格金额、计价货币和贸易术语。例如,per M/T100USD CIF New York(每公吨 100 美元 CIF 纽约)。

1. 计量单位

由于各国度量衡制度不同,因此计量单位必须明确规定清楚,如公吨、长吨或短吨,不可笼统规定为吨。

2. 单位价格金额

单位金额是货物价格最基本的内容,是每一计量单位货物价值的货币表现。对外贸易货物价格是由国内价格和国外费用两部分组成的,贸易术语以买卖双方承担的责任来说明价格的构成,而单位金额则给予价格构成以数字上的具体显示。对于同一货物的进出口,单位金额要根据不同的贸易术语而做相应的调整。

3. 计价货币

1) 计价货币的概念

计价货币(money of account)是指合同中规定用来计算价格的货币。在国际贸易中，价格通常表现为一定量的特定货币。一般情况下，支付货币与计价货币相同。计价货币可以是进口国货币、出口国货币，也可以是进出口双方同意的第三国货币，还可以是买卖双方协商同意的某种记账单位。

买卖双方在选择计价货币时，一般会考虑两个问题：一是汇价风险问题；二是从汇率角度衡量货价高低的问题。

买卖双方在选择货币时减少风险的方法有：尽量使用可以自由兑换且汇率较稳定的外汇；出口时争取使用"硬币"，进口时争取使用"软币"；"软币""硬币"结合使用，这一方法主要针对几种货币经常性的"软""硬"交叉变化；如果出口时使用了"软币"，应相应提高报价，如进口时使用"硬币"，应相应压价。

对计价货币，要注明货币国别或地区。例如，"元"有美元、日元、加元和港元等，不可笼统地记为"元"。

2) 不同货币价格的换算

(1) 底价为人民币改报外币。以中国银行公布的人民币的买价进行折算，即

$$外币价格 = 人民币底价 / 人民币对外币买价$$

例如，某公司某种出口商品以人民币对外报价是：CN2 000：per M/T CIF London。若改报为美元应报多少？已知条件是人民币对美元的外汇牌价为：USD100＝CN630.9/631.4。

其计算方法为

$$2\,000 \div 630.9 \times 100 = 317(\text{USD})$$

即改报美元应报317美元。这里值得指出的是，本币改报外币时，应使用买入价相除，因为银行买入外汇时是按买入价折算的。银行在外汇买卖时一般赚取5%的差价，即手续费。

(2) 底价为外币改报人民币。

$$人民币价格 = 外币价格 \times 人民币对外币的卖价$$

例如，某公司某商品出口报价是以英镑报出的：GBP15 per dozen CIF London。若以人民币报出，应报多少？已知条件是人民币对英镑的外汇牌价为：GBP100＝CN947.70/947.65。

其计算方法为

$$15 \times 947.65 \div 100 = 142.15(\text{CN})$$

即改报人民币为142.15元。这里值得注意的是，由外币改报本币，用卖出价相乘。其原因是银行卖出外汇是按卖出价折算的。

(3) 由一种外币改报另一种外币。理论上讲应使用外币的买价，但在西方外汇市场上，主要货币之间汇价的买价与卖价相差很小，故习惯上使用中间价，即

$$另一种外币价格 = 某一种外币价格 \times 两种外币中间价$$

例如，某公司某商品出口报价是以英镑报出的：GBP300 per box CIF

London。现应邀改为美元报出，应报多少？

这首先要求出英镑与美元的汇率，然后折算出美元数。应用外汇牌价中英镑比美元牌价所得的值，用此值去乘报价中的英镑数，即得出应报美元数额。

其计算方法为

$$947.70 \div 630.9 = 1.50(\text{USD})$$

$$300 \times 1.50 = 450(\text{USD})$$

即改报美元应报 450 美元。这里值得注意的是，在换算时，两种外币是采用外汇牌价中的买入价还是卖出价应一致，此例均用买入价。

4. 贸易术语

在国际贸易中，每种不同的贸易术语所代表的风险、责任和费用的划分不同，表示的价格构成因素也各不相同，因此在制定价格条款时，贸易术语的选用对双方都至关重要。

若标注接送货物具体的港口名称，如 CIF 伦敦、FOB 东京等，一定要注意，凡世界上有同名的港口，必须加注国名。

（二）总值

总值即总价，是指出售一批货物的全部金额。它等于单价乘以数量，总值的计价货币应与单价使用的计价货币一致。

例如，…，for 100 metric tons of Bitter Apricot Kernels 2020 crop at USD 1 500 per metric ton CIF C 2% San Francisco.

……，100 公吨 2020 年产杏仁，每公吨 CIF C 2%价 1 500 美元，旧金山交货。

二、价格条款示例

示例 1. 单价：每公吨 95 英镑 CIF 香港

总值：14 550 英镑

Unit price: at GBP 95 per metric ton CIF Hong Kong

Total value: GBP 14 550(Say pounds sterling fourteen thousand five hundred and fifty only)

示例 2. 单价：每箱 0.80 美元 FOB 大连含 2%佣金

总值：14 850 美元

Unit price: at USD 0.80 per box FOB DaLian including 2% commission

Total value: USD 14 850(Say US dollars fourteen thousand eight hundred and fifty only)

示例 3. 单价：每件 50 美元 CIF 汉堡折扣 2%

总值：50 000 美元

Unit price: at USD 50 per piece CIF Hamburg less 2% discount

Total value: USD 50 000 (Say US dollars fifty thousand only)

三、订立价格条款应注意的问题

订立价格条款应注意以下几个问题。

(1) 合理确定商品的单价,防止作价偏高或偏低。

(2) 合同中的价格条款要与合同中的其他条款在内容上保持一致,不能发生抵触和矛盾。如不一致,则必须采用相应条款加以说明和调整。

(3) 根据拟采用的运输方式和销售意图,选择适当的贸易术语。

(4) 争取选用有利的计价货币,以免遭受因币值变动带来的风险,必要时可以加订保值条款。

(5) 灵活运用各种不同的作价方法,力求避免价格变动的风险。

(6) 单价中涉及的计量单位、计价货币和装卸地名称等必须书写正确、清楚,以利于合同的履行。

(7) 参照国际贸易的习惯做法,注意佣金和折扣的合理运用。

(8) 如对交货品质和数量订有机动幅度而又同意机动部分的价格另订的,必须明确另订价格的具体方法。

本章小结与关键术语

思考题

1. 出口商品的作价原则是什么?在确定进出口商品价格时应考虑哪些因素?

2. 进出口商品作价的方法有哪几种?其优缺点是什么?

3. 什么是佣金、折扣?二者有何区别?

4. 怎样选择计价货币?

5. 订立价格条款应注意哪些问题?

6. 我国出口公司对美商报价,每公吨 CIF 纽约 500 美元,发货港是上海。现美商要求我方改报 FOB 大连价。分析在 CIF 和 FOB 条件下双方在所负担的责任、费用和风险方面有什么差别。

7. 我方对外出售一批商品,原报价为 100 美元/千克 CFR London(投一切险,加一成投保,保险费率为 4%),客户要求改报 CIF London 美元价,试确定在不影响收汇额的前提下,正确的 CIF 价应报多少。

8. 我国某外贸公司出售一批货物至伦敦,出口总价为 5 万美元 CIF C

5%伦敦，从中国口岸到伦敦的运费和保险费占 10%。这批货物的国内购进价为人民币 351 000 元(含增值税 13%)，该外贸公司的费用定额率为 5%，退税率为 9%，结汇时银行外汇买入价为 1 美元折合人民币 8.27 元。试计算这笔出口交易的换汇成本和盈亏率。

练习题

第五章 国际货物运输

学习目标

- 了解国际货物运输代理人的类型和业务范围。
- 了解国际货物贸易的运输方式和特点，掌握海洋运输中班轮运输的特点、运费的计收标准、滞期费和速遣费的含义。
- 了解铁路运输、航空运输，掌握集装箱运输和国际多式联运等的做法。
- 理解国际货物贸易合同中的运输条款的主要内容。
- 了解国际货物贸易中涉及的各种运输单据。

第一节 国际货物运输代理

一、国际货物运输代理人

“货运代理”英文为“freight forwarding”。“货运代理人”英文为“freight forwarder”或“forwarding agent”，由于最初是由“forwarding agent”翻译而来，因此选择使用“代理人”一词。“国际货运代理”或“国际货运代理人”则只要加上国际“international”即可；“international freight forwarder”或“international forwarding agent”就是“国际货运代理人”。

在我国，由于普遍被接受的是“货运代理人”这一专用词汇，因此本书也沿用“货运代理人”一词。但是，“货运代理人”实际上并不仅仅从事代理业务，因此也就不仅仅是代理人的身份。

国际货物运输代理人是指接受进出口收货人、发货人的委托，以委托人或者自己的名义，为委托人办理国际货物运输及相关业务并收取服务报酬的法人企业。

（一）国际货运代理人的类型

按法律特征的不同，国际货运代理人可以分为以下三种类型。

1. 居间人型

这种类型的货运代理的特点是其经营收入来源为佣金，即作为中间人，根据委托人的指示和要求，向委托人提供订约的机会或进行订约的介绍活动，在成功地促成双方达成交易后，有权收取相应的佣金。这种类型的企业一般规模较小、业务品种单一。

2. 代理人型

这种类型的货运代理的特点是其经营收入来源为代理费。根据代理在开展业务活动中是否披露委托人的身份，其又可细分为以下两种类型。

（1）披露委托人身份的代理人，即代理人以委托人的名义与第三方发生业务关系。传统意义的代理人即属于此种类型，在英美法系国家，这类代理通常被称为直接代理、显名代理。

（2）未披露委托人身份的代理人，即代理人以自己名义与第三方发生业务关系。在英美法系国家，这类代理通常被称为间接代理、隐名代理；在德国、法国、日本等大陆法系国家，这类代理通常被称为经纪人。《中华人民共和国民法典》（以下简称《民法典》）“委托合同”一章，吸收了英美法系这类代理的相关规定。

3. 当事人型

当事人型，也称委托人型、独立经纪人型和独立经营人型。这种类型的货运代理的特点是其经营收入的来源为运费或仓储费差价，即已突破传统代理人的界限，成为独立经营人，具有了承运人或场站经营人的功能。这种类型的货运代理既有仅局限于某一种运输方式领域的经营人，如海运中的无船承运人，也有从事多式运输方式、运输组织的多式联运经营人，以及提供包括货物的运输、保管、装卸、包装、流通所需要的加工、分拨、配送、包装物和废品回收等，以及与之相关的信息服务的物流经营人。

（二）代理人的选择和使用

1. 政治背景和合作态度

代理的政治背景和合作态度是建立与保持代理关系的基础。因此，要遵照国家外交外贸方针政策，选择政治可靠、对委托人友好并能合作共事的代理，才能处处为委托人着想，维护委托人的利益。

2. 业务能力和工作质量

能否按时、按质和按量完成代理业务，取决于代理人的工作能力和工作质量，因为，仅有良好合作态度而缺乏业务能力的代理是无法担负委托任务的。

3. 资信和经营作风

各个国家有各种各样的代理人，其中不乏商业道德败坏、经营作风恶劣、像皮包商之类的代理人。故代理人的资信和经营作风是衡量代理人是否忠实可靠的重要因素。

我国在使用代理上，遵照平等互利的原则来处理委托人与代理人之间的关系。在业务上，双方是委托与被委托关系；在政治和经济上，双方是友好合作关系。

在代理的使用上，保持代理关系的相对稳定，能够调动代理人的积极性，对工作有利，但对个别不符合要求、不称职或作风不够正派的代理人，绝不能将就，应更换的必须坚决更换。

二、国际货物运输代理的责任

（一）国际货物运输代理的责任的定义

国际货物运输代理的责任是指国际货物代理作为代理人和当事人两种

情况时的责任。国际货运代理作为代理人,负责代发货人或货主订舱、保管和安排货物运输、包装、保险等,并代他们支付运费、保险费、包装费和海关税等,然后收取一定的代理手续费。国际货运代理作为当事人,是指在为客户提供所需的服务中,以其本人的名义承担责任的独立合同人,他应对其履行国际货运代理合同而雇用的承运人、分货运代理人的行为或不行为负责。

(二) 国际货物运输代理从事传统业务的责任分类

1. 国际货物运输代理作为代理人的责任

国际货物运输代理只对其本身(在履行义务过程中)的过失及其雇员的过失负责,一般对运输公司、分包人等第三人的行为、疏忽不负责任,除非对第三人的行为负有法律责任。

2. 国际货物运输代理对海关的责任

有报关权的国际货运代理在替客户报关时应遵守海关的有关规定,向海关当局及时、正确、如实申报货物的价值、数量和性质,以免政府遭受税收损失。同时,如报关有误,国际货运代理将会被罚款,并难以从客户那里得到此项罚款的补偿。

3. 国际货物运输代理对第三人的责任

该责任多指对装卸公司、港口当局等参与货物运输的第三人提出的索赔承担的责任。这类索赔可分为两大类:第三人财产的遗失或损坏,及由此产生的损失;第三人的人身伤亡,及由此产生的损失。

4. 国际货物运输代理作为当事人的责任

国际货物运输代理作为当事人不仅对其本身和雇员的过失负责,而且对履行过程中提供的其他服务的过失也应负责。

(三) 国际货物运输代理的除外责任

除外责任,又称免责,是指根据国家法律、国际公约和运输合同的有关规定,责任人免予承担责任的事由。国际货运代理与承运人一样享有除外责任,对于承运人,《中华人民共和国海商法》规定了12项免责事由,《统一提单的若干法律规定的国际公约》[以下简称《海牙规则》(*The Hague Rules*)]和《布鲁塞尔议定书》[以下简称《维斯比规则》(*The Visby Rules*)]规定了17项免责事由。

国际货物运输代理的除外责任可包括以下七个方面。

(1) 客户的疏忽或过失所致。

(2) 客户或其代理人在搬运、装卸、仓储和其他处理中所致。

(3) 货物的自然特性或潜在缺陷所致。例如,破损、泄漏、自燃、腐烂、生锈、发酵、蒸发,或对冷、热、潮湿的特别敏感性。

(4) 货物的包装不牢固、缺乏或不当包装所致。

(5) 货物的标志或地址的错误或不清楚、不完整所致。

(6) 货物的内容申报不清楚或不完整所致。

(7) 不可抗力所致。

另外，一旦当局下达关于某种货物(危险品)的唛头、包装和申报等的特别指示，客户有义务履行其在各方面应尽的职责。

客户不得让其国际货运代理对由于下列事实产生的后果负责：有关货物的不正确、不清楚或不全面；货物包装、刷唛和申报不当等；货物在卡车、车厢、平板车或集装箱的装载不当；国际货运代理不能合理预见到的货物内在的危险。

三、国际货物运输代理的业务范围

国际货物运输代理的业务范围非常广，从理论上说，包括与国际货物运输相关的一切运输方式和业务环节。例如，与货物本身相关的加工、包装、分拨、配送、存储、保管、保险等业务；与运输相关的货物国际运输、内陆运输、装卸等业务；与政府法令相关的进出口报关、报检等代理业务。

在我国，政府通过制定规则对国际货物运输代理行为进行管理。根据《中华人民共和国国际货物运输代理业管理规定》，国际货物运输代理业务包括以下几个方面。

(1) 揽货、订舱(含租船、包机、包舱)、托运、仓储、包装。

(2) 货物的监装、监卸、集装箱装拆箱、分拨、中转及相关的短途运输服务。

(3) 报送、报检、报验、保险。

(4) 缮制签发有关单证、交付运费、结算及交付杂费。

(5) 国际展品、私人物品及过境货物运输代理。

(6) 国际多式联运、集运(含集装箱拼箱)。

(7) 国际快速(不含私人信函)。

第二节　国际货物运输方式

一、海洋运输

海洋运输(ocean transport)是指利用商船在国内外港口之间通过一定的航区和航线进行货物运输的一种方式。目前，海运量在国际货物运输总量中占80%以上。海洋运输具有货物运量大、运费低(海运运费一般为铁路运费的1/5，公路运费的1/10，航空运费的1/30)、不受道路和轨道限制等优点。

但是，海洋运输速度较慢，海上自然风险较大，船期不准确。按照海洋运输经营方式不同，可分为班轮运输(liner shipping)和租船运输(charter shipping)。

(一) 班轮运输

班轮运输又称定期船舶运输，是指船舶在固定的航线上和港口间，按事先公布的船期表和运费率航行，从事客货运输业务的一种运输方式。

1. 班轮运输的特点

班轮运输具有以下几个特点。

(1)“四固定”,即固定的船期、固定的航线、固定的港口和相对固定的运费率。

(2)运费包括装卸费。

(3)承运货物比较灵活,不论数量或品种,只要有舱位就可以接受。尤其对国际贸易中的杂货、零星货的运输更为适宜。

(4)船方或其代理人签发的提单是承运人与托运人之间的运输契约,船主与货主的权利、义务以班轮提单为依据。

2. 班轮运费

班轮运费(liner freight)是承运人为承运货物而向托运人收取的费用。班轮承运人是指班轮运输合同中承担提供船舶并负责运输的当事人。托运人是在班轮运输合同中委托承运人运输货物的当事人。计算运费的单价或费率称为班轮运价。班轮运价一般是以运价表的形式公布的。运价表一般包括说明及有关规定、货物分级表、航线费率表、附加费率表、冷藏货及活牲畜费率表等,按照运价表的形式可分为等级运价表和单项费率运价表。

等级运价表是将承运的货物分为若干等级,一般分为20个等级,每一等级有一个基本费率。在实际业务中,等级运价表用得最多。单项费率运价表是按每项货物列出其基本费率。

班轮运费由基本运费和附加费用构成。基本运费是从装运港到目的港的基本费用,它构成班轮费用的主体。基本运费的计算标准有以下几种。

(1)按货物的毛重计收,又称重量吨,1个重量吨为1公吨或1长吨或1短吨,在运价表内货物名称后用“W”表示。

(2)按货物的体积(容积)计收,又称尺码吨,1尺码吨为1立方米或40立方英尺(1立方英尺≈28 316.8立方厘米),在运价表内货物名称后用“M”表示。

(3)按货物的毛重或体积(容积)计收,即在货物的重量吨或尺码吨中从高收费,在运价表内货物名称后用“W/M”表示。

(4)按货物的价格计收,又称从价运费,在运价表内货物名称后用“A. V.”或“Ad. Val”表示,即以货物FOB的百分之几收费,一般不超过5%,适用于古玩、黄金、精密仪器等高价格物品。

(5)按货物的毛重、体积或从价计收,即按货物毛重、体积或从价三者中较高一种计收,在运价表内货物名称后用“W/M or A. V.”表示。

(6)按货物的毛重或体积计价并从价计收,即按货物的毛重或体积两者中较高的一种计收后,另加一定百分比的从价运费,在运价表内货物名称后用“W/M Plus A. V.”表示。

(7)按货物的件数计收,在运价表内货物名称后用“Per unit”表示。例如,卡车按“辆”计收,活牲畜按“头”计收。或者对于规则包装的货物按每箱、每捆、每件等特定的运费额计收。

(8) 按船货双方临时议定的价格计收，在运价表内货物名称后用“Open”表示。它适用于大宗、低值货物，如粮食、煤炭和矿石等。

附加费是对一些需要特殊处理的货物或由于客观情况的变化等使运输费用大幅度增加，班轮公司为弥补损失而额外加收的费用。附加费的种类很多，而且随着客观情况的变化而变化。以下为几种常见的附加费。

(1) 超重附加费(over weight surcharge)。一件货物的重量(毛重)达到或超过一定重量时，该货物即为超重货物。超重货物在装卸、配载等方面会增加额外劳动和费用，故船公司要加收超重附加费。

(2) 超长附加费(over length surcharge)。一件货物的长度达到或超过规定的长度，该货物即为超长货物。超长货物同超重货物一样，在装卸、配载时会增加额外劳动和费用，因此船公司要加收超长附加费。

(3) 燃油附加费(bunker adjustment factor 或 bunker surcharge)缩写为 BAF 或 BS，它是因燃油价格上涨而加收的费用。

(4) 港口附加费(port surcharge)是指由于一些港口设备差，装卸效率低、费用高，船舶成本增加而加收的附加费。

(5) 港口拥挤附加费(port congestion surcharge)是指由于港口拥挤，船舶需长时间等泊，为弥补船期损失而收取的附加费。如港口恢复正常，该项附加费即可取消，所以变动性很大。

(6) 货币贬值附加费(currency adjustment factor)是指为弥补因收取运费的货币贬值造成的经济损失而收取的费用，一般随着货币贬值的幅度按基本费率的百分之几收取。

(7) 绕航附加费(deviation surcharge)。由于某种原因，船舶不能按正常航线而必须绕道航行，从而增加航运开支，为此加收的附加费称绕航附加费。这是一种临时性的附加费。一般来说，如正确航道恢复通行，该项附加费即被取消。

(8) 转船附加费(transshipment surcharge)。对运往非基本港的货物，需在中途港转运至目的港，为此而加收的附加费被称为转船附加费。

(9) 直航附加费(direct additional)。对运往非基本港的货物，一次货量达到一定数量时，船方可以安排直航卸货，为此而加收直航附加费。直航附加费一般比转船附加费低。

(10) 选卸港附加费(additional for optional destination)。由于贸易的原因，在办理货物托运时尚不能确定具体卸货港，需要在预先选定的两个以上的卸货港中进行选择，为此而加收的费用被称为选卸港附加费。在这种情况下，货方必须在该航次中船舶抵达第一卸货港 48 小时前向船方宣布。选择卸货港只限于船舶航次规定的挂港或航区内，并按所列供选择的港口中计费高的费率计算，如实际选择了费率低的港口卸货，多收部分运费不予退回。

附加费的计算方法可分为两种：一种是用绝对数表示，即按每运费吨加收若干金额计算;另一种是用百分数表示,即按基本运费的一定百分率计算。

班轮运价的计算公式如下:

$$F = F_b(1 + \sum S) \cdot Q$$

式中,F 为运费总额;F_b 为基本运费;S 为某项附加费;Q 为货物数量(公吨或立方米)。

例 5-1 以 CFR 价格条件出口加拿大温哥华一批罐头水果汁,其重量为 8 吨,尺码为 10 立方米,求该批货物总运价。

解 先查出水果汁的准确英文译名为"fruit juice"。

从有关运价簿中以"货物分级表"查找相应的货名。在此以相应运价簿查到该货为 8 级,计算标准为 M,即按尺码吨计算运费。

再查中国—加拿大航线等级费率表,得出 8 级货物相应之基本货运费率为 219.00 美元/吨;另查得燃油附加费率为 20%。

计算:$F = F_b(1 + \sum S) \cdot Q$

$= (219.00 + 219.00 \times 20\%) \times 10$

$= 262.80 \times 10$

$= 2\,628.00$(美元)

答:该批货物总运价为 2 628.00 美元。

(二) 租船运输

租船运输又称不定船期运输,是指船舶所有人以获取租金为目的,按照一定条件把船舶租给承租人用于运输货物的业务。租船运输适用于大宗货物。

1. 租船运输的特点

(1) 船舶的航行时间、航线和停泊的港口由船舶的所有人与承租人在租船合同中约定。

(2) 运价和租金按船舶市场行市变化而定。货物装卸费和船期延误费在租船合同中作出明确规定。

(3) 以租船合同作为确定双方权利和义务的依据。

2. 租船运输的方式

(1) 定程租船(voyage charter),又称航次租船或程租船,是指所租船舶在指定港口之间进行一个或数个航次的租船运输。

定程租船按运输形式可以分为以下几种。

① 单程租船,也称单航次租船,即所租的船舶只装运一个航次的货物,船舶所有人负责将指定的货物从起运港运往目的港,货物在目的港卸货后,租船合同即告终止。

② 来回程租船,也称往返航次租船,是船舶所有人提供船舶完成一个往返航次的租船方式。

③ 连续单程租船,也称连续单航次租船,是船舶所有人提供船舶在同一

去向的航线上连续完成几个单航次运输的租船方式。

④ 包运合同租船。这是船舶所有人在约定的期限内派若干条船，将规定的一批货物按同样的租船条件，由甲地运到乙地，而对航程次数不做具体规定的租船方式。

定程租船的特点有：船东必须按租船合同规定的航程完成货物的运输，并负责船舶的管理营运，担负船舶航行中的一切营运费用；由托运人或承租人负责组织货物，支付按货物装运数量计算的运费及相关费用；关于装卸费用由谁承担及货物装卸时间、滞期费、速遣费（despatch money）的计算标准的问题，由双方在租船合同中订明。

在定程租船合同中，应明确规定装卸费用由谁负担，一般有以下四种方法。

① 船方负担装费和卸费（gross terms），又称“班轮条件”（liner terms 或 berth terms），这种条件一般用于木材和包装货物的运输，并不适用于散货。

② 船方管装不管卸（free out，F. O.）。船方只负责装货和费用，但不负责卸货和费用。

③ 船方管卸不管装（free in，F. I.）。船方只负责卸货和费用，但不负责装货和费用。

④ 船方装和卸均不管（free in and out，F. I. O.）。在此条件下，一般同时明确船方不管装卸、理舱和平舱（free in and out，stowed and trimmed，F. I. O. S. T.）。这种条件一般用于散装货运输。

通常船方不负担装卸费。采用定程租船要规定装卸期限和装卸率，用以计算滞期费和速遣费。

(2) 定期租船（time charter）又称期租船，是指船舶所有人将船出租给承租人，供其使用一定时期的租船方式。

定期租船的特点有：船东负责配备船员，负担其薪金、伙食，船舶营运的固定费用也由船东负担；承租人负责船舶的调度和营运，并负担船舶的燃料费、装卸费、维护和修理费；租船的租金一般是按船舶的载重吨、租期及商定的租金率计算。

(3) 光船租船（bare boat charter）是指船舶所有人将船舶出租给承租人使用一个时期，但是所提供的船舶没有配备船员并且由承租人自己负责船舶管理所需的一切费用，相当于一种财产租赁。由于这种租船方式复杂，在国际货物运输中很少使用。

光船租船的特点有：船长和全部船员由租船人指派并听从租船人的指挥；船舶所有人不负责船舶的运输，租船人以承运人的身份经营船舶；以整船出租并按船舶的载重吨和租期计算租金；船舶的一切时间损失风险完全由租船人承担，即使在船舶修理期间，租金仍然连续计算；从船舶实际交给租船人使用时起，船舶的占有权从船舶所有人转让给租船人。

二、集装箱运输

(一) 集装箱运输及特点

集装箱运输(container transport)是以集装箱作为运输单位进行货物运输的现代运输方式。它适用于海洋运输、铁路运输及国际多式联运。

集装箱运输的特点有:提高装卸效率,提升港口吞吐能力;节省包装用料和费用,降低营运成本,减少运杂费用;减少货损、货差,提高货运质量;简化货运手续,便利货物运输。

(二) 集装箱应具备的条件

(1) 能长期反复使用,具有足够的强度。

(2) 在使用一种或多种运输方式运输时无须中途换装。

(3) 能快速装卸,设有便于从一种运输方式换到另一种运输方式时装卸和搬运的装置。

(4) 便于货物装满或卸空。

(5) 具有1立方米或1立方米以上的容积。

(三) 集装箱的分类

集装箱按用途可分为以下几种。

(1) 干货集装箱。箱体密封,适于装载一般杂货。

(2) 液体集装箱。箱体外部为长方形,内部为罐式,上下分设进出口管,适于装载油类、酒类、食品、药品和化工品等液态物品。

(3) 散装集装箱。货于顶部舱口装入,底部有升降机可升高成40°倾角便于卸货。它适于装载粮食、水泥等散货。

(4) 散装粉状货集装箱。它用于装载粉状散装货,装卸时使用吸管和喷管。

(5) 牲畜集装箱。箱侧设栅栏式金属网壁,通风良好,便于喂食饮水,适于装载活牲畜。

(6) 通风集装箱。设有通风孔,内壁涂塑料层,适于装载新鲜水果和蔬菜等怕热、怕潮、怕闷的货物。

(7) 冷藏集装箱。内设冷冻机,适于装载肉类、水果等冷藏食品和特种化工品等。

(8) 保温集装箱。箱内有隔热层,箱顶有可调节方向的进出风口,可利用外界空气、风向来调节箱内温度。它适于装运对温度敏感的货物。

(9) 平台集装箱、框架集装箱和开顶集装箱。它们适于装载超重货物。

(四) 集装箱的规格

集装箱的规格习惯上以长度为标准。ISO研究制定了3个系列、13种类型的通用集装箱标准规格。目前国际上通用的集装箱多为LA型(长40英尺,简称40′柜)和IC型(长20英尺,简称20′柜)。目前国际上均以20′柜为衡量单位,称为“相当于20英尺单位”,以标箱(TEU)来表示。

（五）集装箱运输的方式

1. 集装箱货物装箱方式

按集装箱货物装箱方式不同，可分为整箱货和拼箱货两种。

（1）整箱货，是指由发货人负责装箱、计数和填写装箱单，并由海关加铅封的货。整箱货通常只有一个发货人和一个收货人。整箱货的拆箱，一般由收货人办理，但也可以委托承运人在货运站办理。承运人不负责箱内的货损、货差，除非货方举证确属承运人责任事故的损害，承运人才负责赔偿。承运人对整箱货以箱为交接单位，只要集装箱外表与收箱时相似和铅封完整，承运人就完成了承运责任。整箱货提运单上要加“委托人装箱、计数并加铅封”的条款。

（2）拼箱货，是指装不满一整箱的小票货物。这种货物通常是由承运人分别揽货并在集装箱货运站或内陆站集中，而后将两票或两票以上的货物拼装在一个集装箱内，而且要在目的地的集装箱货运站或内陆站拆箱分别交货。对于这种货物，承运人要负担装箱与拆箱作业，装拆箱费用仍向货方收取。承运人对拼箱货的责任，基本上与传统杂货运输相同。

2. 集装箱货物交接方式

（1）整箱交、整箱接，即发货人以整箱交货，而收货人以整箱接货。该方式最能发挥集装箱运输的优越性，效果最好。

（2）拼箱交、拆箱接，即发货人拼箱交货，各收货人凭单拆箱接货。承运人负责货物的装箱和拆箱。

（3）整箱交、拆箱接，即交货人以整箱交货，而各收货人凭单拆箱接货。

（4）拼箱交、整箱接，即各货主以不足整箱的小票货物交承运人，承运人分类整理后，将同一收货人的货物集中拼成整箱，运往目的地，收货人整箱接货。

3. 集装箱货物交接地点

（1）门到门，即从发货人工厂或仓库至收货人工厂或仓库。它适宜于整箱交、整箱接。

（2）门到场站，即从发货人工厂或仓库至目的地的集装箱堆场或集装箱货运站。它适宜于整箱交、拆箱接。

（3）场站到门，即从装运地的集装箱堆场或货运站至收货人工厂或仓库。它适宜于拼箱交、整箱接。

（4）场站到场站，即从装运地的集装箱堆场或货运站至目的地的集装箱堆场或货运站。它适宜于拼箱交、拆箱接。

（六）集装箱运费的计收方法

集装箱海上运价体系比较成熟，基本上可以分成两大类：一类是沿用传统的杂件货运费计算方法，即以每运费吨作为计费单位；另一类是以每个集装箱作为计费单位，即包箱费率。前一类计价方式适用于拼箱运输，后一类计价方式适用于整箱货运输。在国际集装箱运输中，包箱费率计算方式正逐步取代传统杂件货运费的计算方式。集装箱的包箱费率有三种规定的方法。

(1) FAK包箱费率(freight for all kinds),即不分货物种类,也不计货量,只规定统一的每个集装箱收取的费率。

(2) FCS包箱费率(freight for class),即按不同货物等级制定的包箱费率。

(3) FCB包箱费率(freight for class & basic),即按不同货物等级或货物类别以及计算标准制定的费率。

在实际业务中,许多班轮公司根据自己的需要,制定了不同的包箱费率,即使是同一家船公司的费率,不同航线也采用不同的包箱费率。

三、其他运输

(一) 铁路运输

铁路运输(rail transport)是指利用铁路进行国际贸易货物运输的方式。铁路运输一般不受气候条件的影响,可保障全年的正常运输,而且具有运载量大、速度快、成本低、连续性强、手续简单、风险小等特点和优势。它是国际贸易中仅次于海洋运输的一种主要运输方式。铁路运输可分为国际铁路联运和国内铁路运输两种。

1. 国际铁路联运

国际铁路联运是指使用一份统一的国际联运票据,由铁路负责经过两国或两国以上铁路的全程运送,在由一国铁路向另一国铁路移交货物时,不需要发货人和收货人参加的运输。

采用国际铁路联运,当事国家事先必须有书面协定。目前,关于国际铁路货物运输的公约有两个:《国际货约》和《国际货协》(CMIC)。

《国际货约》是1890年欧洲各国在瑞士首都伯尔尼举行的各国铁路代表会议上制定的。1938年修改时改称《国际铁路货物运送公约》,又称《伯尔尼货运公约》,同年10月1日开始实行。其在第一次世界大战和第二次世界大战期间曾经中断,战后又重新恢复,以后为适应国际形势的不断发展变化又屡经修改。参加方共有24个:德国、奥地利、比利时、丹麦、西班牙、芬兰、法国、希腊、意大利、列支敦士登、卢森堡、挪威、荷兰、葡萄牙、英国、瑞典、瑞士、土耳其、前南斯拉夫、保加利亚、匈牙利、罗马尼亚、波兰、前捷克斯洛伐克。

《国际货协》,全称《国际铁路货物联合运输协定》,1951年在华沙订立。我国于1954年1月加入。其成员主要是苏联、中国、蒙古、朝鲜、越南等共计12国。《国际货协》现已解体,但联运业务还有效。

2. 国内铁路运输

国内铁路运输是指进出口货物在口岸和内地之间的集散。国内铁路运输有两种。

(1) 中国内陆进出口货物铁路运输,即我国进出口货物卸船后,经铁路转运至中国内陆各地和中国内陆各地出口货物经铁路运至港口装船。

(2)对我国香港地区的铁路运输采取租车方式、两票运送的特定方式。它的全过程由内地段铁路运输和港段铁路运输两段组成,由中国对外贸易运输公司各地分支机构和香港中国旅行社(以下简称“中旅社”)联合组织。对我国香港地区铁路货物运输的主要程序如下。

① 按铁路局规定,按时提出月度要车计划和旬度装车计划。

② 发货地外运公司或外贸进出口公司填制铁路运单向车站办理至深圳北站的托运手续。

③ 按车站指定的进货日期,将货物送到车站指定的货位,并办妥出口报关手续。

④ 发货单位以出口物资工作单委托深圳外运分公司办理接货租车过轨等手续,装车后立即拍发起运电报。

⑤ 深圳外运分公司接到各发货地工作单和启动电报后,及时通知中旅社做好接车准备工作。

⑥ 发货地发车后,当地外运分公司与铁路局进行票据交换,并编制货车过轨计划,办理租车手续。

⑦ 货车到达后,深圳外运分公司与铁路局进行票据交换,并编制货车过轨计划,办理租车手续。

⑧ 中旅社向香港海关报关,并向广九铁路公司办理托运起票手续。

⑨ 货到香港后,由中旅社负责卸货并送交货主。

如属去澳门货物,则发至广州,由广州外运公司办理中转手续,其他手续与对香港运输货物的手续相同。

(二)航空运输

航空运输(air transport)是指利用飞机通过空中飞行在航空港之间运送客货的运输方式。航空运输具有速度快、交货迅速、安全准确、货损率低,节省包装费、保险费和储藏费,航行便利、不受地面条件限制等优点。其缺点是运费较高,运量不大。它适宜运送易腐商品、鲜活商品、急需物资和贵重物品。我国航空运输的承运人是中国对外贸易运输(集团)总公司。它可以是货主的代理,也可以是航空公司的代理。航空货运的方式如下。

1. 班机运输

班机运输(scheduled airline)是指以固定时间、固定航线、固定始发站和目的站的飞机运输的方式,一般是客货混合型飞机。班机运输适用于运送急需物品、鲜活商品和时令商品。

2. 包机运输

包机运输(chartered carrier transport)是指包租整架飞机或由几个发货人(航空货运代理)联合包租一架飞机运送货物的方式。包机运输分为整包机和部分包机两种。前者适用于大宗货物,后者适用于1吨以上不足装满一整架飞机货舱的货物。包机费用比航班费用低得多,部分包机适用于具有多个发货人,且货物到达站又是同一地点的货物运输。

3. 集中托运

集中托运(consolidation)是指由航空货运公司把若干单独发货人的货物组成一整批货物,用一份总运单整批发运到目的地,由航空货运公司在那里的代理人办理收货报关手续后交给实际收货人的方式。此种方式运费较低,一般比班机的运费低7%～10%。

4. 航空急件传递

航空急件传递(air express service)又称桌到桌运输(desk to desk service),是航空公司和专营这项业务的公司联合开展的速递服务项目,由专门机构在货主、机场和收件人之间进行快速传递。这项服务快速安全,适用于急需药品、图纸资料和货样及单证等的传递。

航空急件传递有三种形式:机场到机场、门到门服务和专人随机送货。

航空运价一般是按货物的实际重量或体积计算,取两者较高者。但体积折合千克或磅的计算方法各航空公司不尽相同。有按6 000立方厘米或365立方英寸(1立方英寸≈16.387立方厘米)折合1千克的,有按7 000立方厘米或425立方英寸折合1千克的,也有按166立方英寸或194立方英寸折合1磅的。至于尾数,一般采用四舍五入法。

(三)国际多式联运

国际多式联运(international multimodal transport)是指按照多式联运合同,以至少两种不同的运输方式,由多式联运经营人把货物从一国境内接运货物的地点运至另一国境内指定交付货物的地点的运输方式。

国际多式联运是在集装箱运输基础上发展起来的综合性连贯运输方式。

国际多式联运需要具备几个条件:必须由一个多式联运经营人对全程运输负总责;必须有一份多式联运合同;必须使用一份包括全程的多式联运单据;必须至少有两种不同运输方式的连贯运输;必须是全程单一的运费率。

根据联运组织方式和体制的不同,多式联运可分成协作式多式联运和衔接式多式联运两大类。

1. 协作式多式联运

协作式多式联运是指两种或两种以上运输方式的不同运输企业按照统一的公约、规章或商定的协议,共同将货物从接管货物的地点运到指定交付货物的地点的联运。

在协作式多式联运下,参与联运的承运人均可受理托运申请、接收货物和签署全程运输单据,并负责自己区段的运输生产,后续承运人除负责自己区段的运输生产外,还需要承担运输衔接工作,而最后承运人则需要承担货物交付以及受理收货人的货损、货差的索赔。在这种体制下,参与联运的每个承运人均具有双重身份。对外而言,他们是共同承运人,其中一个承运人或代表所有承运人的联运机构与发货人订立的运输合同,对其他承运人均有约束力,即每个承运人均视为与货主存在运输合同关系;对内而言,每个承运人不但有义务完成自己区段的实际运输和有关的货运组织工作，还应根据规章或约定协议的规定承担风险和分配利益。

2. 衔接式多式联运

衔接式多式联运是指一个多式联运经营人综合组织两种或两种以上运输方式的不同运输企业，将货物从接管货物的地点运到指定交付货物的地点的联运。

在衔接式多式联运下，运输组织工作与实际运输生产实现了分离，多式联运经营人负责全程运输组织工作，各区段的实际承运人负责实际运输生产。在这种体制下，多式联运经营人具有了双重身份，对于货主而言，他是全程承运人，与货主订立全程运输合同，向货主收取全程运费及其他费用，并承担承运人的义务；对于各区段实际承运人而言，他是托运人，他与各区段实际承运人订立分运合同，向实际承运人支付运费及其他必要的费用。

国际多式联运汇集了各种运输方式的优点，达到了比较完善的运输效果：多式联运责任统一，手续简便；多式联运是一种直达、连贯的运输，各运输环节紧凑，中转迅速；货主可尽早结汇，加快资金周转，减少利息支付。

目前，我国已开办的多式联运路线可到达欧、美、非洲的港口或内地城市，形式也多种多样。

（四）大陆桥运输

大陆桥运输(land bridge transport)是指以横贯大陆的铁路或公路运输系统作为中间桥梁，把大陆两端海洋运输连接起来的连贯运输方式。它是以集装箱运输为媒介的特殊的国际多式联运方式，是海—陆—海的连贯运输形式。大陆桥运输具有运输里程短、运输成本低和货物运输快的特点。目前世界主要有3条大陆桥。

1. 北美大陆桥

北美大陆桥是世界上历史最悠久、影响最大、服务范围最广的陆桥运输线。北美大陆桥指从日本东向，利用海路运输到北美西海岸，再经由横贯北美大陆的铁路线，陆运到北美东海岸，再经海路运箱到欧洲的“海—陆—海”运输结构。

北美大陆桥包括美国大陆桥、加拿大大陆桥、墨西哥大陆桥。美国大陆桥(1971年底开始运营)包括两条：一条是从西部太平洋沿岸至东部大西洋沿岸的铁路、公路运输线；另一条是从西部太平洋沿岸至东南部墨西哥湾沿岸的铁路、公路运输线。加拿大大陆桥与美国大陆桥相似，主要是从温哥华经铁路运到蒙特利尔或哈利法克斯，再与大西洋海运相接。墨西哥大陆桥(1982年开始运营)横跨特万特佩克地峡，连接太平洋沿岸的萨利纳克鲁斯港和墨西哥湾沿岸的夸察夸尔科斯港，路上距离182海里(1海里=1.852千米)。

OCP运输条款

OCP(overland common points)意为“内陆地区”，而OCP条款通常被称为美国内陆运输。根据美国运费率的规定，以美国西部9个州，即洛基山脉为界及其以东地区,都为OCP的范围。

按OCP条款达成的交易,出口方不仅可以享受美国内陆运输的优惠费率,而且也可以享受OCP海运的优惠费率。因此,对美交易中,采用OCP运输条款,对交易双方均有利。

采用OCP条款需注意的问题:

(1) 货物最终目的地必须属于OCP范围。

(2) 货物必须经由美国西海岸港口中转。

(3) 提单上必须注明OCP字样。

(4) 运输标志中须加注OCP字样及最终目的地城市名称。例如:CIF Seattle (OCP) Chicago。

2. 西伯利亚大陆桥

西伯利亚大陆桥(Siberian Landbridge,SLB)是以俄罗斯西伯利亚铁路作为陆地桥梁,把太平洋远东地区与波罗的海和黑海沿岸以及大西洋口岸连接起来。此条大陆桥地跨欧亚两洲,因而又称为“欧亚大陆桥”。西伯利亚大陆桥东起海参崴的纳霍德卡港和东方港,横穿西伯利亚大铁路通向莫斯科,然后通向欧洲各国,最后到荷兰鹿特丹港;贯通亚洲北部,整个大陆桥共经过俄罗斯、中国(支线段)、哈萨克斯坦、白俄罗斯、波兰、德国、荷兰7个国家,全长13 000千米左右。

使用这条陆桥运输线的经营者主要是日本、中国和欧洲各国的货运代理公司。其中,日本出口欧洲杂货的1/3,欧洲出口亚洲杂货的1/5是经这条陆桥运输的。由此可见它在沟通亚欧大陆、促进国际贸易中所处的重要地位。

日本、东南亚、中国香港等地运往欧洲、中东地区的货物由海运运至俄罗斯的东方港或纳霍德卡港后,经西伯利亚大陆桥有三种联运方式。

1) 铁路/铁路线

经西伯利亚大铁路运至俄罗斯西部国境站,经伊朗、东欧或西欧铁路再运至欧洲各地,或按相反方向的运输。

2) 铁路/海运线

经西伯利亚大铁路运至莫斯科,经铁路运至波罗的海的圣彼得堡、里加或塔林港,再经船舶运至西欧、北欧和巴尔干地区,或按相反方向的运输。

3) 铁路/公路线

经西伯利亚大铁路运至俄罗斯西部国境内,再经公路运至欧洲各地,或按相反方向的运输。

3. 新亚欧大陆桥

新亚欧大陆桥,又名“第二亚欧大陆桥”,是从中国的江苏连云港市到荷兰鹿特丹港的国际化铁路交通干线。我国境内部分由陇海铁路和兰新铁路组成,在新疆的阿拉山口出境,与哈萨克斯坦的德鲁日巴站相接。出国境后可经3条线路抵达荷兰的鹿特丹港。中线与俄罗斯铁路友谊站接轨,进入俄罗斯铁路网,途经阿克斗亚、切利诺格勒、古比雪夫、斯摩棱斯克、布列斯特、华沙、柏林抵达荷兰的鹿特丹港，全长 10 900 千米，辐射 30 多个国家和地区，连接中国、东亚、中亚、西亚、中东、俄罗斯、东欧、中欧、南欧、西欧等 40 多个国家和地区。

与西伯利亚大陆桥相比，新亚欧大陆桥具有明显的优势。

第一，地理位置和气候条件优越。整个陆桥避开了高寒地区，港口无封冻期，自然条件好，吞吐能力强，可以常年作业。

第二，运输距离短。新亚欧大陆桥比西伯利亚大陆桥缩短陆上运距 2 000 千米～2 500 千米，到中亚、西亚各国，优势更为突出。一般情况下，陆桥运输比海上运输节省运费 20%～25%，而时间缩短 1 个月左右。

第三，辐射面广。新亚欧大陆桥辐射亚欧大陆 30 多个国家和地区，总面积达 5 071 万平方千米，居住人口占世界总人口的 75%左右。

第四，对亚太地区吸引力大。除中国内地外，日本、韩国、东南亚各国、一些大洋洲国家和中国的台湾、港澳地区，均可利用此线开展集装箱运输。集装箱运输的迅速普及，既为大陆桥运输提供了稳定的箱源，促进大陆桥运输发展，又展示了大陆桥运输的巨大潜力。

新亚欧大陆桥的开通与发展，有利于提高我国大陆沿海港口体系的国际地位。它将使我国港口从根本上摆脱地理环带制约，优化沿海港口区位，为它们开展国际贸易运输创造有利条件。

随着亚太经济的迅速崛起，世界贸易重心的东移，新亚欧大陆桥的战略意义也越来越重要。大陆桥不仅仅是一条运输通道，而且是区域经济发展的轴线。沿桥经济带人民正在为尽快实施新亚欧大陆桥沿线开发开放战略而共同奋斗，我们坚信，经过跨世纪的努力，新亚欧大陆桥必将成为国际经济贸易的一条黄金走廊，再现古丝绸之路的辉煌。

（五）公路运输、内河运输和管道运输

1. 公路运输

公路运输(road transport)是一种现代化的"门到门"运输方式。其具有机动灵活、快速方便等特点，但是费用较高、载货量有限、风险较大。我国同俄罗斯、朝鲜和缅甸等许多周边国家有公路相通，同这些国家的货物运输可以采用这种方式。

2. 内河运输

内河运输(inland river transport)是水上运输的组成部分，是连接内部腹地和沿海地区的纽带，是边疆地区同邻国边境河流的连接线。它具有投资少、运量大和成本低的特点。

我国拥有四通八达的内河运输网，同一些邻国还有国际河流相通，为我国对外贸易通过内河运输提供了有利条件。

3. 管道运输

管道运输(pipeline transport)是通过管道用高压气泵的压力向目的地输送液态或气态货物的一种特殊运输方式。它主要适用于运送原油、天然气等

液体和气体的物品。它具有速度快、流量大、运费低廉等特点。管道运输的运费计算是按油类、品种规格不同,规定不同的费率。其计算标准一般以桶为单位,也可以吨为单位。

(六)邮政运输

邮政运输(postal transport)手续简便、费用不高,是国际贸易中普遍采用的运输方式之一,但是对邮件的重量和体积有一定的限制,一般每件重量不得超过20千克,长度不得超过1米,所以它只适宜于重量轻、体积小的小商品,如精密仪器、机器零件、金银首饰、文件资料、药品以及各种样品和零星物品等。国际邮政运输一般由国家办理,邮政部门之间签订协定和公约。我国与很多国家签订了邮政包裹协议和邮电协议,并于1972年加入万国邮政联盟。

近年来,特快专递业务快速发展,目前主要有以下几种。

1. EMS

EMS(express mail service)——全球邮政特快专递,是由各国邮政联合创办,由万国邮政联盟统一指定名称和标志。我国于1980年开办EMS业务。

2. DHL

DHL信使专递(DHL courier service),是由阿德里安·达尔西(Adrian Dalsey)、拉里·希尔布洛姆(Larry Hillblom)、罗伯特·林恩(Robert Lynn)三位美国人组建的敦豪国际有限公司信使专递和民航快递服务(air express service,AE)。DHL(敦豪)是国际信使专递行业中具有代表性的专递公司,总部设在比利时的布鲁塞尔。

3. UPS

UPS全称是United Parcel Service(联合包裹速递服务公司),1907年成立于美国,是目前世界上最大的快递承运商与包裹递送公司。

4. FedEx

FedEx全称是Federal Express(联邦快递)。1973年,联邦快递公司正式开展快递业务,现已成为世界上最具规模的速递运输公司之一,是全球最具规模的全货运航空公司。

5. TNT

TNT环球快递公司,于1946年创建于澳大利亚,全名托马斯全球运输(Thomas Nationwide Transport)公司。公司总部位于荷兰,是欧洲最大的快递公司。

第三节 国际货物买卖合同的装运条款

在国际货物买卖合同中,装运货物条款一般须订明装运时间(time of shipment)、装运港(port of shipment)和目的港(port of destination)、能否分批装运和转运等内容。

一、装运时间

装运时间又称装运期，是卖方履行交货的时间，是买卖合同的主要条件。

（一）规定装运时间

（1）规定具体的装运时间，包括：规定某月内装运，如 3 月装运；规定最迟期限装运，如装运期不迟于 5 月 30 日；规定一段期限装运，如 3 月到 4 月装运。以这种方式规定含义明确，便于卖方备货。

（2）规定收到信用证（信汇、电汇或票汇）后一定时间内装运，如收到信用证 30 天内装运。这种方式有利于卖方及时、安全地收汇和结汇，为避免买方故意拖延开证时间以致装运期无法确定，可在合同中增加一条限制买方开证时间的规定，争取主动。

（3）规定近期装运。例如“立即装运”“尽快装运”和“即速装运”。这种方式适宜在卖方备有现货情况下使用。由于这种规定装运方法没有统一的解释，应尽量避免使用。

（二）应注意的问题

（1）要考虑货源的实际情况。货源是履行出口合同的基础，在出口业务中规定交货时间必须与库存品种的规格和数量相适应。

（2）装运期限长短适度。合同规定由我方负责安排运输时，对装运时间的规定，要考虑我国与有关国家的运输能力、航线和港口条件等情况。对有直达船和航次较多的港口，装运期可短一些；对无直达船或较偏僻的港口，以及虽有直达船但航次较少的港口，装运期要规定得长一些。

（3）规定装运期时，应考虑将装运期和开证日期有机衔接起来。

二、装运港和目的港

装运港是起始装运的港口；目的港是最终卸货的港口。

（一）装卸港的规定方法

（1）规定一个装运港和目的港。

（2）如果实际业务需要，可以规定两个或两个以上港口。但所选择港口应在一条航线上，数量不能超过 3 个；买方必须在船只到达第一个港口前一定时间内将最后确定的目的港通知船方；运费应按选择港最高的费率和附加费计算。

（二）确定装运港和目的港应注意的问题

（1）装运港和目的港的规定应该具体明确。应避免使用“欧洲主要港口”“非洲主要港口”等笼统的提法。

（2）装运港和目的港应该是可以安全停泊的港口。

（3）应注意国外港口重名的问题。例如，名为维多利亚的城市在全世界共有 12 个，对于有重名的城市应加注国名和省名。

[**案例 5-1**]

乙国某商人曾按CFR新奥尔良条件从甲国某商人处购买500 MT生铁,合同规定在A港口装船。后因A港口租不到舱位,卖方便改在B港口装船。实际上,从B港口装船可以使货物到达时间更早。货物到达乙国后,正值钢铁市场价格下跌,买方以卖方擅自改变装运港为由而拒收货物。于是卖方诉诸地方法院,以关于A港口装船的规定不是一项重要的规定为由,要求买方赔偿。卖方的观点正确吗?

分析 卖方的观点不正确。因为,装运条款也是合同中的重要条款之一,未经对方同意,不可擅自更改。实际上,卖方应事先与买方协商,因为更换装运港不损害买方的利益,买方是不会不同意的。买方拒收的真正原因是商品的市场价格下跌,而不是所谓的装运港口变更。

思政元素 这个案例给我们的启示是,要有较强的法律意识,严格按照合同条款履行。

三、分批装运和转运

分批装运和转运条款直接关系到买卖双方利益,是合同中装运条款的重要内容。

(一) 分批装运

分批装运(partial shipment)是指一个合同项下的货物分若干批装运。在国际货物交易中,买卖双方可根据交货数量、运输条件和市场销售需要等因素在合同中规定分批装运条款。合同中规定分批装运的方法主要有以下两种。

(1) 原则规定允许分批装运,对分批的具体批次、时间和每批装运数量均不做规定。如采用这种方法,卖方则具有主动权,可根据货源和运输条件,自行安排具体分批装运情况。

(2) 具体规定分批装运的时间和数量,如3月至6月分四批每月平均装运。这种规定给卖方的机动余地很小,只要其中任何一批未按时、按量装运,均构成卖方违约,但从买方角度看,这种方法有助于其按照使用或转售的需要进行安排,有利于资金周转和安排仓储。

《跟单信用证统一惯例》(*Uniform Customs and Practice for Documentary Credits*,UCP600)规定:

① 除非信用证另有规定,分批支款及/或装运均被允许。

② 运输单据表面上注明同一运输工具、同一航次、同一目的地的多次装运,即使表面上注明不同的装运日期及/或不同的装货港、接受监管地或发货地,也不视为分批装运。

③ 如信用证规定在指定的时间内分期装运及/或支款,而其中任何一期未按期装运及/或支款,除非信用证另有规定,则信用证对该期及以后各期均告失效。

（二）转运

转运（transshipment）是指装运港或装运地至卸货港或目的地的货运过程中进行转装或重装，包括从一种运输工具或船只移至另一种运输工具或船只，或由一种运输方式转为另一种运输方式的行为。在远洋运输中，转运指转船运输，如因没有直达船、无合适的船舶运输、目的港不在班轮航线上或属于联运货物等，而从中途港转船。买卖双方可以在合同中商定“允许转船”的条款。

根据 UCP 600 的规定：

（1）除非信用证有相反规定，可准许转船。

（2）即使信用证中有“禁止转运”的规定，银行对下列单据仍将接受：

① 注明将发生转运，只要提单（或海运单）证明货物使用集装箱、拖车或载驳船（即母船）装运，并且同一张提单或海运单包括全程海运的；

② 注明将发生转运的空运单据，并且同一份单据包括全程运输的；

③ 注明将发生转运的公路、铁路或内河运输单据，同一份单据包括全程运输，且全程运输是同一种运输方式的；

④ 注明将发生转运的多式联运单据，并且同一份单据包括全程运输的。

四、滞期、速遣条款

滞期、速遣条款是在采用租船运输大宗进出口货物的情况下，买卖合同中装运条款的组成部分。规定这个条款是租船人为了使对方按照约定时间定额完成装卸任务。滞期、速遣条款主要包括以下几个方面。

（一）装卸时间

装卸时间（lay time）是指合同双方约定的完成装卸任务的时间，一般以天数或小时（h）数来表示。常见的规定如下。

（1）日（或日历日），指午夜至午夜连续 24 小时的时间。

（2）连续日，指一天紧接一天的时间。

（3）工作日，指不包括星期天、法定节假日的港口作业的时间。

（4）好天工作日，指除不包括星期天、法定节假日外，因天气不良而不能进行装卸货作业的工作日也不计入装卸时间。

（5）累计 24 小时工作日，即港口工作的时间，以累计 24 小时作为一个工作日。

（6）连续 24 小时晴天工作日，指除去星期天、法定节假日、天气不良影响装卸作业的工作日或工作小时后，以真正的连续 24 小时为一日。目前，国际上普遍采用这种方法，我国一般也采用这种方法。

此外，关于装卸时间开始和终止计算方法，应按港口惯例在合同中明确规定。

（二）装卸率

装卸率（rate of loading and discharging）是指每日装卸货物的数量。装

卸率的具体确定,应按照港口习惯的正常装卸速度作出规定。

(三) 滞期费和速遣费

滞期费是指实际装卸时间超过许可装卸时间,租船人支付给船东一定的补偿金。滞期费通常根据滞期费率按照船舶滞期天数计收,不足一天按比例计收。其中,滞期费率通常以船舶的定期租金的租金率为基础,由双方在租约中确定;滞期天数是指自允许的装卸时间到期时起,一直到装货或卸货结束时所用的天数,通常不应被除外事项所中断,即所谓"一旦滞期,永远滞期"。

速遣费是指实际装卸时间少于许可装卸时间,船东因节省船舶在港费用和时间而支付给租船人一定金额的奖励。速遣费通常根据速遣费率按照船舶节省的天数计收,不足一天按比例计收。按惯例,速遣费为滞期费的一半,节省的天数通常是指从装货/卸货完毕时起,至可用装卸时间终止时的天数,通常星期日、节假日及不良天气的时间应从节省时间中予以扣除。

由于买卖合同中的滞期、速遣条款是以承租人与船舶所有人之间租船合同为基础制定的,因此,它的规定应与租船合同的相应条款一致。

应当指出的是,在采用班轮运输时,装运条款中不需要加订滞期、速遣条款。

五、装运通知

装运通知(shipping advice)是在采用租船运输大宗进出口货物的情况下,在合同中加以约定的条款。规定这个条款的目的在于明确买卖双方的责任,使买卖双方互相配合,做好船货衔接工作,并便于办理货运保险。特别是按CFR或CPT术语成交时,卖方交货后,要及时向买方发出装运通知,以便买方办理货运保险。

[**案例 5-2**]

甲国某公司向乙国买方出售500 MT花生仁,双方约定:从甲国港口运至C地,分5个月装运,其中,3月80 MT,4月120 MT,5月140 MT,6月110 MT,7月50 MT,每月不许分批装运。卖方按信用证规定,先后于3月及4月在A地分别装运了80 MT与120 MT,均顺利收回货款。卖方于5月20日及5月28日分别将约定品质、规格的花生仁在A地装运70.5 MT,在B地装运64.1 MT,共计134.6 MT。卖方将这两套装运单据寄给开证行时,开证行认为卖方违反每月不许分批装运条款,且交货数量少5.4 MT,以单证不符拒绝付款。卖方应如何面对?

分析 开证行的说法是错误的。因为5月的两次装运属于同一船只、同一航次、同一目的港,即使有两个装船日期,也不构成分批装运。此外,由于是散装货物,虽然不许分批,但交货总数量和每批数量都可以有5%的增减。因此,开证行的说法是错误的。

思政元素 作为中方的外贸公司应具有严肃认真的科学精神,在有关中国公司利益的情况下,要依据合同,据理力争。

第四节　国际货物运输单据

一、海运单据

(一) 海运提单

海运提单(ocean bill of lading)简称提单,是船方或其代理人签发的,证明已收到货物,允许将货物运至目的地,并交付给收货人的书面凭证。它是承运人和托运人之间的契约证明,在法律上具有物权证书的效用。

1. 海运提单的内容

每个船舶公司的提单格式都不相同,但基本内容大致相同,分为正面的记载事项和背面印刷的运输条款。

1) 提单正面的内容

提单正面的内容分别由托运人和承运人或其代理人填写,一般包括以下内容:托运人、收货人、被通知人、收货地或装货港、目的地或卸货港、船名及航次、唛头及件号、货名及件数、重量和体积、运费预付或运费到付、正本提单的份数、船公司或其代理人的签章、签发提单的地点及日期。

2) 提单背面的内容

提单背面的内容就是印就的条款,是处理承运人与托运人或收货人之间争议的依据。其包括:法律诉讼条款;承运人责任条款;负责条款;有关改装、改卸目的港、甲板货物、危险货物、装货、卸货、交货、共同海损等条款;赔偿条款;运费条款;留置权条款等。

有关提单的重要国际公约有:1924年签署的《海牙规则》;1968年签署的《维斯比规则》;1978年签署的《联合国海上货物运输公约》,简称《汉堡规则》(*The Hamburg Rules*)。

2. 海运提单的种类

1) 按货物是否已装船划分

(1) 已装船提单(shipped B/L,on board B/L)。已装船提单是指货物装船后由承运人或其授权代理人根据大副收据签发给托运人的提单。如果承运人签发已装船提单,就是确认他已将货物装在船上。

(2) 待运提单(received for shipment B/L)。待运提单又称备运提单。它是承运人在收到托运人交来的货物但还没有装船时,应托运人的要求而签发的提单。签发这种提单时,说明承运人确认货物已交由其保管并存在其所控制的仓库或场地,但还未装船。所以,这种提单未载明所装船名和装船时间,在跟单信用证支付方式下,银行一般都不肯接受这种提单。

2) 按提单收货人的抬头划分

(1) 记名提单(straight B/L)。记名提单又称收货人抬头提单,是指提单上的收货人栏中已具体填写收货人名称的提单。提单所记载的货物只能由提单上特定的收货人提取,或者说承运人在卸货港只能把货物交给提单上所指定的收货人。

(2) 指示提单(order B/L)。指示提单是指在正面"收货人"一栏内填上"凭指示"(to order)或"凭某人指示"(order of)字样的提单。这种提单按照表示指示人的方法不同,又分为托运人指示提单、记名指示人提单和选择指示人提单。

如果在收货人栏内只填记"指示"字样,则称为托运人指示提单。如果收货人栏内填记"某某指示",则称为记名指示人提单。如果在收货人栏内填记"某某或指示",则称为选择指示人提单。记名指示人提单或选择指示人提单中指明的"某某"既可以是银行的名称,也可以是托运人。

(3) 不记名提单(bearer B/L,open B/L,blank B/L)。不记名提单是指收货人一栏内没有指明任何收货人,而注明"提单持有人"(bearer)字样或将这一栏空白,不填写任何人的名称的提单。承运人应将货物交给提单持有人,谁持有提单,谁就可以提货,承运人交付货物只凭单,不凭人。这种提单丢失或被窃的风险极大,若转入善意的第三者手中,极易引起纠纷,故国际上较少使用这种提单。

3) 按提单上有无批注划分

(1) 清洁提单(clean B/L)。在装船时,货物外表状况良好,承运人在签发提单时,未在提单上加注任何有关货物残损、包装不良、件数、重量和体积,或其他妨碍结汇的批注的提单称为清洁提单。使用清洁提单在国际贸易实践中非常重要,买方要想收到完好无损的货物,首先必须要求卖方在装船时保持货物外观良好,并要求卖方提供清洁提单。

(2) 不清洁提单(unclean B/L,foul B/L)。在货物装船时,承运人若发现货物包装不牢、破残、渗漏、玷污、标志不清等现象,大副将在收货单上对此加以批注,并将此批注转移到提单上,这种提单称为不清洁提单。

4) 按运输方式的不同划分

(1) 直达提单(direct B/L)。直达提单,又称直运提单,是指货物从装货港装船后,中途不经转船,直接运至目的港卸船交与收货人的提单。直达提单上不得有"转船"或"在某港转船"的批注。凡信用证规定不准转船者,必须使用这种直达提单。

(2) 转船提单(transshipment B/L)。转船提单是指货物从起运港装载的船舶不直接驶往目的港,需要在中途港口换装其他船舶转运至目的港卸货,由承运人签发的提单。

(3) 联运提单(through B/L)。联运提单是指货物运输需经两段或两段以上的运输方式来完成,如海陆、海空或海海等联合运输所使用的提单。船船(海海)联运在海运界也称为转运,包括海船将货物送到一个港口后再由驳船从港口经内河运往内河目的港。

(4) 多式联运提单(multimodal transport B/L)。多式联运提单主要用

于集装箱运输，是指一批货物需要经过两种以上不同运输方式，其中一种是海上运输方式，由一个承运人负责全程运输，将货物从接收地运至目的地交付收货人，并收取全程运费所签发的提单。

5）按提单内容的简繁划分

(1) 全式提单(long form B/L)。全式提单是指除正面印有提单格式所记载的事项外，背面还列有关于承运人与托运人及收货人之间权利、义务等详细条款的提单。由于条款繁多，因此又称繁式提单。

(2) 简式提单(short form B/L，simple B/L)。简式提单又称短式提单、略式提单，是相对于全式提单而言的，它是指背面没有关于承运人与托运人及收货人之间的权利、义务等详细条款的提单。

6）按签发提单的时间划分

(1) 倒签提单(anti-dated B/L)。倒签提单是指承运人或其代理人应托运人的要求，在货物装船完毕后，以早于货物实际装船日期为签发日期的提单。当货物实际装船日期晚于信用证规定的装船日期，若仍按实际装船日期签发提单，托运人就无法结汇。为了使签发提单的日期与信用证规定的装运日期相符，以利结汇，承运人应托运人的要求，在提单上仍以信用证的装运日期填写签发日期，以免违约。

(2) 预借提单(advanced B/L)。预借提单是指在货物尚未装船或尚未装船完毕的情况下，信用证规定的结汇期(信用证的有效期)即将届满，托运人为了能及时结汇，而要求承运人或其代理人提前签发的已装船清洁提单，即托运人为了能及时结汇而从承运人那里借用的已装船清洁提单。

(3) 过期提单(stale B/L)。过期提单是指错过规定的交单日期或晚于货物到达目的港日期的提单。前者是指卖方超过提单日期后 21 天或信用证规定的交单日期才交到银行议付的提单，属于无效提单。后者是在近洋运输中容易出现的情况，但不影响银行接受此类单据。

7）其他提单

(1) 集装箱提单(container B/L)。集装箱提单是指以集装箱装运货物所签发的提单。它有两种形式：一种是在普通的海运提单上加注“用集装箱装运”字样；另一种是使用“多式联运提单”，它增加了集装箱号码和“封号”。

(2) 舱面提单(on deck B/L)。舱面提单是指承运人对装于船舶甲板上的货物所签发给托运人的提单。它常用于体积庞大的货物以及某些有毒物品和危险货物，不适用于装入舱内的情况。

(3) 分提单(separate B/L)。分提单是指应托运人要求将同一货单下的货物分票，而分别为它们签发的提单。

(二) 海运单

海运单又称运单，是证明国际海上货物运输合同和货物由承运人接收或者装船以及承运人保证据以将货物交给记名的收货人的一种不可流通的单证。

1. 海运单的特点

(1) 作为承运人与托运人之间订立海上货物运输合同的证明。

(2) 作为承运人接管货物或货物已装船的货物收据。

(3) 海运单不能背书转让,收货人无须凭海运单,只需出示适当的身份证明,就可以提取货物。

2. 使用海运单的优点

(1) 海运单仅涉及托运人、承运人、收货人三方,程序简单,操作方便,有利于货物的转移。

(2) 海运单是一种安全凭证,它不具有转让流通性,可避免单据遗失和伪造提单所产生的后果。

(3) 海运单不是物权凭证,扩大海运单的使用范围,可以为推行 EDI 提单提供实践的依据和可能。

3. 海运单与提单的区别和联系

(1) 提单是货物收据、运输合同的证明,也是物权凭证;海运单只具有货物收据和运输合同的证明这两种性质,它不是物权凭证。

(2) 提单可以是指示抬头形式,可以背书流通转让;海运单是一种非流动性单据,海运单上标明了确定的收货人,不能转让流通。

(3) 海运单和提单都可以做成"已装船"(shipped on board)形式,也可以做成"收妥备运"(received for shipment)形式;海运单的正面各栏目的格式和缮制方法与海运提单基本相同,只是海运单收货人栏不能做成指示性抬头,应缮制确定的具体收货人。

(4) 提单的合法持有人和承运人凭提单提货与交货;海运单上的收货人并不出示海运单,仅凭提货通知或其身份证明提货,承运人凭收货人出示适当身份证明交付货物。

(5) 提单有全式和简式之分,而海运单是简式单证,背面不列详细货运条款,但载有一条可援用海运提单背面内容的条款。

二、其他运输单据

(一) 铁路运单

铁路运单(rail waybill)是铁路承运人收到货物后所签发的铁路运输单据。

我国对外贸易铁路运输按营运方式分为国际铁路联运和国内铁路运输两种。前者使用国际货协运单(international cargo agreement transportation),后者使用承运货物收据。

1. 国际货协运单

国际货协运单使用正、副本方式。运单正本随同货物从始发站到终点站交给收货人,作为铁路向收货人交付货物的凭证。运单副本在发货站加盖承运期戳记,成为货物已被承运的证明,发货人凭之向银行要求结汇。国际货协运单不能转让。

2. 承运货物收据

承运货物收据是将货物由内地通过铁路运往港澳使用的货运单据。它既是承运人出具的货物收据，也是承运人与托运人签订的契约，同时还是出口人办理结汇手续的凭证。

（二）航空运单

航空运单(air waybill)是承运人与托运人之间签订的运输合同，也是承运人或其代理人签发的货物收据，还可作为承运人核收运费的依据和海关查验放行的基本单据。但航空运单不是物权凭证，不能通过背书转让。收货人提货不是凭航空运单，而是凭航空公司的提货通知单。

航空运单按签发人的不同分为航空总运单和航空分运单，前者由航空公司签发，后者由航空货运代理人在办理集中托运业务时签发给各发货人。每一批由航空运输公司发运的货物都须具备总运单，它是承运人办理该运单项下货物的发运和交付的依据。在实际业务中，货物装机完毕，由中国民航签发航空总运单，外运公司签发航空分运单。

（三）邮包收据

邮包收据(parcel post receipt)是邮局收到寄件人的邮包后签发的收货凭证，也是收件人凭以提取邮件的凭证，还是邮包遗失或损害时凭以向邮局索赔的依据，但它不是物权凭证。

（四）国际多式联运单据

1. 国际多式联运单据的定义

国际多式联运单据(multimodal transport document，MTD)是指国际多式联运经营人在收到货物后签发给托运人的单据。

按照国际商会《联合运输单证统一规则》的规定，多式联运经营人负责货物的全程运输。

2. 多式联运单据与联运提单的区别

1) 签发人不同

多式联运单据由多式联运经营人签发，而且可以是完全不掌握运输工具的“无船承运人”，全程运输均安排各分承运人负责。联运提单由承运人或其代理人签发。

2) 签发人的责任不同

多式联运单据的签发人对全程运输负责。而联运提单的签发人仅对第一程运输负责。

3) 运输方式不同

多式联运单据既可用于海运与其他方式的联运，也可用于不包括海运的其他运输方式的联运。联运提单限于海运与其他运输方式的联合运输。

4) 已装船证明不同

多式联运单据可以不表明货物已装船，也无须载明具体的运输工具。联运提单必须是已装船提单。

(五) 电子提单

1. 电子提单的概念与特点

电子提单(electronic bill of lading)是一种利用EDI系统对海运途中的货物支配权进行转让的程序。电子提单具有以下三个特点。

(1) 卖方、发货人、银行、买方和收货人均以承运人(或船舶)为中心,通过专有计算机密码通告运输途中货物支配权的转移时间和对象。

(2) 在完成货物运输的过程中,通常情况下不出现任何书面文件。

(3) 收货人提货,只要出示有效证件证明身份,由船舶代理验明即可。

2. 电子提单的优点

传统的书面提单是一张提货凭证,因此对货物权利的转移是通过提单持有人的背书而实现的。而电子提单转移是根据特定密码利用EDI系统来实现的,因此它具有许多传统提单无法相比的优点:可快速、准确地实现货物支配权的转移;可方便海运单的使用;可防冒领和避免误交。

3. 电子提单的运用

以CIF买卖合同为例,买方通过开证银行开给卖方一张信用证,买方根据银行通知按合同规定付款。在目的港,买方向承运人请求交货,承运人履行交货义务。

根据EDI系统,上述合同的履行过程如下。

(1) 卖方向承运人订舱,承运人确认。确认时应包括双方都同意的条款。

(2) 卖方提供货物的详细说明,承运人确认是否承运该批货物。卖方同时向承运人指明银行。

(3) 卖方将货物交给承运人,承运人向卖方发送一个收到该批货物,但同时可做某些保留的电信。此时,在法律上仍由卖方控制着这批货物。在电信上,承运人给卖方一个密码,卖方在此后与承运人的电信往来中可用此密码,以保证电信的鉴定和完整。

(4) 承运人将货物装船后通知卖方,同时通知银行。

(5) 卖方凭信用证即可取款,货物支配权由卖方转移到银行。

(6) 卖方通知银行,谁是买主。

(7) 买方支付货款并获得货物支配权后,银行则通知承运人货物权利的转移。承运人即销毁与银行之间的密码,向买方确认其控制着货物,并给买方一个新的密码。

(8) 船舶抵目的港后,承运人通知买方。买方有义务指定一个收货人,否则在法律上买方即被视为收货人("在法律上"是指根据EDI系统实践中总结出的一般惯例或章程,或按《电子提单规则》办事)。

(9) 收货人实际接收货物后通知承运人,买方对货物的支配权终止(买方有时自己就是收货人)。此时,承运人销毁与买方之间的密码。

附录　海运提单

本章小结与关键术语

思考题

1. 国际货物运输主要有哪些方式？
2. 班轮运费的计算标准有哪几种？
3. 什么是租船运输？有几种主要的租船方式？它们各有什么特点？
4. 铁路运单、航空运单、邮包收据与海运提单有哪些异同？
5. 进出口业务中，在确定装运港(地)和目的港(地)时应注意哪些问题？
6. 何为选择港？在出口业务中，使用选择港条款应注意哪些问题？
7. 什么是分批装运和转运？UCP 600对此有何规定？
8. 集装箱运输具有哪些特点？其货物交接方式有哪几种？
9. 何为国际多式联运？它具有哪些特点？

练习题

第六章 国际货物运输保险

学习目标

- 了解货物运输保险的原则。
- 理解并掌握海上货物运输保险的风险和损失。
- 掌握海上货物运输基本险和一般附加险别、特殊附加险别的含义及责任起讫。
- 了解伦敦保险协会现行的《协会货物条款》的基本内容。
- 了解其他运输方式下的货运保险。
- 掌握国际货物运输险别的选择、手续的办理和保险费的计算等问题。

第一节 海上货物运输保险的原则

一、可保利益原则

可保利益原则(principle of insurable interest)是指只有对保险标的具有可保利益的投保人与保险人签订的海上保险合同才有法律效力,保险人才承担保险责任。保险人所承保的标的,是保险所要保障的对象。但被保险人(投保人)投保的并不是保险标的本身,而是被保险人对保险标的所具有的利益,这个利益称为保险利益。被保险人对保险标的不具有保险利益的,保险合同无效。

国际货物保险同其他保险一样,被保险人必须对保险标的具有保险利益。这个保险利益,在国际货运中,体现在对保险标的的所有权和所承担的风险责任上。以FOB、CFR、FCA和CPT方式达成的交易,货物在装上船之前的风险由买方承担。一旦发生损失,买方的利益受到损失,买方即具有保险利益。由买方作为被保险人向保险公司投保,保险合同只在货物装上船之后才生效。货物在装上船之前,买方不具有保险利益,因此不属于保险人对买方所投保的承保范围。

二、保险补偿原则

保险补偿原则(principle of indemnity)是指在财产保险中被保险人与保险人签订保险合同,将特定的风险转由保险人承担。当保险标的发生承保责任范围内的损失时,保险人应当按照保险合同条款的规定履行全部赔偿责任。但保险人的赔偿金额不得超过保险单上的保险金额或被保险人遭受的实际损失,即不能超过被保险人对保险标的所具有的可保利益。保险人的赔偿不应使被保险人因此而获得额外利益。

三、最大诚信原则

最大诚信原则(principle of utmost good faith)是指保险双方在签订和履行保险合同时,必须保持最大的诚意,互不欺骗和隐瞒,恪守合同的承诺,全面履行自己应尽的义务;否则,将导致保险合同无效,或承担其他法律后果。

对被保险人来说,最大诚信原则主要涉及以下三个方面的内容。

(一)告知

告知(disclosure)主要是指投保人或被保险人在投保时,应将他所知道的与风险和保险标的有关的实质性重要内容口头或书面告诉保险人。根据《中华人民共和国海商法》的规定,被保险人在订立保险合同前应向保险人告知的重要事实,包括被保险人实际知道的重要事实和通常业务中应当知道的或推定知道的重要事实。

(二)陈述

陈述(representation)是指被保险人在磋商保险合同或在保险合同订立前对其所知道的有关保险标的的真实情况,向保险人所做的全面的、详细的说明。

被保险人对重要事实的陈述必须真实,如果不真实,保险人可以因为被保险人违反最大诚信原则而解除合同。对于一般事实的陈述,只要基本正确,即为真实。对于希望或相信发生的事实的陈述,只要是出于诚信作出的,一般视为真实的陈述。

(三)保证

保证(warranty)也称担保,一般是指被保险人在保险合同中所做的保证要做或不做某一事情,保证某种事情的存在或不存在,或保证履行某一条件等。保证分为明示保证(express warranties)和默示保证(implied warranties)。

四、近因原则

近因原则(principle of proximate cause)是为了明确事故与损失之间的因果关系,认定保险责任而专门设立的一项基本原则。它是指保险人对于承保范围内的保险事故作为直接的、最接近的原因所引起的损失,承担保险责任,而对于承保范围以外的原因造成的损失,不负赔偿责任。

[**案例 6-1**]

某市进出口公司进口一批三五牌香烟,向某保险公司投保了平安险,保险金额 100 万元。运输途中船舶碰到恶劣天气,持续数日,通风设备无法正常打开,导致货场内温度很高,而且出现了舱汗,从而使这批进口香烟发霉变质、全部受损。该进出口公司遂向保险公司提出索赔,要求赔偿全部损失。请分析保险人应当如何处置。

分析 本案例中,香烟受损是运输气候、受潮和舱汗许多因素作用的结果,且恶劣天气与受潮和舱汗连续发生,并互为因果,恶劣天气是前因,即恶劣天气是导致受潮和舱汗发生的原因,受潮和舱汗是恶劣天气的必然结果。按照倒推法认定近因不难得出,恶劣天气是香烟损失的近因。根据近因原则,保险人负责赔偿承保风险为近因所引起的损失。本案例中恶劣天气是平安险承保的风险,所以保险公司应当赔偿100万元的损失。

思政元素 要具有严肃认真的科学精神,找出事物发生的真正原因。

五、代位追偿原则

代位追偿原则(principle of subrogation)是指当保险标的物发生由第三者责任造成的保险责任范围内的损失,保险人按照合同的规定向被保险人履行损失赔偿的责任,有权获得被保险人在该项损失中向第三者责任方要求索赔的权利。

六、重复保险分摊原则

重复保险是指投保人以同一保险标的、同一保险利益,同时向两个或两个以上的保险人投保同一危险,且保险金额总和超过保险标的的价值。

重复保险分摊原则(principle of contribution on double insurance)是指在重复保险的情况下,当保险事故发生时,各保险人应采取适当的分摊方法分配赔偿责任,使被保险人既能得到充分的补偿,又不会超过其实际损失而获得额外的利益。

重复保险的分摊方式有以下几种。

(1) 比例责任。以每家保险公司的保险金额在总保险金额中的比例来承担损失金额。

(2) 限额责任。以每家保险公司对损失事故所应付的限额为基础,来计算比例和分摊损失金额。

(3) 顺序责任。先出单的保险公司先赔偿,第二家保险公司在承保的财产损失额超过第一家保险金额时,才承担超出的部分。

(4) 连带责任。投保人与保险人约定,当保险标的发生损失时,被保险人有权向数个保险人中的任何一个或全体请求承担全额的赔偿责任。

(5) 平均分摊。这种方式一般适用于责任保险。在责任保险中有时没有规定保险金额,一旦出现重复保险,保险人对保险责任一般平均分摊。

第二节 海上货物运输保险的范围

在海上运输过程中,可能遭遇各种风险和损失。为了明确责任,各国保险公司对其承保的范围做了明确的解释和规定。

一、风险

风险(risk)是指人们在生产、生活或对某一事项作出决策的过程中,对未来结果的不确定性。海上风险保险业把海上货物运输的风险分为海上风险(perils of sea)和外来风险(extraneous risk)两类。风险的分类如图 6-1 所示。

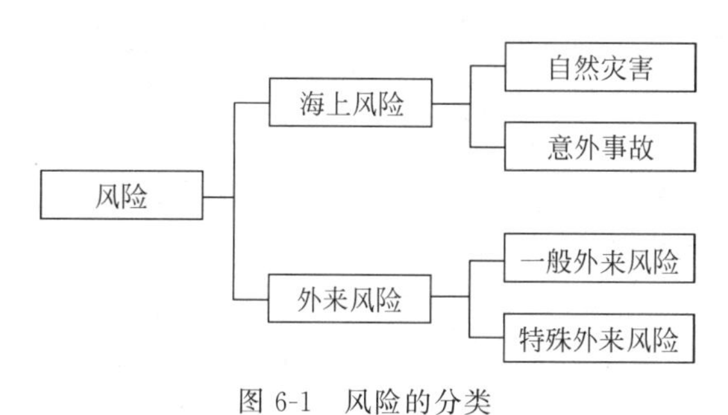

图 6-1 风险的分类

(一) 海上风险

海上风险又称海难,一般指船舶或货物在海上运输过程中发生的,或随附海上运输所发生的风险,包括自然灾害(natural calamities)和意外事故(accident)。

1. 自然灾害

自然灾害是指不以人的意志为转移的自然界破坏力量所造成的灾害。但在海上保险业务中,它并不是泛指一切自然界变异所造成的破坏,而是仅指恶劣气候(heavy weather)、雷电(lightning)、海啸(tsunami)、地震(earth quake)或火山爆发(volcanic eruption)等人力不可抗拒力量所造成的灾害。

(1) 恶劣气候是指海上发生飓风、大浪引起船只颠簸和倾斜造成船只的船体、机械设备的损坏,或者因此而引起的船上所载货物相互挤压、碰触而导致破碎、渗漏和凹瘪等损失。

(2) 雷电是指被保险货物在海上或陆上运输过程中,由雷电所直接造成的,或者由于雷电引起火灾所造成的损失。

(3) 海啸主要是指由于海底地壳发生变异,引起剧烈震荡而产生巨大波浪,致使保险货物遭受损坏或灭失。

(4) 地震是指由于地壳发生急剧的自然变化,使地面发生震动、坍塌、地陷或地裂等造成的保险货物的损失。

(5) 火山爆发是指由于火山爆发产生的地震以及喷发出的火山岩灰造成的保险货物的损失。

(6) 洪水(flood)是指因江河泛滥、山洪暴发、湖水上岸及倒灌或暴雨等致使保险货物遭受泡损、淹没或冲散等损失。

(7) 浪击落海(washing overboard)是指存放在舱面上的货物在运输过程中受海浪的剧烈冲击而落海造成的损失。

2. 意外事故

意外事故是指由于偶然的非意料的原因所造成的事故。在海上保险业务中,它不同于一般的意外事故,而是仅指运输工具遭受搁浅(grounding)、触礁(stranding)、沉没(sunk)、与流冰或其他物体碰撞(collision),以及失踪(missing)、火灾(fire)或爆炸(explosion)等造成的货物损失。

(1) 搁浅是指船底同海底或浅滩保持一定时间的固定状态。

(2) 触礁是指船体触及海中礁石和岩石等造成的意外事故。

(3) 沉没是指船体的全部或大部分已经没入水面以下,并已失去继续航行的能力。

(4) 碰撞是指船只与他船或固定的、流动的固体物猛烈接触。

(5) 失踪是指船只在航运中失去联络,音讯全无,达到一定时间,可以按"失踪"论处。这一定时间无统一规定,有的国家是6个月,有的则为4个月。

(6) 火灾既包括船只本身、船上设备和机器着火,也包括货物自身的燃烧。

(7) 爆炸一般是指船只锅炉爆炸或船上货物因气候影响产生化学作用引起爆炸事故。

(8) 投弃(jettison),也称抛货,是指船舶在海中航行遭遇危难时,为了减轻船舶的载重,以避免全部损失,而将船上的货物或部分船上用具有意地抛入海中的行为。因投弃带来的货物损失,属投弃责任。

(9) 吊索损害(sling loss),指被保险货物在起运港、卸货港或转运港进行装卸时,从吊钩上摔下来而造成的货物损失。

(10) 海盗行为(piracy)。按照1982年《联合国海洋法公约》的规定,海盗行为包括:

① 必须旨在扣留人或者掠夺财物的非法行为;

② 通过暴力或者威胁手段达到目的;

③ 并非出自某一官方或半官方的指令或默许而进行的对敌方的攻击;

④ 必须发生在沿海国家管辖范围以外的海域或上空。

(11) 船长、船员的不法行为(barratry of master and mariner),是指船长、船员背着船东或货主故意做出的有损失于船东或货主利益的恶意行为。船长、船员的不法行为是海上货物运输过程中较为常见的一项风险,如丢弃船舶、纵火焚烧、凿漏船体、违法走私造成船舶被扣押或没收,故意违反航行规则而遭受处罚等。

(二) 外来风险

外来风险一般是指海上风险以外的原因所造成的风险。

1. 一般外来风险

我国货运保险业务中承保的一般外来风险有以下几种。

(1) 偷窃(theft,pilferage),指整件货物或包装内一部分货物被人暗中窃取,不包括公开的攻击性劫夺。

(2) 提货不着(non-delivery),指货物在运输途中由于不明原因被遗失,造成货物未能运抵目的地,或运抵目的地时发现整体短少,没有交给收货人。

(3) 渗漏(leakage),指流质或半流质的货物在运输途中因容器损坏而引起的损失。

(4) 短量(short in weight),指被保险货物在运输途中或货物到达目的地被发现包装内货物数量短少或散装货重量短缺。

(5) 碰损、破碎(clashing and breakage),碰损指金属和金属制品等货物在运输途中因受震动、颠簸、碰撞、挤压等造成的凹瘪、变形,破碎主要指易碎物品在运输途中因受震动、颠簸、碰撞、挤压等而造成的破碎。

(6) 钩损(hook damage),主要指袋装、捆装货物在装卸、搬运过程中因使用手钩、吊钩操作而致货物的损坏。

(7) 淡水雨淋(fresh water and rain damage),指直接由于淡水、雨水以及冰雪融化造成货物的水渍。

(8) 生锈(rusting),指金属或金属制品的氧化过程。海运货物保险中的生锈,是指货物在装运时无生锈现象,在保险期内发生锈损。

(9) 玷污(contamination),指货物同其他物质直接接触而受污染,如布匹、纸张、食物、服装等被油类或带色的物质污染。

(10) 受潮受热(sweating & heating),指由于气温变化或船上通风设备失灵而使船舱内水蒸气凝结,造成舱内货物发潮、发热。

(11) 串味(taint of odour),指被保险货物受其他带有异味货物的影响,引起串味,失去了原味。

2. 特殊外来风险

特殊外来风险是指由于军事、政治、国际政策法令以及行政措施等外来原因所造成的风险与损失。

二、损失

海上损失又称海损,是指被保险货物在运输途中,因遭遇海上风险所造成的各种损失。海损也包括与海运相连的陆运和内河运输过程中的货物损失,按照程度不同可分为全部损失(total loss)和部分损失(partial loss)。海损的分类如图 6-2 所示。

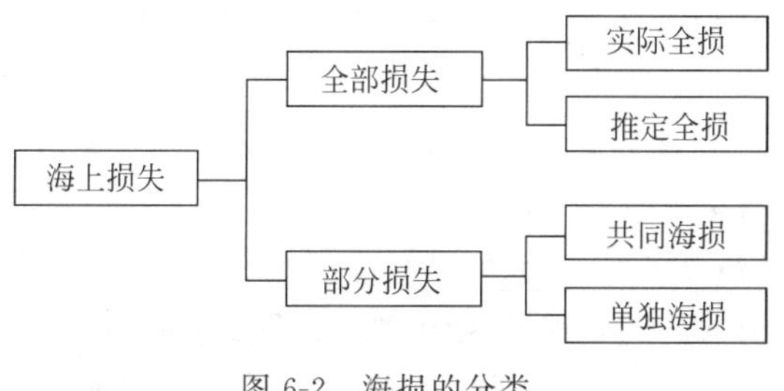

图 6-2　海损的分类

(一) 全部损失

全部损失简称全损,指运输途中整批货物或不可分割的一批货物的全部损失,根据情况不同,可分为实际全损(actual total loss)和推定全损(constructive total loss)。

1. 实际全损

实际全损是指被保险货物完全灭失、变质或实际上已不可能归还被保险人。实际全损有以下四种情况。

(1) 被保险货物完全灭失。例如,船只遇海难后沉没,货物同时沉入海底。

(2) 被保险货物遭受严重损害,已丧失原有的用途和价值。例如,水泥遭海水浸泡后变成水泥硬块,无法使用。

(3) 被保险人对被保险货物的所有权已无可挽回地被完全剥夺。例如,船、货被海盗劫去或被敌对国扣押。

(4) 载货船舶失踪达到一定时期仍无音讯。

2. 推定全损

推定全损是指保险事故发生后,认为实际全损已不可避免,或者为了避免发生实际全损所需支付的费用与继续将货物运抵目的地的费用之和超过保险价值。推定全损主要有四种情况。

(1) 被保险货物遭受严重损害,完全灭失已不可避免,或者为了避免实际全损需要施救等所花费用将超过获救后被保险货物的价值。

(2) 被保险货物受损害后,修理费用估计要超过货物修复后的价值。

(3) 被保险货物遭受严重损害之后,整理和续运目的地的费用超过了残存货物到达目的地的价值。

(4) 被保险货物遭受责任范围内的事故,使被保险人失去被保险货物的所有权,而收回这一所有权,其所需费用将超过收回被保险货物的价值。

发生推定全损后,有两种方法处理:一种是按部分损失赔偿,另一种是通过"委付"手续向保险公司要求全部损失赔偿。委付即被保险人与保险人办理索赔的一种手续,被保险人在被保险货物处于推定全损时,向保险人发出委付通知,声明愿意将被保险货物的一切权益包括财产权及一切由此而产生的权利与义务转让给保险人,而要求保险人按全损给予赔偿。

委付的构成必须符合下列条件:①委付通知及时发出;②委付时将被保险货物全部进行委付;③委付是无条件的;④委付经过保险人的承诺才能生效。保险人应当在合理的时间内将接受委付或不接受委付的决定通知被保险人。委付一经保险人接受,不得撤回。

3. 实际全损和推定全损的区别

(1) 实际全损强调的是保险标的物遭受保险事故后,确实已经完全毁损、灭失或失去原有的性质和用途,并且不能再恢复原样或收回。推定全损则是保险标的物已经受损,但并未完全灭失,可以修复或收回,不过因此而需支出的费用将超过该保险标的物复原或获救或收回后的价值。因此,实际全损是一种物质上的灭失,而推定全损是一种经济上的灭失。

(2) 实际全损发生后,被保险人无须办理任何手续,即可向保险人要求赔偿全部损失。但在推定全损条件下,被保险人可以按部分损失索赔,也可以按全部损失索赔。因此,推定全损只是保险人和被保险人双方达成协议后解决保险赔偿问题的方法。

(二) 部分损失

部分损失是指被保险货物的损失没有达到全部损失的程度。部分损失按损失的性质又可分为共同海损(general average)和单独海损(particular average)。

1. 共同海损

共同海损是指载货的船舶在海上遇到危险,为了维护船货共同安全,由船方有意采取合理的施救措施所直接造成的特殊牺牲和支付的额外费用。

(1) 构成共同海损的条件。构成共同海损须具备以下条件。

① 导致共同海损的危险必须是真实存在的、危及船舶与货物共同安全的危险。导致共同海损的危险必须真实存在或不可避免,船舶必须处于或接近危险而引起的灾难之中。

② 共同海损的措施必须是为了解除船、货的共同危险,人为地、有意识地采取合理措施。所谓合理,就是指在采取措施的当时看来,措施是可以有成效和节约的,因而也是符合全体利害关系方的利益的。所谓有意识,就是用于区别意外损失,船舶在航行中遭遇的意外损失由受害者自行负担,而有意识地采取措施造成的损失,应由受益各方共同分担。

③ 共同海损的牺牲是特殊性质的,费用损失必须是额外支付的。

④ 共同海损必须是共同海损措施的直接的、合理的后果。共同海损的损失与采取的共同海损措施之间必须存在一种必然的、内在的因果关系。

⑤ 共同海损的措施最终必须有效。所谓必须有效,是指经过抢救措施以后,船舶或货物的全部或一部分安全抵达航程的终点或目的港,从而避免了船和货同归于尽的局面。

(2) 共同海损的构成。共同海损由共同海损牺牲和共同海损费用构成。

常见的共同海损牺牲项目有以下几个。

① 抛弃,指抛弃船上载运的货物或船舶物料。

② 救火,指为扑救船上的火灾,向货舱内灌浇海水、淡水、化学灭剂,造成舱内货物或船舶的灭失。

③ 自动搁浅,指为了共同安全,采取紧急的人为搁浅措施造成舱内货物或船舶的灭失。

④ 起浮脱浅,指由于起浮脱浅而造成的船舶和货物的损失。

⑤ 船舶在避难港卸货重装或倒移货物、燃料或物料的这些操作造成货物或船舶的损失。

⑥ 将船上货物或船舶物料当作燃料以保证船舶继续航行。

⑦ 割断锚链,指为避免发生碰撞等紧急事故,停泊的船舶来不及进行正常起锚,有意识地割断锚链、丢弃锚具,以便船舶启动,因此造成的断链、弃锚损失。

共同海损费用是指为了避免共同危险由船方采取措施而支出的特别费用。常见的共同海损费用有以下两种。

① 避难港费用,是指船舶在航行途中发生了严重的危险不能继续航行,必须立即驶入避难港修理,由此导致的驶往及驶离避难港费用,驶往和停留避难港口期间合理的船员工资,给养和燃料、物料费用,卸载、重装或倒移船中货物、燃料和物料的费用,为安全完成航程修理船舶的费用。

② 杂项费用,是指处理共同海损的费用,包括:共同海损损失检验费,船舶在避难港的代理费、电报费、船东监修人员的费用,船东或承运人垫付的共同海损费用的利息和手续费,共同海损理算费用等。

(3) 共同海损分摊。共同海损的费用由船方、货方和运费收入方根据获救价值按比例分摊。这种分摊一般称为共同海损分摊。

分摊的共同海损应该是实际遭受的合理损失,而且未损方和受损方均须按比例分摊,否则有失公平分摊原则。共同海损发生后,应先计算各方的分摊价值,然后根据分摊价值计算各项分摊额。

各方对共同海损分摊金额的计算如下。

① 计算出共同海损分摊率。将船舶、货物和运费的共同海损(包括牺牲和费用)的总额,除以这三方的共同海损分摊价值总额,即可求得共同海损分摊率。其计算公式为

$$\text{共同海损分摊率}=\frac{\text{船舶、货物和运费的共同海损(包括牺牲和费用)总额}}{\text{船舶、货物和运费的共同海损分摊价值总额}}$$

② 分别计算出各方的共同海损分摊金额。将共同海损分摊率分别乘以船舶、货物和运费的分摊价值,即可求得各方的分摊金额。其计算公式为

$$\text{船舶的分摊金额}=\text{船舶分摊价值}\times\text{分摊率}$$

$$\text{货物的分摊金额}=\text{货物分摊价值}\times\text{分摊率}$$

$$\text{运费的分摊金额}=\text{运费分摊价值}\times\text{分摊率}$$

例 6-1 一艘货船在海上航行时遭遇暴风雨,船身严重倾斜,船长为了避免船只覆没,命令船员丢弃一部分货物。已知船的价值为500万元,承运人一次挣15万元运费,船上有甲、乙、丙、丁四位货主的货物,船长抛弃的是丁方的货物。已知四位货主的货物价值分别为:甲60万元,乙55万元,丙43万元,丁20万元。共同海损如何分摊?

解 全部价值:$500+15+60+55+43+20=693$(万元)

$$\text{分摊率}=\frac{20}{693}\times100\%=2.886\%$$

船方分摊：500×2.886%=14.430(万元)
承运人分摊：15×2.886%=0.433(万元)
货主甲分摊：60×2.886%=1.732(万元)
货主乙分摊：55×2.886%=1.587(万元)
货主丙分摊：43×2.886%=1.241(万元)
货主丁分摊：20×2.886%=0.577(万元)

各国都针对共同海损理算依据制定了相应的规则。目前，在国际上影响较大的海损理算规则是《约克—安特卫普规则》。该规则虽不是强制性国际公约，但已为国际海运、贸易和保险界所广泛接受，并成为具有国际性质的海损理算规则。中国国际贸易促进委员会在总结我国共同海损理算经验的基础上，参照国际做法，制定了《中国国际贸易促进委员会共同海损理算暂行规则》(简称《北京理算规则》)，并于1975年1月1日正式公布实施。目前，我国各海运船队在提单或其他运输合同中都规定："如发生共同海损，按《北京理算规则》办理。"

2. 单独海损

单独海损是指共同海损以外的意外损失，它仅涉及船舶或货物所有人单方面利益的损失，该损失由受损者单独负担。

构成单独海损的条件是：①被保险货物遭受海损后，其损失未达到全损程度，仅属部分缺失；②损失属意外事故或自然灾害造成，并不是人为的因素所致；③损失仅涉及特定方的自身利益，并由受损方单独承担，而不能由所有货方和船方分摊。

共同海损和单独海损的区别是：①造成海损的原因不同。单独海损是承保风险所直接导致的船舶和货物的损失；共同海损则不是承保风险所直接导致的损失，而是为了解除船舶和货物面临的共同危险有意采取合理措施而造成的损失。②损失的承担责任不同。单独海损由受损方自行承担；共同海损则由各受益方按照受益比例共同分摊。

[**案例 6-2**]

某货轮从甲国某港驶往乙国，在船行驶途中船舶货舱起火，大火蔓延到机舱，船长为了船、货的共同安全，决定采取紧急措施，往舱中灌水灭火。火虽然被扑灭，但由于主机受损，无法继续航行，于是船长决定雇用拖船将货船拖回新港修理，检修后重新驶往乙国。事后调查，这次事件造成的损失有：①1 000箱货物被火烧毁；②600箱货物由于港口灌水灭火受到损失；③主机和部分甲板被烧坏；④拖船费用；⑤额外增加的燃料费用和船长、船员工资。上述损失中哪些属于共同海损、哪些属于单独海损？

分析 ①③属于单独海损；②④⑤属于共同海损。

思政元素 要具有透过现象看本质的能力、严谨的工作作风和敬业精神。

三、费用

海上费用是指被保险货物遭遇保险责任范围内的事故所产生费用方面的损失。其中主要有施救费用(sue and labor expenses)、救助费用(salvage charge)、续运费用(forwarding charge)和合理费用,这些费用由保险人给予赔偿。

(1) 施救费用是指在遭遇保险责任范围内的灾害事故时,被保险人或他的代理人、雇佣人员和保险单受让人等为抢救被保险货物,防止其损失扩大而采取措施所支出的费用。保险人对施救费用负责赔偿。

(2) 救助费用是指被保险标的遭遇保险责任范围以内的灾害事故时,由保险人和被保险人以外的第三者采取救助行为而向其支付的报酬费用。国际上一般采用"无效果-无报酬"(no cure,no pay)原则,即只有救助获得成功才能得到报酬。救助费用由保险人负责赔偿。

(3) 续运费用也称特别费用,是指船舶遇难后在中途港或者避难港由于卸货、存仓以及运送货物所产生的费用,其目的是防止或者减轻货损。保险人对此也应该赔偿。

(4) 合理费用主要包括合理的法律抗辩费用和船舶搁浅后检验船底的费用。法律抗辩费用指由于碰撞事故或第三方过失使保理船舶受损,被保险人向第三方索赔、仲裁或起诉引起的法律仲裁费用。船舶搁浅后检验船底,如未发现船底损害,保险人仍应赔付这笔费用。

第三节 海运货物运输保险

一、我国海运货物运输保险

(一) 保险险别

保险险别是指保险人对风险和损失的承保责任范围,又是承保人责任义务大小及被保险人缴付保费数额的依据。海运货物保险的险别可分为基本险和附加险,如图6-3所示。

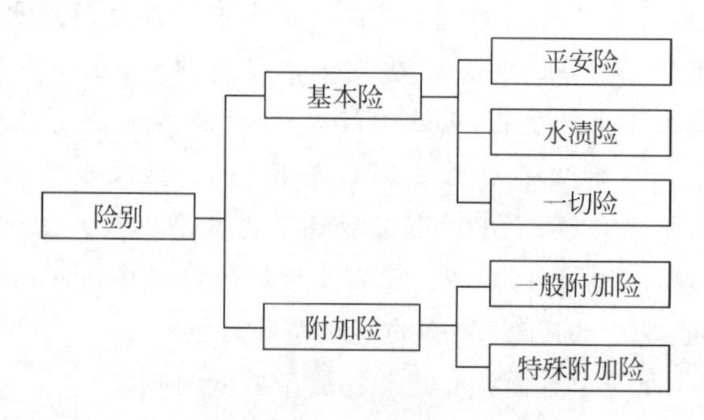

图6-3 海运货物保险的险别

1. 基本险

基本险又称主险，是可以独立承保的险别。

1）平安险

平安险(free from particular average，FPA)的英文原意是“单独海损不赔”。根据国际保险界对单独海损的理解，它是指部分损失。因此，平安险原来的保障范围只限于赔付全部损失，但在长期实践的过程中对平安险的责任范围进行了补充和修订，当前平安险的责任范围已经超过只赔全损的限制。其责任范围包括以下方面。

(1) 被保险货物在运输途中由于自然灾害造成的实际全损或推定全损。

(2) 由于运输工具遭遇搁浅、触礁、沉没、互撞、与流冰或其他物体碰撞以及失火、爆炸等意外事故所造成的货物全部或部分损失。

(3) 运输工具发生搁浅、触礁、沉没等意外事故，不论意外事故发生之前或者之后货物在海上遭受恶劣气候、雷电、海啸等自然灾害所造成的被保险货物的部分损失。

(4) 在装卸转船过程中，被保险货物一件或数件落海所造成的全部损失或部分损失。

(5) 被保险人对遭受承保责任内危险的货物采取抢救、防止或减少货损措施支付的合理费用，但以不超过该批被救货物的保险金额为限。

(6) 运输工具遭遇自然灾害和意外事故，需要在中途的港口或者避难港口停靠，因而引起的卸货、装货、存仓以及运送货物所产生的特别费用。

(7) 发生共同海损所引起的牺牲、分摊费和救助费用。

(8) 运输契约订有“船舶互撞责任”条款，根据该条款规定由货方偿还船方的损失。

2）水渍险

水渍险(with particular average，WPA)的英文原意是“负责单独海损”，其责任范围除包括“平安险”的各项责任外，还包括被保险货物由于恶劣天气、雷电、海啸、地震和洪水等自然灾害所造成的部分损失。

[案例 6-3]

甲国某公司向乙国出口坯布 100 包，甲方按合同规定加一成投保水渍险。在海运途中因舱内食用水管破裂漏水，该批坯布中的 30 包浸有水渍，则此项损失是该向保险公司索赔还是向船公司索赔？

分析 食用水管漏水属于一般附加险中的淡水雨淋险，本案因货主投保的是水渍险，水渍险只对海水浸渍负责而对淡水不负责，故货主不能向保险公司索赔，但可凭清洁提单向船公司主张权利。

思政元素 要具有法律意识、专业专注和细致分析问题的能力。

3）一切险

一切险(all risks，AR)的责任范围除包括平安险和水渍险的所有责任外，还包括货物在运输过程中因一般外来原因所造成的全部损失或部分损失。

2. 附加险

1) 一般附加险

一般附加险(general additional risks)承保一般外来风险所造成的损失,共有11种。

(1) 偷窃、提货不着险(theft,pilferage and non-delivery risks,TPND)。对偷窃行为所导致的损失和整批提货不着等损失,保险公司负责按保险价值赔偿。

(2) 淡水雨淋险(fresh water and/or rain damage risks,FWRD)。对直接遭受雨水、淡水以及雪融水浸淋所致的损失,保险公司负责赔偿。淡水是与海水相对而言,包括船上淡水、管漏水、舱汗等。

(3) 渗漏险(leakage risks)。对因容器损坏而引起的渗漏损失,或用气体储藏的货物因气体的渗漏而引起的货物腐蚀等损失,保险公司负责赔偿。如以流体装存的高温肠衣,因为流体渗漏而发生腐烂、变质等损失,均由保险公司负责赔偿。

(4) 短量险(shortage risks)。对因外包装破裂或散装货物发生数量损失和实际重量短缺的损失,保险公司负责赔偿,但不包括正常运输途中的损耗。

(5) 混杂、玷污险(intermixture and contamination risks)。对在运输过程中因混进杂质或被玷污所致的损失,保险公司负责赔偿。

(6) 碰撞、破碎险(clash and breakage risks)。对金属、木质等货物因震动、颠簸、挤压所造成的碰损和易碎性货物在运输途中由于装卸野蛮粗鲁、运输工具的颠震所造成的破碎损失,保险公司负责赔偿。

(7) 钩损险(hook damage risks)。对在装卸过程中由于使用手钩、吊钩所造成的损失由保险公司负责赔偿。如粮食包装袋因吊钩钩坏而造成的粮食外漏的损失。

(8) 锈损险(rust risks)。对运输中发生的锈损由保险公司负责赔偿。但生锈必须是在保险期内发生的,如装船前已发生锈损的,保险公司不负责赔偿。

(9) 串味险(taint of odour risks)。对于被保险的食用物品、中药材、化妆品原料等因受其他物品的影响而引起的串味损失,保险公司负责赔偿。如茶叶、香料与皮张、樟脑等堆放在一起产生异味而不能使用。

(10) 包装破裂险(breakage of packing risks)。对因运输或装卸不慎,包装破裂所造成的损失,以及出于继续运输安全的需要对包装进行修补或调换所支付的费用,保险公司均负责赔偿。

(11) 受潮受热险(sweating and heating risks)。对因气温突然变化或由于船上通风设备失灵导致船舱内水汽凝结、受潮或受热所造成的损失,保险公司负责赔偿。

值得注意的是,上述11种一般附加险,只能在投保平安险和水渍险的基础上加保一种或数种险别，但若投保“一切险”，因上述险别均包含在内，故无须加保。

2）特殊附加险

特殊附加险（special additional risk）承保特殊外来风险所造成的损失，共有8种。

（1）交货不到险（failure to deliver risks）。不论何种原因，从被保险货物装上船开始，6个月内不能运到原定目的地交货的，保险公司负责按全损赔偿。

（2）进口关税险（import duty risks）。当货物遭受保险责任范围内的损失，而仍须按完好货物价值缴纳进口关税时，保险公司对损失部分货物的进口关税负责赔偿。

（3）舱面险（on deck risks）。当货物置于船舶甲板上时，保险公司除按保单所载条款负责外，还赔偿被抛弃或浪击落海的损失。

（4）黄曲霉素险（aflatoxin risks）。花生、谷物等易产生黄曲霉素，对含量超过进口国限制标准而被拒绝进口、没收或强制改变用途所遭受的损失，保险公司负责赔偿。

（5）拒收险（rejection risks）。当被保险货物在进口港被进口国政府或有关当局拒绝进口或没收，保险公司按货物的保险价值负责赔偿。

（6）出口货物到中国香港（包括九龙在内）或中国澳门存仓火险责任扩展条款（fire risk extension clause for storage of cargo at destination Hong Kong, including Kowloon, or Macao, FREC）。这是一种扩展存仓火险责任的保险，是指出口货物到达中国香港（包括九龙在内）或中国澳门等目的地，在卸离运输工具后，如直接存放在保险单所载明的过户银行所指定的仓库，保险责任自运输责任终止时开始，至银行收回押款解除货物的权益为止，或运输险责任终止时起满30天为止。在此期间，对发生火灾所造成的损失，保险公司负责赔偿。

（7）战争险（war risks）。战争险指由于战争、敌对行为、武装冲突以及由此而引起的敌对行为所造成的损失。战争险是特殊附加险的主要险别之一，它虽然不能独立投保，但对其他附加险而言又有很强的独立性。

（8）罢工险（strikes risks）。凡因罢工、被迫停工所造成的直接损失，恐怖主义者或出于政治目的而采取行动的个人所造成的损失，以及任何人的恶意行为造成的损失，都属于承保范围。按国际保险业惯例，在投保战争险的前提下，加保罢工险，不加收保险费。如单独要求加保罢工险，则按战争险费率收费。

中国人民保险集团股份有限公司承保的特别附加险除了战争险和罢工险外，还有交货不到险、进口关税险、舱面险、拒收险、黄曲霉素险，以及我国某些出口货物运至港澳存仓期间的火险等。

[案例 6-4]

我方按CIF向中东××国出口冷冻羊肉一批,合同规定投保一切险加战争险、罢工险。货到中东××国后,适逢码头工人罢工,货物因港口不作业而无法卸载。第二天货轮因无法补充燃料,冷冻设备停机。等到第五天罢工结束,该批羊肉已变质。进口商可以向保险公司索赔吗?

分析 进口商不可以向保险公司索赔。因为损失不是罢工所导致的直接损失,是间接损失,保险公司可以不赔。

思政元素 要具有透过现象看本质的能力,认真分析事物发生的原因。

(二) 除外责任

除外责任是指保险公司明确规定不予承保的损失或费用。我国海洋运输货物保险条款中对基本险规定了以下除外责任。

(1) 被保险人的故意行为或过失。

(2) 发货人的责任。

(3) 保险责任开始前被保险货物早已存在的品质不良和数量短缺。

(4) 被保险货物的自然损耗,本质缺陷、特性。

(5) 被保险货物的市价下跌。

(6) 运输延迟造成的损失和引起的费用。

(三) 责任起讫

1. 基本险的责任起讫

中国人民保险集团股份有限公司按照目前国际惯例对保险责任的起讫,采用“仓至仓”条款(warehouse to warehouse clause,W/W clause)规定的办法处理,即保险公司所承担的保险责任从被保险货物运离保险单所载明的起运地发货人仓库或储存处所时开始,直至货物到达保险单所载明的目的地收货人仓库。但最长不超过被保险货物卸离海轮后60天。

2. 战争险的责任起讫

战争险的保险责任期限不采用“仓至仓”条款,而仅以水上危险为限,即从货物装上海轮或驳船开始至卸离驳船为止;如不卸离海轮或驳船,则从海轮到达目的港的当日午夜起算满15天,保险责任自行终止。如在中途转船,不论货物在当地卸货与否,保险责任以海轮到达该港或卸货地点的当日午夜起算满15天为止,待再装上续运的海轮时恢复有效。

二、伦敦保险协会海运货物保险条款

伦敦保险协会是国际上有较大影响的保险机构,其“协会货物条款”(institute cargo clauses,ICC)在国际上广为采用。“协会货物条款”最早制定于1912年,1963年曾进行过修订和补充。20世纪80年代,伦敦保险协会又对ICC进行了修订(简称ICC 1982),并于1982年1月1日起在伦敦保险市场开始使用。新条款取消了旧条款“单独海损不赔”(平安险)、“负责单独海损”(水渍险)和“一切险”的名称,代之以“协会货物条款(A)”[institute cargo clauses A,ICC(A)]、“协会货物条款(B)”[institute cargo clauses B,ICC (B)]和“协会货物条款(C)”[institute cargo clauses C,ICC (C)]。2009 年,伦敦保险协会又对 ICC 1982 进行了修订,推出 ICC 2009。ICC 2009 扩展了保险责任起讫,对保险人援引免责条款作出一定的限制,且对条款中易于产生争议的词语作出了更加明确的规范。新条款中的文字、结构等也更加简洁、严密,便于阅读和理解。

(一) 伦敦保险协会货物保险条款

新修订的“协会货物条款”共有 6 种保险条款。

协会货物条款(A);

协会货物条款(B);

协会货物条款(C);

协会战争险条款(货物)(institute war clauses);

协会罢工险条款(货物)(institute strikes clauses);

恶意损害险条款(malicious damage clauses)。

其中,ICC(A)险大致相当于中国人民保险集团股份有限公司的一切险,其责任范围最广,采用承保“除外责任”之外的一切风险的概括式规定办法。ICC(B)险和 ICC(C)险则采用列明风险的办法,即把承保的风险一一列举出来,ICC(B)险大体相当于水渍险,ICC(C)险承保的责任范围最小。伦敦保险协会修订公布的上述 6 种险别中的恶意损害险属附加险别,故其内容比较简单,其他 5 种险别都具有独立完整的结构,对承保风险及除外责任有明确的规定。因此,除 ICC(A)险 、ICC(B)险和 ICC(C)险可以单独投保外,必要时,战争险和罢工险也可征得保险公司的同意,作为独立的险别进行投保。

(二) 条款的承保风险与除外责任

1. ICC(A)险的承保风险与除外责任

1) 承保风险

根据伦敦保险协会的规定,ICC(A)险的承保风险采用“一切风险减除外责任”的方式予以明确。除了下列除外责任不予承保外,ICC(A)险承保货物因一切风险造成的损失、共同海损的牺牲及救助的费用、船舶互撞导致的货方损失。

2) 除外责任

(1) 归因于被保险人的恶意行为所引起的灭失、损害或费用。

(2) 保险标的的自然渗漏、重量或容量的自然损耗或自然磨损。

(3) 保险标的的包装或配装不足或不当引起的无法承受运输途中发生的事故而产生的灭失、损害或费用。

(4) 保险标的的内在缺陷或特性所引起的灭失、损害或费用。

(5) 因迟延所引起的灭失、损害或费用,即使迟延因承保风险所引起的也是如此(但共同海损应予赔偿的费用不在此限)。

(6) 船舶所有人、经理人、租船人或经营人破产或不履行债务所引起的灭失、损害或费用。

(7) 因使用原子或核子裂变和(或)聚变或其他类似反应或放射性力量或物质的武器或设备直接或间接导致的灭失、损害或费用。

(8) 被保险人或其受雇人在保险标的装船时已经知道船舶或驳船的不适航,即船舶或驳船、集装箱或运输工具不适合安全运输保险标的。

(9) 因战争、内战、扣押或任何其他遗弃的战争武器等所引起的灭失、损害或费用。

(10) 因罢工、停工、恐怖行为等,或者出于政治、信仰或宗教目的实施的行为所引起的灭失、损害或费用。

2. ICC(B)险的承保风险与除外责任

1) 承保风险

ICC(B)险对承保风险的规定采取“列明风险”的方式,其承保下列两类风险。

(1) 货物灭失或损害可合理归因于下列风险事故:

① 火灾或爆炸;

② 船舶或驳船触礁、搁浅、沉没或倾覆;

③ 陆上运输工具倾覆或出轨;

④ 船舶、驳船或运输工具同水以外的任何其他外界物体的碰撞或接触;

⑤ 在避难港卸货;

⑥ 地震、火山爆发或雷电。

(2) 货物灭失或损害由于下列风险事故所致:

① 共同海损牺牲;

② 投弃(或抛货);

③ 浪击落海;

④ 海水、湖水或河水进入船舶、驳船、船舱、运输工具、集装箱或储存处所;

⑤ 货物在装卸船舶或驳船时落海或跌落造成整件的全损。

2) 除外责任

ICC(B)险不承保的风险除与ICC(A)险相同的部分外,还包括任何人的不法行为引起货物全部或部分的恶意损害以及“海盗行为”。

3. ICC(C)险的承保风险与除外责任

1) 承保风险

(1) 货物灭失或损害可合理归因于下列风险事故:

① 火灾或爆炸;

② 船舶或驳船触礁、搁浅、沉没或倾覆;

③ 陆上运输工具倾覆或出轨;

④ 船舶、驳船或运输工具同水以外的任何其他外界物体的碰撞或接触;

⑤ 在避难港卸货。

(2) 货物灭失或损害由于下列风险事故所致:

① 共同海损牺牲；

② 投弃(或抛货)。

2) 除外责任

ICC(C)险的除外责任与ICC(B)险相同。

4. ICC战争险与罢工险

由于协会海运货物战争险与罢工险条款独立、完整，因而它们可以单独投保，不再作为附加险险别依附于ICC(A)、ICC(B)或ICC(C)。

除了上述可以独立投保的险别外，伦敦保险协会还新增加了可以独立投保的"恶意损害险"，以及"偷窃、提货不着险"等附加险别。由于附加险别没有完整的结构，不能独立投保，必须在投保基本险别后才可以加保。此外，伦敦保险协会还陆续制定了航空险、陆运险以及特种货物保险等险别，以供被保险人选择使用。

(三)"协会货物条款"的保险期限

英国伦敦保险协会海运货物ICC(A)、ICC(B)、ICC(C)与中国海运货物保险条款(CIC)中基本险的规定大体相同，也是采用"仓至仓"条款，但比我国条款规定得更为详细。其战争险的保险期限，与前述我国现行海运战争险条款一样，也是根据承保"水上危险"的原则，不使用"仓至仓"条款。

第四节　其他运输方式的货运保险

一、陆上运输货物保险

(一)陆运货物保险险别

1. 陆运险

陆运险(overland transportation risks)的承保责任范围与海洋运输货物保险条款中的水渍险相似。保险公司对被保险货物在运输途中遭受暴风、雷电、洪水等自然灾害或由于运输工具遭受碰撞、倾覆或出轨，如有驳运过程，包括驳运工具搁浅、触礁、沉没或由于遭受隧道坍塌或火灾、爆炸等意外事故造成的全部或部分损失，负责赔偿。

此外，被保险人对遭受承保责任范围内危险货物采取抢救、防止或减少货损的措施而支付的合理费用，保险公司也负责赔偿，但以不超过该批被救货物的保险金额为限。

2. 陆运一切险

陆运一切险(overland transportation all risks)的承保责任范围与海洋运输货物保险条款中的一切险相似。保险公司除承担上述陆运险外，还对由于一般外来原因造成的货物短少、偷窃、破损、发霉、串味等全部或部分损失负责赔偿。

3. 陆上运输冷藏货物险

陆上运输冷藏货物险[overland transportation insurance(frozen products)]

是陆上运输货物险中的专项保险,具有基本险的性质。其保险责任除陆运险的范围之外,还包括赔偿由于冷藏机器或隔温设备在运输途中损坏所造成的被保险货物解冻而腐坏的损失。

4. 陆上运输货物战争险(火车)

陆上运输货物战争险(火车)(overland transportation cargo war risks)为陆运货物保险的附加险。该险承保在火车运输途中,因战争、类似战争和敌对行为、武装冲突所致的损失,以及各种常规武器所致的货物损失。陆上运输货物保险的附加险还有罢工险,其承保范围与海洋运输货物罢工险的责任范围相同。

(二) 陆运货物保险除外责任

陆运险和陆运一切险的责任范围仅以火车和汽车运输为限,其除外责任与海洋运输货物保险的除外责任相同。陆上运输货物战争险的责任范围不包括敌对行为使用原子弹或热核武器所造成的损失。

(三) 陆上运输货物保险责任起讫

陆上运输货物保险责任起讫期限与海洋运输货物保险"仓至仓"条款基本相同,是从被保险货物运离保险单所载明的起运地发货人的仓库或储存处所时生效,直至货物送交保险单所载明的目的地收货人仓库或储存处所为止,最长不超过被保险货物到达最后卸载车站后的60天。

在陆上运输货物保险中,被保险货物在投保了陆运险或陆运一切险的基础上,可以加保陆上运输货物保险的附加险,如陆运战争险等。

二、航空运输货物保险

(一) 航空运输货物保险险别

航空运输货物保险的基本险别有航空运输险(air transportation risks)和航空运输一切险(air transportation all risks)。

1. 航空运输险

航空运输险的承保责任范围与海运水渍险大体相同。其包括被保险货物在运输途中遭受雷电、火灾、爆炸或由于飞机遭受恶劣气候或其他危难事故而被抛弃,或由于飞机遭遇碰撞、倾覆、坠落或失踪等自然灾害和意外事故所造成的全部损失或部分损失。

被保险人对遭受承保责任范围内危险货物采取抢救、防止或减少货损的措施而支付的合理费用,应以不超过该批被救货物的保险金额为限。

2. 航空运输一切险

航空运输一切险的承保责任范围除包括上述航空运输险的全部责任外,对被保险货物在运输途中由于一般外来原因所造成的,包括被偷窃、短少等全部或部分损失负赔偿责任。

3. 航空运输货物战争险

航空运输货物战争险(air transportation cargo war risks)的承保责任范

围是由于战争、类似战争行为、敌对行为或武装冲突，以及各种常规武器和炸弹所造成的货物损失。航空运输货物战争险是一种附加险，是投保人在投保了航空运输险或航空运输一切险的基础上才加保的险别。航空运输货物保险的附加险还有罢工险，其承保责任范围与海洋运输罢工险的责任范围相同。

（二）航空运输货物保险的除外责任

航空运输险和航空运输一切险的除外责任与海洋运输货物基本险的除外责任大致相同。

航空运输货物战争险的责任范围不包括原子弹或热核武器所导致的损失。

（三）航空运输货物保险的责任起讫

航空运输险和航空运输一切险的责任起讫也采用“仓至仓”条款。但和海洋运输货物保险“仓至仓”责任条款不同的是：如果货物运达目的地而未运抵收货人仓库或储存处，则以被保险货物在最后卸载地卸离飞机后满 30 天，保险责任即告终止。如在上述 30 天内被保险货物需转运非保险单载明的目的地，则保险责任在该项货物开始转运时终止。

航空运输货物战争险的责任起讫，从被保险货物在起运地装上飞机时开始，直到到达目的地卸离飞机时为止。如果货物不卸离飞机，则以飞机抵达目的地当日午夜起算满 15 天为止；如果被保险货物需在中途转运，则保险责任以飞机到达转运地的当日午夜起计算满 15 天为止；一旦装上续运的飞机，保险责任恢复有效。

航空运输一切险除包括上述航空运输险的责任外，对被保险货物在运输途中由于一般外来原因所造成的，包括被偷窃、数量短少等全部损失或部分损失负责赔偿。

在航空运输货物保险的情况下，也明确规定了除外责任。

航空运输货物保险的责任起讫从被保险货物运离保险单所载明的起运地仓库或储存处所或被保险人用作分配、分派或非正常运输的其他储存处所为止。如被保险货物未到达上述仓库或储存处所，则以在最后卸货地卸离飞机后满 30 天为止。

被保险货物在投保航空运输险或航空运输一切险后，可加保航空运输货物战争险等附加险。

三、邮运包裹保险

邮运包裹保险是承保邮包在运输途中因自然灾害、意外事故和外来原因所造成的损失。

（一）邮运包裹保险的险别

它包括邮包险（parcel post risks）和邮包一切险（parcel post all risks），此外，还有邮包战争险（parcel post war risks）等附加险。

1. 邮包险

邮包险的承保责任范围是被保险邮包在运输途中，由于遭受恶劣气候、雷电、流冰、海啸、地震、洪水等自然灾害,或由于运输工具搁浅、触礁、沉没、碰撞、出轨、坠落、失踪,或由于失火和爆炸等意外事故所造成的全部或部分损失;还负责被保险人对遭受承保责任内危险的邮包采取抢救、防止或减少货损的措施而支付的合理费用,但以不超过该批被救邮包的保险金额为限。

2. 邮包一切险

邮包一切险的承保责任范围除包括上述邮包险的全部责任外,还负责赔偿被保险邮包在运输途中由于外来原因所致的全部损失或部分损失。

3. 邮包战争险

邮包战争险的承保责任范围与海运战争险相似。该险承保在邮包运输途中,因战争、类似战争和敌对行为、武装冲突所致的损失,以及各种常规武器所致的货物损失。邮包附加险除战争险外,还有罢工险,其责任范围与海运罢工险的责任范围相同。

(二) 邮运包裹保险的除外责任

邮包险和邮包一切险,对因战争、敌对行为、武装冲突和罢工所致的损失,以及由于运输延迟导致货物缺陷,或由被保险人的故意、过失所造成的损失不负责赔偿。

邮包战争险不负责赔偿使用原子弹或热核武器所造成的损失和费用。

(三) 邮运包裹保险的责任起讫

邮包险和邮包一切险的保险责任起讫,自被保险邮包离开保险单所载明的起运地点、寄件人的处所运往邮局时开始生效,直至该项邮包运达保险单所载明的目的地邮局,自邮局发出通知书给收货人当日午夜起算满 15 天,但此期限内邮包一经递交收件人的处所起,保险责任即告终止。

邮包战争险的保险责任在被保险邮包经邮局收讫后自储存处所开始运送时生效,直至该项邮包运达保险单所载明的目的地邮局送交收件人。

第五节 国际货物运输保险实务

买卖合同所采用的贸易术语不同,办理保险的人就不同。例如,按 FOB 或 CFR 条件成交时,合同的保险条款中应订明由买方投保;按 CIF 条件成交时,合同的保险条款中应订明由卖方负责办理保险。

一、货物运输保险业务

(一) 投保险别的选择

选择投保险别时,应该考虑下列因素。

(1) 根据货物的性质和特点选择合适的保险险别。例如,粮食类商品易受潮、受热、发霉,故应投保一切险,或在水渍险的基础上加保受潮受热险及短量险。

(2) 根据货物包装方式的特点选择合适的投保险别。

(3) 根据不同的运输方式与运输工具选择不同的投保险别。

(4) 根据运输路线和停靠港口的不同选择不同的投保险别。

(二) 办理投保业务手续

1. 出口保险手续

在办理出口保险手续时,应根据出口合同或信用证规定,在备妥货物并确定装运期和运输工具后,按规定格式逐笔填制保险单,具体列明被保险人名称及被保险货物项目、数量、包装及标志、保险金额、起止地点、运输工具名称、起止日期和保险险别等送保险公司投保,缴纳保险费,向保险公司领取保险单证。

2. 进口保险手续

我国保险公司一般采取预约保险的做法。预约保险是专营进口或有经常性进口业务的外贸公司,为简化投保手续,做到及时保险,采用与保险公司签订预约保险合同的方式,投保进口货物运输险。

(三) 保险金额和保险费

1. 保险金额

保险金额(insured amount)是保险人所应承担的最高赔偿金额。它是计算保险费的基础,又是货物发生损失后计算赔偿的依据。

实际业务中,买方为了取得充分的保障,一般都把货值、运费、保险费以及转售该批货物的逾期利润和费用的总和,作为向保险公司投保的保险金额。按照国际保险市场习惯,通常按CIF或CIP总值加成10%计算。保险金额的计算公式如下。

CIF、CIP成交条件下:

$$\text{保险金额}=\text{CIF(或 CIP)价}\times(1+\text{投保加成率})$$

如果是以CFR或CPT价格成交的合同,可先换算成CIF价格,再计算保险金额。以CFR或CPT价格为基础换算为CIF价格时,计算公式为

$$\text{CIF(或 CIP)价}=\frac{\text{CFR(或 CPT)价}}{1-\text{保险费率}\times(1+\text{投保加成率})}$$

如果是以FOB(或FCA)价格成交的合同,换算为CIF价格时,

$$\text{CIF(或 CIP)价}=\frac{\text{FOB(或 FCA)价}+\text{运费}}{1-\text{保险费率}\times(1+\text{投保加成率})}$$

例 6-2　某买卖合同的CIF价为11 400美元,按CIF价加成10%投保水渍险和战争险,总保险费率为0.8%。请计算保险金额。

解　保险金额＝CIF价×(1＋投保加成率)

＝11 400×(1＋10%)

＝12 540(美元)

中国人民保险集团股份有限公司承保我国进口货物,根据双方签订的预约保险合同,共同议定平均运费率和平均保险费率,以进口货物的CIF货价作为保险金额,一般不再加成。

按CFR(或CPT)价格签订进口合同,保险金额应按下列公式计算:

CFR(或CPT)价的保险金额=CFR(或CPT)价×(1+平均保险费率)

按FOB(或FCA)价格签订进口合同,保险金额应按下列公式计算:

FOB(或FCA)价的保险金额=FOB(或FCA)价×(1+平均运费率+平均保险费率)

2. 保险费

保险费(premium)是保险金额与保险费率的乘积。保险费是由保险公司根据一定时期、不同种类的货物的赔付率,按不同险别和目的地确定的被保险人交纳的费用。

保险费=保险金额×保险费率

保险费率是计算保险费的依据。保险费率是根据一定时期货物的损失率(赔付率)等情况而确定的。因此,不同商品、不同目的地、不同险别的保险费率是不同的。

1) 出口方面

以CIF(或CIP)条件成交时

保险费=CIF(或CIP)价×(1+投保加成率)×保险费率

按例6-2,请计算保险费。

保险费=12 540×0.8%=100.32(美元)

以CFR(或CPT)条件成交时

$$保险费=\frac{CFR(或CPT)价\times[保险费率\times(1+投保加成率)]}{1-保险费率\times(1+投保加成率)}$$

2) 进口方面

如双方订有预约保险合同,则保险金额按进口货物的CIF货值计算,不另加成,保险费率按“特约费率表”规定的平均费率计算。

如采用CIF(或CIP)价进口的货物,保险费计算公式为

保险费=CIF(或CIP)价×平均保险费率

如采用CFR(或CPT)价进口的货物,保险费计算公式为

保险费=CFR(或CPT)价×(1+平均保险费率)×平均保险费率

如采用FOB(或FCA)价进口的货物,保险费计算公式为

保险费=FOB(或FCA)价×(1+平均运费率+平均保险费率)×平均保险费率

(四)保险单据

保险单据是保险人和被保险人之间订立的保险合同,是保险人的承保证明,也是被保险人向保险人索赔和保险人进行理赔的依据。我国进出口业务中使用的保险单据主要有以下几种。

1. 保险单

保险单(insurance policy)俗称大保单,是使用最广的一种保险单据。其正面有被保险人名称和地址及被保险货物描述、数量、包装、保险金额、起止

地点、运输工具名称、起止日期和投保险别等内容。此外，保险单背面还印就保险公司的责任范围以及保险公司与被保险人双方各自的权利、义务等方面的详细条款。

2. 预约保单

预约保单(open policy)是被保险人与保险人之间订立的总合同。凡属预约保单规定范围内的货物，一经起运，我国保险公司即自动按预约保单所订立的条件承保。它适用于我国自国外进口的货物和出口展卖品。

3. 保险凭证

保险凭证(insurance certificate)又称小保单，是一种简化的保险合同，除其背面没有详细保险条款外，正面内容与保险单相同。它与保险单具有同等法律效力。

4. 联合凭证

联合凭证(combined certificate)是比保险凭证更简化的保险单据，即在出口货物发票上由保险公司加注承保险别、保险金额及保险编号，并加盖印戳。这种凭证现已很少使用。

(五) 保险索赔

保险索赔(insurance claim)是指被保险货物在保险责任有效期内遭受属于保险责任范围内的损失时，被保险人向保险人提出赔偿要求的行为。

1. 损失通知

当被保险人获悉或发现被保险货物已遭损失，应立即通知保险公司或保险单上所载明的保险公司在当地的检验、理赔代理人，并申请检验。

2. 向承运人等有关方面提出索赔

被保险人或其代理人在提货时发现被保险货物整件短少或有明显残损痕迹，除向保险公司报损外，还应立即向承运人或有关当局(如海关、港务当局等)索取货损货差证明。

3. 采取合理的施救、整理措施

被保险货物受损后，被保险人应迅速对受损货物采取必要、合理的施救、整理措施，防止损失的扩大。被保险人收到保险公司发出的有关采取防止或者减少损失的合理措施的特别通知，应当按照保险公司通知的要求处理。

4. 备妥索赔单证

被保险货物的损失经过检验，并办妥向承运人等第三者责任方的追偿手续后，应立即向保险公司或其代理人提出赔偿要求。提出索赔时，除应提供检验报告外，通常还需提供其他单证，包括：保险单或保险凭证正本；运输单据，包括海运提单、海运单、铁路或公路运单、航空运单、邮包收据、多式联运单据等；发票；装箱单或重量单；向承运人等第三者责任方请求赔偿的函电及其他必要的单证或文件；货损货差证明；海事报告摘录或海事声明书；列明索赔金额及计算依据，以及有关费用的项目和用途的索赔清单。

[案例 6-5]

某笔业务的A方向B方以CFR条件出口散装货物共2 000 MT,A方同时也以相同条件向C方出口同种货物1 500 MT。货物出运时,A方将B、C两方的货物装运在同一艘货运船只上,并与船舶公司联系好,在货物运抵目的港后,由船舶公司负责分拨。A方在货物装船后及时向B、C两方发出了装运通知。不巧,受载船舶在运输途中遇到风险,致使该批货物当中的1 500 MT货物全部灭失。事件发生后,A方致电C方,告知其所进口的1 500 MT货物已在运输途中全部灭失,且风险在CFR条件下由C方承担。在上述情况下,A方对这1 500 MT的货物有无补交货责任?为什么?

分析 根据本案例的案情,A方对1 500 MT货物的灭失有补交货的责任。这是因为,本案中,A方将发运给B、C两方的货物共3 500 MT一并装在同一艘货运船只上,并没有划分哪2 000 MT属于B方,哪1 500 MT属于C方。因为货物的不确定性,不能确定损失的1 500 MT即为C方购进的货物,因此,A方不可免除补交货的责任。

思政元素 要具有严谨认真的科学精神。

5. 代位追偿

在保险业务中,为了防止被保险人双重获益,保险人在履行全损赔偿或部分损失赔偿后,在其赔付金额内,要求被保险人转让其对造成损失的第三者责任方要求全损赔偿或相应部分赔偿的权利。这种权利称为代位追偿权,或称代位权。在实际业务中,保险人需首先向被保险人进行赔付,才能取得代位追偿权。

二、合同中保险条款

(一) 合同中保险条款的主要内容及订立的方法

1. FOB、CFR、FCA、CPT贸易条件下的保险条款

如果按FOB、CFR、FCA、CPT贸易条件签订买卖合同,则由买方办理保险手续,并支付保险费。在此情况下,合同中的保险条款比较简单,只需明确保险责任。

2. CIF、CIP贸易条件下的保险条款

如果按CIF、CIP贸易条件签订买卖合同,应由卖方负责办理货运保险并缴纳保险费。此时,保险涉及买卖双方的利益,买卖合同中的保险条款应明确具体,一般包括投保责任、投保金额、投保险别和适用的条款等内容。

[案例 6-6]

甲国某进出口公司以CIF条件进口货物一批,合同中的保险条款规定:"由卖方按发票金额的130%投保一切险。"卖方在货物装运完毕以后,已凭结汇单据向买方收回了货款。而货物在运输途中遇险导致全部灭失。当买方凭保险单向保险公司要求赔付时,卖方却提出,超出发票金额20%的赔付部

分，应该是买卖双方各得一半。卖方的要求是否合理？

分析　卖方的要求是不合理的。本案例中，买卖双方在合同中规定“由卖方按发票的130%投保一切险”，但并没有“货物发生损失时，超出发票金额20%的赔付部分，双方各得一半”的规定，因而，买方可以独享保险公司的全部赔偿金额。

思政元素　要具有严谨的工作作风和敬业精神。

（二）订立保险条款时应注意的事项

（1）确定依据何种保险条款进行投保。例如，按CIC或ICC，应予以明确说明。

（2）明确投保险别。根据货物的性质和特点选择平安险、水渍险或一切险，如需另加保一种或几种附加险也应同时写明。

（3）规定投保加成率，如超过按发票金额10%的加成，要说明由此而产生的保险费由买方负担。

（4）明确保险单据形式。合同中明确注明投保人应提交保险单据的名称，如保险单或保险凭证等。

（5）保险单所采用的币种通常与发票币种一致。

附录　保险单

本章小结与关键术语

思考题

1. 保险的基本原则有哪些？
2. 在海运货物保险中，保险公司承保哪些风险损失和费用？
3. 什么是共同海损？共同海损的构成条件有哪些？
4. 单独海损与共同海损有哪些区别？
5. 什么是实际全损？构成实际全损的情况有哪些？
6. 什么是推定全损？构成推定全损的情况有哪些？

7. 中国人民保险集团股份有限公司海运货物保险的一般附加险、特殊附加险包括哪些险别?

8. 如何正确理解“仓至仓”条款?

9. 现行伦敦保险协会货物保险条款有哪些险别?

10. 订立保险条款时应注意哪些问题?

练习题

第七章　国际贸易货款的收付

学习目标

- 掌握国际贸易货款收付的工具：汇票、支票、本票。
- 掌握三种主要支付方式：汇付、托收、信用证。
- 掌握银行保函和备用信用证。
- 了解国际贸易货款结算方式的结合使用。
- 了解国际保理业务。

第一节　结算工具

国际贸易货款的收付，以现金结算货款的方式使用较少，大多使用非现金结算，即使用代替现金作为流通手段与支付手段的结算和信贷工具来进行国际债权债务的结算。票据是国际通行的结算和信贷工具，是可以流通转让的债权凭证。在国际贸易中，使用比较多的票据是汇票（draft 或 bill of exchange），其次是本票（promissory note）和支票（cheque 或 check）。

一、汇票

（一）汇票的内容

汇票是由一个人向另一个人签发的，要求即期或在将来的固定时间或可以确定的时间对某人或其指定的人或持票人支付一定金额的无条件的书面命令。

《中华人民共和国票据法》（以下简称《票据法》）第十九条规定：汇票是出票人签发的，委托付款人在见票时或者在指定日期无条件支付确定的金额给收款人或者持票人的票据。

基本当事人包括以下三个。

（1）出票人（drawer）。出票人是指签发汇票的人；在进出口业务中，通常是出口商或商业银行。

（2）收款人（payee or beneficiary）。收款人是指受领汇票所规定金额的人；在进出口业务中，通常是出口商或其指定的银行。

（3）付款人（drawee）。付款人是指接受支付命令而付款的人；在进出口业务中，通常是进口商或其指定的银行。

根据各国票据法规定，汇票必须项目齐全，否则法律上不予承认，受票人有权拒付。各国票据法对汇票的项目规定不完全相同，一般认为汇票应该包括以下内容。

(1)“汇票”字样,如 exchange,bill,draft 等。

(2)无条件付款命令。

(3)确定的金额。

(4)付款人名称及地址。

(5)收款人名称,又称“抬头”。

(6)出票日期和地点。

(7)付款期限和付款地点。

(8)出票人签字。

除上述主要项目外,还可以记载如利息与利率,付一不付二,付二不付一,禁止转让,出票依据及汇票编号等内容(图7-1)。

样单　　汇　票

BILL OF EXCHANGE

No. ①汇票编号　　Date: ②出票时间

For ③金额

At ④付款期限 sight of second of exchange (first of the same tenor and date unpaid) pay to the order of ⑤收款人名称 the sum of ⑥金额(大写)

Drawn under ⑦取款依据

L/C No. ⑧信用证编码 Dated ⑨信用证日期

To. ⑩付款人名称、地址

Authorized Signature

⑪出票人签名

图7-1　汇票

(二)汇票的种类

汇票的种类很多,可按不同的划分标准分为不同的种类。常见的汇票包括以下几种。

1. 银行汇票和商业汇票

按出票人不同,汇票可分为银行汇票(banker's draft)和商业汇票(trade bill)。

(1)银行汇票。银行汇票签发后,一般交汇款人(remitter),由汇款人寄交国外收款人向指定的银行取款。出票行签发汇票后,必须将付款通知书寄给国外付款行,以便付款行在收款人持票取款时进行核对。银行汇票一般为光票(clean bill),不随附货运单据。

(2)商业汇票。商业汇票出票人是工商企业或个人,付款人可以是工商企业、个人或银行。在国际贸易中,其通常由出口人开立,向国外进口人或银行收取货款时使用。商业汇票大都附有货运单据。

2. 即期汇票和远期汇票

按付款时间不同,汇票可分为即期汇票(sight draft)和远期汇票(usance bill)。

(1) 即期汇票。即期汇票是在汇票付款日期栏中采用见票即付(payable at sight)的汇票。

(2) 远期汇票。远期汇票是规定于将来一个可以确定日期付款的汇票。远期汇票付款日期的四种记载方法如下。

① 规定某一个特定日期(定日付款)。

② 付款人见票后若干天(at ×× days after sight)。

③ 出票后若干天(at ×× days after date of draft)。

④ 运输单据日后若干天(at ×× days after B/L date)。

3. 光票和跟单汇票

按有无附属票据,汇票可分为光票和跟单汇票(documentary bill)。

(1) 光票(净票、白票)。光票是指不附带货运单据的汇票。出票人可以是工商企业、个人或银行。付款人也可以是工商企业、个人或银行。

(2) 跟单汇票。跟单汇票是指附有运输单据的汇票。跟单汇票的付款以附交货运单据为条件,汇票的付款人要取得货运单据提取货物,必须付清货款或提供一定的担保。在国际贸易中,大多采用跟单汇票。

4. 银行承兑汇票和商业承兑汇票

按承兑人不同,汇票可分为银行承兑汇票(banker's acceptance bill)和商业承兑汇票(trader's acceptance bill)。

(1) 银行承兑汇票。银行承兑汇票是由银行承兑的远期商业汇票。通常由出口人签发,银行对汇票承兑后即成为该汇票的主债务人,而出票人则成为从债务人。银行承兑汇票是建立在银行信用的基础之上,便于在金融市场上进行流通。注意:银行承兑汇票是一种商业汇票。

(2) 商业承兑汇票。商业承兑汇票是由工商企业或个人承兑的远期汇票。商业承兑汇票是建立在商业信用的基础之上,其出票人也是工商企业或个人,如出口企业。

(三) 汇票的使用

1. 出票

出票(to draw)是指出票人签发票据并将其交付给收款人的票据行为。

(1) 出票人签发汇票后,即承担保证该汇票必然会被承兑(acceptance)和(或)付款的责任。

(2) 国际贸易中的商业汇票通常需签发一式两份,但只对其中的一份承兑或付款。

在出票时,对收款人有三种写法。

① 限制性抬头。注明仅付某公司,或注明不转让。这种抬头的汇票不能转让。例如,pay to B Company only。

② 指示性抬头。注明凭指示或凭××指定。例如,pay to the order of B Company 或者 pay to B Company。

③ 来人抬头。注明付给人。例如,pay bearer 或者 pay B Company or bearer。

2. 提示

提示(presentation)是指收款人或持票人将汇票提交付款人要求付款或承兑的行为。付款人看到汇票,即为见票。提示包括提示承兑和提示付款两种。

(1) 提示承兑:远期汇票持票人向付款人出示汇票,并要求付款人承诺付款的行为。

(2) 提示付款:汇票的持票人向付款人(或远期汇票的承兑人)出示汇票要求付款人(或承兑人)付款的行为。

远期汇票的承兑和即期汇票的提示付款均应在法定期限内进行。

3. 承兑

承兑是指汇票付款人承诺在汇票到期日支付汇票金额的票据行为,由付款人在汇票正面写上承兑字样,注明承兑的日期,并由付款人签名,交还持票人的行为。

汇票一经承兑,付款人就成为汇票的承兑人,并成为汇票的主债务人,而出票人便成为汇票的从债务人(或称次债务人)。

4. 付款

付款是指付款人向持票人支付汇票金额的行为。

(1) 即期汇票在付款人见票时立即支付。

(2) 远期汇票于到期日在持票人做提示付款时由付款人付款。

汇票一经付款,汇票上的一切债权债务即告结束。

5. 背书

背书(endorsement)是一种以转让票据权利为目的的票据行为,是票据转让的一种重要方式。

(1) 记名背书。记名背书(特别背书)是指背书人除在票据背面签名外,还写明被背书人名称或其指定人。被背书人可将票据经过背书再次转让。如"付给来人"pay to ... Co. or order。

(2) 空白背书。空白背书(不记名背书)是指背书人只在票据背面签名,不指定被背书人,即不写明受让人,只凭交付就可转让。根据《票据法》,票据不能采用空白背书。

(3) 限制性背书。限制性背书即不可转让背书,是指背书人对支付给被背书人的指示带有限制性的词语。只能由指定的被背书人凭票取款,而不能再行转让或流通。如"仅付某人" pay to ... Co. only。

汇票在转让过程中应办理称为"背书"的法定手续,汇票经背书可不断地转让下去。对受让人来说,所有在他前面的人以及出票人都是他的"前手",而对出让人来说,所有在他后面的受让人都是他的"后手"。"前手"对"后手"

负有担保汇票必然会被承兑或付款的责任。

在国际市场上，一张远期汇票的持有人如想在汇票到期前取得票款，可以将汇票进行贴现(discount)。所谓贴现，就是持票人将承兑后的远期汇票提前交给贴现行或贴现机构，由贴现机构扣除从贴现日到付款日的利息后，将余额付给持票人的行为。

6. 拒付

拒付(dishonour)是指持票人提示汇票要求承兑时，遭到拒绝承兑(dishonour by non-acceptance)，或持票人提示汇票要求付款时，遭到拒绝付款(dishonour by non-payment)，也称退票。

拒付的表现形式如下。

(1) 付款人正式表示不付款或不承兑。

(2) 付款人或承兑人死亡、逃匿、被依法宣告破产或因违法被责令停止业务活动等情况，造成事实上的不可能付款。

7. 追索

追索就是债权人追讨债务的行为。

(1) 可被追索的对象：持票人可向承兑人、所有的前手(包括所有的背书人与出票人)行使追索权。

(2) 追索时应递交的证明：持票人进行追索时，应将拒付事实书面通知其前手，并提供被拒绝承兑或被拒绝付款的证明或退票理由书。

在实际业务中，持票人可以不按照票据债务人的先后顺序，对其中一个人、数人或者全体行使追索权。被追索人清偿债务后，可向其他汇票债务人进行追索。

二、本票

(一) 本票概述

本票就是由出票人签发的，承诺自己在见票时无条件支付确定金额给收款人或持票人的票据。本票的出票人与付款人为同一人。

本票的必要记载内容包括“本票”字样、无条件的支付承诺、确定的金额、收款人名称、出票日期和地点(未载明出票地点者，制票人名字旁的地点为出票地)、出票人签章、付款期限(未载明付款期限者，视为见票即付)。其他相对必要记载事项同汇票。

(二) 本票的种类

1. 商业本票和银行本票

按出票人不同，本票可分为商业本票(trader's note)和银行本票(banker's note)。

(1) 商业本票。商业本票由公司、企业、个人签发，以商业信用为基础，多为远期本票。

(2) 银行本票。银行本票由银行签发，被用于代替现金支付或进行现金的转移,多为即期本票。其中,来人抬头的银行即期本票也称银行券,有些国家将其视为现金使用。

2. 记名本票和不记名本票

按收款人的限制不同,本票可分为记名本票和不记名本票。

(1) 记名本票。记名本票即收款人必须是票面上注明的特定人或其指定的人的本票。

(2) 不记名本票。不记名本票即收款人是持票人的本票。

3. 即期本票和远期本票

按付款期限的不同,本票可分为即期本票和远期本票。

(1) 即期本票。即期本票就是见票即付的本票。

(2) 远期本票。远期本票是指必须到约定的日期方可付款的本票。远期本票又称期票,它分为定期本票、出票后若干天付款的本票和见票后若干天付款的本票三种。

(三) 本票与汇票的区别

(1) 本票是一种支付承诺,而汇票则是一种支付委托或命令。

(2) 本票的票面有两个当事人,而汇票则有三个当事人。

(3) 出票人的责任不同。本票在任何情况下,出票人都是绝对的主债务人;而汇票则不同,出票人在承兑前是主债务人,在承兑后,承兑人才是主债务人,出票人则处于从债务人的地位。

(4) 本票的出票人就是付款人,远期本票无须办理承兑手续;而远期汇票则要办理承兑手续。

(5) 本票只出一张正本,而汇票可以是单张,也可以是一套。商业汇票往往出一套两张,其中一张经承兑或付款,另一张即作废。

三、支票

(一) 支票概述

支票是由出票人签发的、委托办理支票存款业务的银行在见票时无条件支付确定金额给收款人或持票人的票据。

支票的必要记载事项:“支票”字样、无条件支付委托、确定的金额、付款银行名称和地点、出票日期和地点(未载明出票地点者,出票人名称旁的地点视为出票地)、出票人签章。同时,收款人、付款地也是重要内容。

支票的出票人负担保付款责任,必须满足:在银行有足够存款;透支金额不超过银行允许的范围;不得开立空头支票;若付款行拒付,支票签发人应负偿还之责。

(二) 支票的种类

1. 记名支票和无记名支票

(1) 记名支票。记名支票是只注明收款人姓名的支票。除非记名支票有限制转让的文字,否则记名支票即为指示性抬头支票,可以背书转让。记名支票在取款时,必须由收款人签章并经付款人验明其真实性。

(2) 无记名支票。无记名支票又称空白支票或来人支票,它是没有记名收款人的支票。任何人只要持有此种支票,即可向银行要求付款,且取款时不需要签章。银行对持票人获得支票是否合法不负责任。

从实质上讲,支票也可以分为限制性抬头、指示性抬头和来人抬头三种。

2. 普通支票与划线支票

根据支票对付款有无特殊限制可以分为以下两种。

(1) 普通支票。国外称其为非划线支票,是指无两条平行线的支票或对付款无特殊限制或保障的一般支票。普通支票的持有人可以持票向付款银行提取现款,也可以通过其往来银行代收转账。

(2) 划线支票。国外把与普通支票相对应的支票称为划线支票。划线支票是指由出票人或持票人在普通支票上画两条平行线的支票。划线支票的持票人只能委托银行收款,不能直接提现。

3. 现金支票与转账支票

(1) 现金支票。我国的现金支票相当于国外的普通支票,持票人可以选择提取现金或做成转账收款。

(2) 转账支票。我国与现金支票相对应的是转账支票。转账支票是由发票人或持票人在普通支票上载明"转账支付"的支票。在支票上有转账支付的记载时,只能通过银行转账收款,不能提取现金。

4. 保付支票

保付支票是指由付款银行加注"保付"字样的支票。

5. 银行支票

银行支票是指以银行为出票人,并由银行任付款人的支票。

(三) 支票与汇票、本票的区别

支票与汇票、本票虽均具有票据的一般特性,其票据行为除《票据法》规定的以外,均适用于汇票的规定,但也存在明显的差别,主要表现在以下几方面。

(1) 当事人。汇票和支票均有三个基本当事人,即出票人、付款人和收款人;而本票的基本当事人只有两个,即出票人和收款人。本票的付款人即出票人自己。

(2) 证券的性质。汇票与支票均是委托他人的付款证券,故属委托支付证券;而本票是由出票人自己付款的票据,故属自付证券或承诺证券。

(3) 到期日。支票均为见票即付;而汇票和本票除见票即付外,还可以作出不同到期日的规定,如定日付款、出票后定期付款和见票后定期付款等。

(4) 承兑。远期汇票需要付款人履行承兑手续,本票和支票无须承兑。

(5) 出票人和付款人的关系。汇票的出票人对付款人没有法律上的约束,付款人是否愿意承兑或付款,是付款人自己的独立行为,但一经承兑,承兑人就应承担到期付款的绝对责任；本票的付款人即是出票人自己，一经出票，出票人即应承担付款责任；支票的付款人只有在付款人有足以支付支票金额存款的条件下负有付款的义务。

第二节 汇付和托收

一、汇付

(一) 汇付的含义及内容

汇付(remittance)也叫汇款，指的是付款人主动将款项交给银行，委托其以一定方式将款项交给收款人的结算方式。其属于顺汇法，即资金流向和结算工具的流向是一致的。

汇付业务主要涉及的当事人有四个。

(1) 汇款人，即付款人。在国际贸易结算中，通常是进口人、买卖合同的买方或其他经贸往来中的债务人。

(2) 收款人，通常是出口人、买卖合同的卖方或其他经贸往来中的债权人。

(3) 汇出行(remitting bank)，是接受汇款人的委托申请，汇出款项的银行，通常是进口人或其他经贸往来中的债务人所在地的银行。

(4) 汇入行(paying bank)，又称解付行，即接受汇出行的委托、解付汇款的银行。汇入行通常是汇出行的代理行，通常是收款人所在地的银行。

汇款人在委托汇出行办理汇款时，要出具汇款申请书。此申请书被视为汇款人与汇出行之间的一种合约。汇出行一旦接受申请，即有义务按汇款申请书的指示通知汇入行。汇出行与汇入行之间事先订有代理协议，在代理协议规定的范围内，汇入行对汇出行承担解付汇款的义务。

(二) 汇付的方式

汇付业务主要分为电汇(telegraphic transfer，T/T)、信汇(mail transfer，M/T)和票汇(demand draft，D/D)三种方式。

1. 电汇

电汇是指汇出行应汇款人的申请，通过加押电报或电传指示汇入行解付一定金额给收款人的汇款方式。电汇工具一般包括电报(cable)、电传(telex)、SWIFT(Society for Worldwide Interbank Financial Telecommunication，环球同业银行金融电信协会)系统、CHIPS(Clearing House Interbank Payment System，清算所同业支付系统)等。电汇具有汇款迅速、安全可靠的优点，但是费用较高。

2. 信汇

信汇是指汇出行应汇款人的申请，用航空信函指示汇入行解付一定金额给收款人的汇款方式。信汇使用的主要是邮寄支付凭证。信汇的优点是费用最省，但是汇款所需的时间最长。

3. 票汇

票汇是指汇出行应汇款人的申请,代汇款人开立以其分行或代理行为解付行的汇款方式。这种汇款方式的主要优点是:只要抬头许可,就可以灵活取款、背书转让;持票人可以取款,也可以转卖给汇出行的联行或代理行;结算时间由持票人自定。

(三)汇付方式与收付程序

汇付方式与收付的一般程序如图7-2所示。

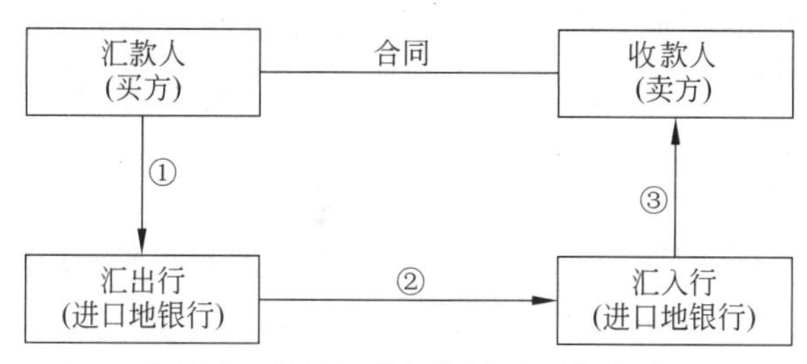

图7-2 汇付方式与收付的一般程序

注:

① 汇款人(买方)到汇出行(进口地银行)办理汇付手续,填写汇付申请书,说明汇付方式,并将汇付金额交汇出行。

② 汇出行按汇付申请书的要求,向汇入行(代理行)发出汇款指示。

③ 汇入行收到汇款指示后,立即向收款人(卖方)解付。

(四)汇付方式在国际贸易中的使用

汇付方式在国际贸易中主要用于预付货款、货到付款、支付定金、分期付款、延期付款、货款尾数的结算,以及贸易从属费用,如佣金、退款、赔款、运费、保险费的结算等。

二、托收

(一)托收的含义及内容

托收(collection)指的是出口商通过开具以进口人为付款人的汇票,委托本地银行通过进口地银行向进口商收取货款的方式。

托收一般都通过银行办理,所以又称银行托收。银行托收的基本做法是:由出口人根据发票金额开出以进口人为付款人的汇票,向出口地银行提出托收申请,委托出口地银行(托收行)通过它在进口地的代理或往来银行(代理行)代向进口人收取货款。可见,托收采用的是逆汇方法,即资金的流向与支付工具的传递方向相反。在托收方式下,出口人能否收回货款,完全取决于进口人的信誉,所以托收的性质为商业信用。

在托收业务中,通常涉及四个当事人。

(1) 委托人(principal):开立汇票委托银行代收货款的人,通常是出口商。

(2) 托收行(remitting bank):接受出口商委托代为收款的出口地银行。

(3) 代收行(collecting bank):接受托收行委托,向进口商或付款人收款的银行,是托收行的联行或代理行。

(4) 付款人:承担付款责任的人,一般是进口方。

(二) 跟单托收的种类

跟单托收(documentary collection)是指附带商业单据的托收。这种托收方式在附带商业票据的同时,也可以附带汇票等金融票据。

按交单条件的不同,跟单托收可以分为付款交单(documents against payment,D/P)和承兑交单(documents against acceptance,D/A)。

1. 付款交单

付款交单即代收行以进口商的付款为条件向进口商交单,在汇票上标明"D/P"字样。按支付时间的不同,付款交单又可分为即期付款交单(documents against payment at sight,D/P at sight)和远期付款交单(documents against payment after sight,D/P after sight)两种方式。

(1) 即期付款交单。即期付款交单是指当托收行向进口商提示汇票和单据时,进口商立即付款,代收行在收到货款后将单据交付进口商的托收方式。无汇票时,以发票金额为准。即期付款交单程序如图7-3所示。

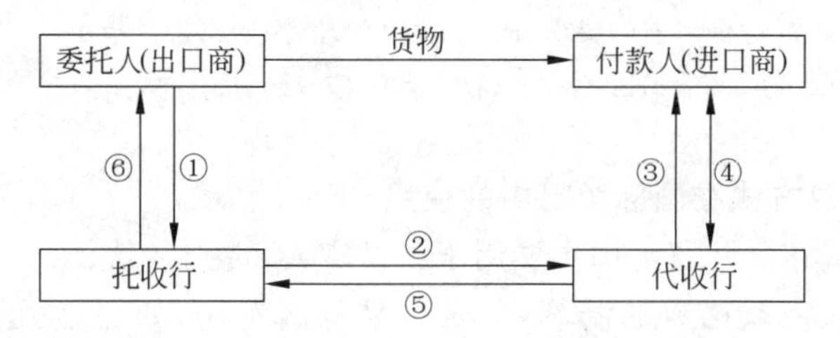

图7-3 即期付款交单程序

注:

① 委托人向出口地银行(托收行)递交托收申请书和即期汇票。

② 托收行向进口地银行(代收行)发出委托。

③ 代收行向付款人提示汇票。

④ 付款人付款,代收行交单。

⑤ 代收行向托收行付款。

⑥ 托收行向委托人付款。

(2) 远期付款交单。远期付款交单是指由出口商开具远期汇票,附带单据通过托收行一并寄代收行的托收方式。代收行在收到单据后,立即向进口商提示远期汇票和单据,进口商予以承兑,到期日付款。远期付款交单程序如图7-4所示。

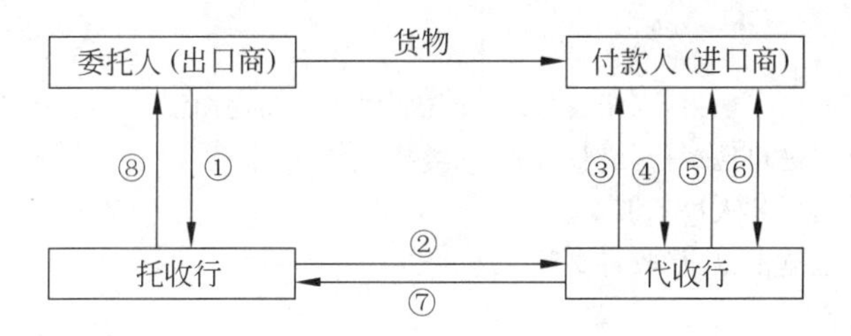

图 7-4　远期付款交单程序

注：

① 委托人向出口地银行(托收行)递交托收申请书和远期汇票。

② 托收行向进口地银行(代收行)发出委托。

③ 代收行向付款人提示汇票。

④ 付款人承兑汇票。

⑤ 代收行向付款人提示付款。

⑥ 付款人付款,代收行交单。

⑦ 代收行向托收行付款。

⑧ 托收行向委托人付款。

在远期 D/P 中,如果货物到达目的港日期早于付款日期,这样就会出现进口方不能及时提货的问题。为了不耽误提货,进口方可以要求代收行允许其借出单据。其具体做法是,进口方向代收行出具信托收据(trust receipt, T/R),它是进口方借出的单据,以便提货出售,取得货款再偿还代收行的保函。这种做法对出口方或代收行来说有一定风险。因此,借出单据前对进口方的资信调查十分重要。按惯例,如果是出口方授权代收行凭 T/R 借单给进口人,出现进口方没有按期偿还货款的情况,后果由代收行负责,要赔偿出口方货款。

2. *承兑交单*

承兑交单即代收行以进口商的承兑为条件交单。进口人在汇票到期时,方履行付款义务。

承兑交单方式只适用于远期汇票的托收。承兑交单是进口人只要在汇票上承兑后,即可取得货运单据,凭以提取货物。也就是说,出口人已交出物权凭证,其收款的保障取决于进口人的信用。一旦进口人到期不付款,出口人便会遭到货物与货款全部落空的损失。因此,出口人对接受这种方式一般持很慎重的态度。承兑交单程序如图 7-5 所示。

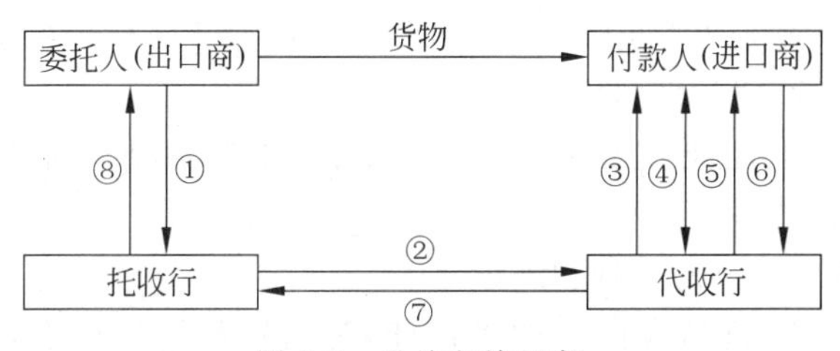

图 7-5　承兑交单程序

注：

① 委托人向出口地银行(托收行)递交托收申请书和远期汇票。

② 托收行向进口地银行(代收行)发出委托。

③ 代收行向付款人提示汇票。

④ 付款人承兑汇票,代收行交单。

⑤ 代收行向付款人提示付款。

⑥ 付款人付款。

⑦ 代收行向托收行付款。

⑧ 托收行向委托人付款。

(三) 托收方式的特点

在国际贸易中,托收方式具有结算简便、迅速以及费用较低的优点,有利于调动买方订购货物的积极性,从而有利于卖方扩大出口。但是,由于托收方式属商业信用,存在着收不回货款的风险,尤其是托收方式中的承兑交单风险更大,因此对于出口商来说,托收方式增加了出口商的收款风险,也加重了出口商的资金负担,卖方对此方式的采用应持慎重态度。

第三节 信用证

一、信用证的含义及内容

信用证(letter of credit,L/C)是开证银行根据开证申请人(applicant)的请求,以开证行自身的名义向受益人(beneficiary)开立的在一定金额和一定期限内凭规定的单据承诺付款的书面文件。简单地说,信用证是一种由银行开立的有条件的付款凭证。

UCP600对信用证有如下的定义:信用证是"指一项不可撤销的安排,无论其名称或描述如何,该项安排构成开证行对相符交单予以承付的确定承诺"。

信用证根据具体的情况有不同的格式,国际上并没有统一的规定。一般来说,信用证的主要内容包括如下几点。

(一) 信用证类型及信用证号码

按照UCP600的规定,信用证均为不可撤销信用证。信用证号码一般由开证行编写,以便业务管理和查询。

(二) 开证日期和开证地点

开证日期一般已在信用证上印就,开证地点为开证行所在地。

(三) 开证行名称及地址

开证行名称及地址一般在信用证上印就,通常还应写明开证行的电报、电传、SWIFT等内容。

(四) 开证申请人的名称和地址

开证申请人即贸易合同下的进口商,其名称和地址应在信用证中详细列明。

（五）受益人的名称和地址

受益人的名称和地址应与贸易合同下的出口商的名称和地址相符。

（六）通知行的名称和地址

通知行(advising bank 或 notifying bank)是由开证行指定，向受益人通知信用证的银行，一般是受益人所在地的银行，其名称和地址应在信用证上详细列明。

（七）信用证有效期和有效地点

这是指信用证的到期日和到期地点，到期地点一般是指银行(议付行、付款行等)所在地。

（八）信用证金额

信用证金额应以文字大写、数字小写，大小写相符；应标明币种，并使用ISO 制定的货币代号表示。按 UCP600 的规定，如果金额前有“about”或“approximately”字样，表示信用证金额可以有 10%的增减幅度。

（九）信用证兑付方式

信用证的兑付方式有四种：①即期付款；②延期付款；③承兑；④议付。其应在信用证中列明。

（十）汇票条款

如果信用证需要提交汇票，应在信用证中规定汇票出票人、付款人、付款期限、出票条款、出票日期等；如果不需要汇票，则无此项内容。

（十一）装运条款

装运条款中应列明装运港或起运地、卸货港或目的地、是否允许分批装运、是否允许转运及装运期限等。

（十二）单据条款

单据条款中应列明受益人应提交的单据名称、份数及单据制作的具体要求等。信用证下提交的单据一般包括商业发票、运输单据、保险单据、重量单、装运单、商品检验证、原产地证书等。

（十三）货物描述

信用证应列明货物的名称、规格、数量、单价、包装、价格条件、总金额等。

（十四）偿付方式和寄单条款

这是指规定是单到付款，还是指定偿付行付款，或指定付款行付款，并说明寄单方式及开证行收单地址。

二、信用证的特点

根据 UCP600 的规定，信用证支付方式具有以下特点。

（一）开证银行首先承担付款责任

在信用证支付下，付款人通常为开证银行，它承担首先付款的责任，即只要信用证受益人提交了符合信用证要求的单据，开证银行就必须付款。开证银行还可以授权另一家银行向受益人或指定人进行付款,或承兑并支付受益人开立的汇票,或授权另一家银行议付。由此可见,信用证付款方式因付款人是银行,故比较安全可靠。

(二) 信用证是独立于合同之外的一项自足文件

信用证是依据开证申请人的开证申请书设立的,而开证申请书又是依据买卖合同内容开出的,可见开证银行开立的信用证是以买卖合同为依据的。但是,应明确的是,信用证一旦开立就成为独立于买卖合同以外的另一种契约。开证银行只对信用证负责并受其约束,而与买卖合同无关,银行只看信用证,不管买卖合同。

(三) 信用证业务实际上是一种单据买卖

凭信用证付款的业务,实际上是处理单据的买卖。根据UCP600的规定:在信用证业务中,有关各方处理的是单据,而不是与单据有关的货物、服务或其他服务的行为。在信用证业务中,只要受益人按信用证要求提交了表面上看来是构成相符交单的有关单据,开证银行就承担付款责任。作为开证申请人的进口商,也应该接受单据,并向开证银行付款赎单。进口商付款后,如发现货物有缺陷,则可凭单据向有关责任方提出索赔,而与银行无关。

三、信用证的作用

采用信用证支付方式,给进出口商及银行都带来一定的好处。信用证在国际贸易结算中的作用主要表现在以下几个方面。

(1) 对出口商的作用:保证出口商凭与信用证规定相符的单据取得货款,保证出口商按时收汇,出口商可凭信用证通过打包贷款或押汇取得资金融通。

(2) 对进口商的作用:保证进口商取得代表货物所有权的单据;保证进口商按时、按质、按量收到货物;进口商可以凭自己的资信及开证行对自己的信任,少交或免交部分押金,从而取得资金融通。

(3) 对银行的作用:进口商在申请开证时交的押金担保品可为银行利用资金提供便利;在信用证业务中,银行每提供一项服务均可取得收益,如开证费、通知费、议付费、保兑费、修改费等各项费用。

四、信用证的当事人

信用证业务中涉及的当事人比较多,主要包括以下几个。

(一) 开证申请人

开证申请人又称开证人(opener),是指根据商务买卖合同向其所在地的银行提交开证申请,申请开立信用证的当事人,即进口商。

(二) 开证行

开证行(opening bank 或 issuing bank)是指接受开证申请人的委托开立信用证的银行。它承担第一性付款责任,开证行一般是进口商所在地银行。

（三）通知行

通知行是指受开证行的委托，将信用证转交给出口商的银行。它只证明信用证的真实性，并不承担其他义务。通知行一般是出口商所在地银行。

（四）受益人

受益人是指信用证上所指定的有权使用该证的人，即有权开具汇票向开证行或其指定的付款行收取货款的出口商。

（五）议付行

议付行(negotiating bank)是对受益人交来的单据进行审验，经单单相符后，买入全套单据，并向受益人垫付款项，随后向开证行或偿付行索偿的银行。议付行可以是指定的银行，也可以是非指定的银行，由信用证的条款来规定。

（六）付款行

付款行(paying bank 或 drawee bank)是开证行的付款代理人。若开证行在信用证中指定另一家银行为信用证项下汇票上的付款人，则该银行就是付款行。它可以是通知行或其他银行。

（七）承兑行

承兑行(accepting bank)是指远期信用证下对受益人签发的远期汇票进行承兑，并到期付款的银行，可以是开证行，也可以是开证行指定的另一家银行。承兑行的付款是终局性付款，一经审单付款后，对受益人没有追索权，承兑行付款后可向开证行索赔。

（八）保兑行

保兑行(confirming bank)是指根据开证行的授权或要求对信用证加具保证兑付的银行，它一般为出口地信誉较好的银行，通常就是通知行。保兑行在信用证上加具保兑后，即对信用证独立负责，承担第一性的付款责任。

（九）偿付行

偿付行(reimbursing bank)是指开证行指定的对议付行或付款行偿还垫款的银行。当开证行与议付行或付款行之间无账户关系，特别是信用证以第三国货币开出时，为方便结算，开证行便委托另一家与之有账户关系的银行，即偿付行代向议付行或付款行偿付。

[案例 7-1]

甲国银行按照乙方开证行开出的信用证批示，在议付出口商全套单据后，将单据寄往开证行，并向开证行指定的偿付行——丙方某银行索偿款项。偿付行按照开证行的批示及时向索汇行(甲方银行)付款。开证行收到单据后发现存在单证不符问题，要求偿付行向甲方银行索要已付款项，这种索要是否合理？应如何处理？

分析 开证行不应要求偿付行向甲方银行(议付行)索要已付款项。因为偿付行所付款项为开证行的资金。在本案例中，开证行只能直接同甲方银行(议付行)联系，协商已付款项的问题。

思政元素 要具有严肃认真的科学精神和是非观念。

五、信用证方式的一般收付程序

信用证方式的一般收付程序如图7-6所示。

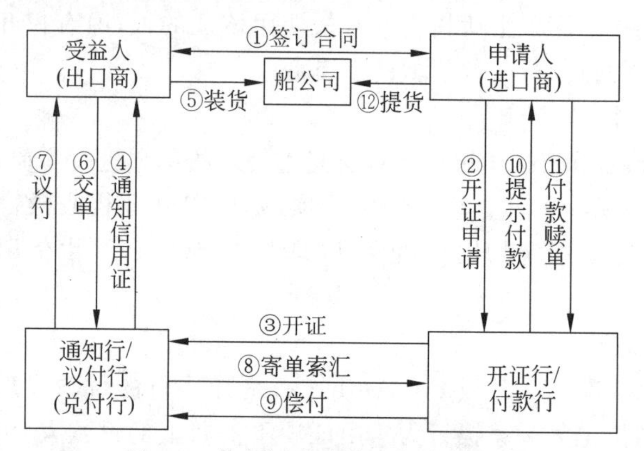

图7-6 信用证方式的一般收付程序

注:

① 买卖双方签订销售合同,并在合同中订明使用信用证结算方式。

② 进口商按照合同规定向当地银行提出申请,在外汇管制国家,申请人还必须向外汇管制部门提出用汇申请,在得以批准后才可使用外汇。在提出开证申请时,进口商还要缴纳若干押金或提供其他担保。

③ 开证行将信用证开给出口商所在地的分行或代理行,并请它们办理信用证通知事宜。

④ 通知行核对信用证上印鉴或密押无误后将信用证通知受益人。

⑤ 受益人将信用证与贸易合同核对无误后,立即备货装运,并取得运输单据。

⑥ 受益人备齐信用证所规定的单据,在信用证有效期内向当地银行交单议付,或向信用证明确指定的议付行交单议付。

⑦ 议付行将单据与信用证核对无误后,按汇票金额扣除邮程利息后付款给受益人(押汇)。

⑧ 议付行将汇票和单据寄给开证行或其指定的银行索偿。

⑨ 开证行或其指定银行审核单证无误后,偿付给议付行。

⑩ 开证行通知进口商付款。

⑪ 申请人向开证行付款赎取单据。

⑫ 申请人凭提单向船公司提货。

六、信用证的种类

信用证的种类很多,可以从其性质、用途、期限、流通方式等不同角度分为如下几种。

(一)跟单信用证和光票信用证

按是否随附货运单据,信用证可分为跟单信用证(documentary credit)和光票信用证(clean credit)。

1. 跟单信用证

跟单信用证是开证行凭跟单汇票或单纯凭单据付款的信用证。所谓跟单,大多是指代表货物所有权或证明货物已装运的运输单据、商业发票、保险单、商检证书、海关发票、产地证书、装箱单等。

2. 光票信用证

光票信用证是开证行仅凭受益人开具的汇票或简单收据而无须附带单据付款的信用证,主要用于贸易总公司与各地分公司间的货款清偿及贸易从属费用和非贸易费用的结算。

(二) 不可撤销信用证

不可撤销信用证(irrevocable credit)是指未经开证行、保兑行(如有)以及受益人同意,既不能修改也不能撤销的信用证,一般在信用证上加注"Irrevocable"字样。这种信用证对于受益人来说是比较可靠的。当然,在征得开证行、保兑行和信用证受益人同意的情况下,即使是不可撤销信用证也是可以撤销和修改的。

(三) 保兑信用证和不保兑信用证

按是否加以保兑,信用证可分为保兑信用证(confirmed letter of credit)和不保兑信用证(unconfirmed letter of credit)。

1. 保兑信用证

当一份信用证上除了有开证行确定的付款保证外,还有另一家银行确定的付款保证,这样的信用证就是保兑信用证,这种信用证一般是不可撤销信用证。其中,对信用证加保的银行称为保兑行。信用证经过保兑以后,保兑行和开证行都是承担第一性付款责任的银行,所以出口商拥有双重付款保证,对其有利。

2. 不保兑信用证

不保兑信用证是指未经另一家银行加具保兑的信用证。

(四) 即期付款信用证和远期付款信用证

按付款期限的不同,信用证可分为即期付款信用证(sight payment credit)和远期付款信用证(usance credit)。

1. 即期付款信用证

即期付款信用证是指信用证规定受益人开立即期汇票,或不需即期汇票、仅凭单据即可向指定银行提示请求付款的信用证。付款行付款后无追索权。即期付款信用证一般要求出具汇票,汇票的付款人是银行,由于即期付款信用证可使受益人通过银行付款或议付及时取得货款,因而在国际贸易结算中被广泛使用。

2. 远期付款信用证

远期付款信用证是指开证行或付款行在收到远期汇票或单据后不是立即付款,而是首先对汇票进行承兑,在汇票到期日再履行付款责任的信用证。

其主要作用是便利进口商资金融通。远期付款信用证又可分为银行承兑远期信用证、延期付款信用证及假远期信用证。

(五) 付款信用证、承兑信用证和议付信用证

按付款方法，信用证可分为付款信用证(payment credit)、承兑信用证(acceptance credit)和议付信用证(negotiation credit)。

1. 付款信用证

付款信用证是指指定某一银行付款的信用证。此种信用证一般不要求受益人开具汇票，而仅凭受益人提供的单据付款。

2. 承兑信用证

承兑信用证是指指定某一银行承兑的信用证。采用此种信用证时，指定银行应承兑受益人向其开具的远期汇票，并于汇票到期日履行付款义务。

3. 议付信用证

议付信用证是指允许受益人向某一指定银行或任何银行交单议付的信用证。通常在单证相符条件下，受益人开具汇票，连同单据一起向信用证允许的银行进行议付，议付行则在审单后扣除垫付资金的利息，将余款付给受益人。然后议付行将汇票与单据按信用证规定的方法交与开证行索偿。议付信用证可分为公开议付信用证、限制议付信用证。前者在任何银行均可办理，后者则由一家指定的银行议付。

(六) 可转让信用证和不可转让信用证

按受益人对信用证权利可否转让，信用证可分为可转让信用证(transferable credit)和不可转让信用证(non transferable credit)。

1. 可转让信用证

可转让信用证是指信用证的受益人(第一受益人)可以要求授权付款、承担延期付款责任、承兑或议付的银行(统称"转让行")，或当信用证是自由议付时可以要求信用证中特别授权的转让行，将信用证全部或部分转让给一个或数个受益人(第二受益人)使用的信用证。开证行在信用证中要注明"可转让"(transferable)，且只能转让一次。

2. 不可转让信用证

不可转让信用证是指受益人不能将信用证的权利转让给他人的信用证。凡信用证中未注明"可转让"，即是不可转让信用证。

(七) 背对背信用证

背对背信用证(back to back credit)又称转开信用证。受益人要求原证的通知行或其他银行以原证为基础，开立以该银行为开证行、以原证受益人为申请人的一份内容相似的新信用证，新开的信用证即背对背信用证。

背对背信用证的开立通常是中间商转售他人货物，或两国不能直接办理进出口贸易时，通过第三者以此种办法来沟通贸易。其中的原始信用证又称为主要信用证，而背对背信用证是第二信用证。

(八) 对开信用证

对开信用证(reciprocal credit)是指两份信用证的开证申请人互以对方为

受益人而开立的信用证。第一张信用证的受益人就是第二张信用证(也称回头证)的开证申请人,第一张信用证的开证申请人就是第二张信用证的受益人,第一张信用证的通知行往往就是第二张信用证的开证行。两张信用证的金额相等或大致相等,两证可同时开立,也可先后开立,这种信用证一般用于来料加工、补偿贸易和易货交易。

(九)循环信用证

循环信用证(revolving credit)是指信用证被全部或部分利用后,其金额能够恢复至原金额,可再次使用,直至达到规定次数或规定的总金额的信用证。循环信用证按运用的方式分为按时间循环信用证(revolving around time letter of credit)和按金额循环信用证(revolving around value letter of credit)两种。

(1) 按时间循环信用证。按时间循环信用证是指受益人在一定时间内可多次支取信用证规定金额的信用证。

(2) 按金额循环信用证。按金额循环信用证是指受益人按信用证规定金额议付后,仍恢复原金额继续使用,直至用完规定的循环次数或总金额的信用证。按金额循环信用证根据恢复的方式不同又可以分为自动循环、非自动循环和半自动循环三种。

循环信用证的特点是可以多次使用,它通常用于商品数量大,需要在较长的一段时间内分期、分批交货的情况。使用循环信用证,进口人不必多次开证,从而节省了开证费用,同时出口人也可免去多次审证的麻烦。

(十)预支信用证

预支信用证(anticipatory credit 或 prepaid credit)是指开证行授权付款行(通常为通知行)向受益人预付信用证金额的全部或一部分,由开证行保证偿还并负担利息的信用证。与远期信用证恰恰相反的是,开证行付款在前,受益人交单在后。信用证中预先垫款的特别条款,习惯上是用红字打出的,以引人注目,所以也称为“红条款信用证”。

这种信用证主要用于出口商资金紧张或者信用证项下的货物在市场上属于紧缺物资,或者货物的投资大、生产周期长等情况,所以信用证的预支是凭受益人光票和按时发货交单的保证进行的,有些信用证则规定受益人提交货物仓单做抵押。预支信用证分为全部预支信用证(clean payment credit)和部分预支信用证两种。

(1) 全部预支信用证。全部预支信用证是指仅凭受益人提交的光票预支全部货款,实际上等于预付货款的信用证。

(2) 部分预支信用证。部分预支信用证是指凭受益人提交的光票和以后补交的装运单据的声明书预支部分货款,待货物装运后、货运单据交到银行再付清余款的信用证。但预支货款要扣除利息。

(十一)SWIFT 信用证

SWIFT 是国际银行同业间的国际合作组织,于 1973 年 5 月在比利时成立,专门从事传递各国之间非公开性的国际金融电信业务,包括外汇买卖、证券交易、开立信用证、办理信用证项下的汇票业务和托收等,还兼理国家间的财务清算和银行间的资金调拨。目前全球大多数国家的大多数银行已使用 SWIFT 系统。

SWIFT 信用证是指凡通过 SWIFT 系统开立或予以通知的信用证。在国际贸易结算中,SWIFT 信用证是正式的、合法的,被信用证各当事人所接受的、国际通用的信用证。

采用 SWIFT 信用证必须遵守 SWIFT 的规定,也必须使用 SWIFT 手册规定的代号(tag),而且信用证必须遵循国际商会 2007 年修订的《跟单信用证统一惯例》各项条款的规定。SWIFT 信用证可省去开证行的承诺条款(undertaking clause),但不因此免除银行所应承担的义务。

SWIFT 系统的使用,为银行的结算提供了安全、可靠、快捷、标准化和自动化的通信业务,从而大大提高了银行的结算速度。SWIFT 信用证的费用较低。同样多的内容,SWIFT 信用证的费用只有电传的 18%左右,只有电报的 2.5%左右。因此 SWIFT 信用证现在已被许多国家和地区的银行使用,在我国银行的电开信用证或收到的信用证电开本中,SWIFT 信用证也已占很大比重。

[**案例 7-2**]

甲国某公司向某地出口某种商品 15 000 箱,合同规定 1 月至 6 月按月等量装运,每月 2 500 箱,凭不可撤销即期信用证付款。客户按时开来信用证,证上总金额和总数量均与合同相符,但装运条款为“最迟装运期 6 月 30 日,分数批装运”。甲方 1 月装出 3 000 箱,2 月装出 4 000 箱,3 月装出 8 000 箱。客户发现后向甲方提出异议。甲方这样做会出现什么后果?

分析 甲国某公司如果这样做,会出现单证不符。因为合同规定是按月等量装运,而且信用证也与合同相符。如果按照本案例中的实际装运,运输单据会与信用证不符。最终开证行会以单证不符拒付。

思政元素 要具有工匠精神和责任意识。

第四节 银行保函与备用信用证

一、银行保函

(一) 银行保函的含义

银行保函(letter of guarantee,L/G)又称保证书,是指银行应申请人的请求,向第三方(受益人)开立的一种书面信用担保凭证,保证在申请人未能按双方协议履行其责任或义务时,由担保人代其履行一定金额、一定期限范围内的某种支付责任或经济赔偿责任。

（二）银行保函的当事人

银行保函的当事人主要有四方，即申请人、受益人、担保行(guarantor bank)和通知行。

(1) 申请人，又称委托人。申请人是向银行申请开出保函的当事人。申请人负担银行的一切费用及利息，并按银行要求预支部分或全部押金。一旦规定的情况发生，银行对受益人付款，申请人须立即偿还银行的垫款。

(2) 受益人。受益人是收到保函并有权凭保函及符合保函要求的各种单据证明向银行索偿的当事人。

(3) 担保行。担保行是按申请人的申请书开出保函的那家银行。担保行有义务按保函规定的条件对受益人付款，在申请人不能偿还垫款时有权处置申请人的押金或抵押物，并向其追索不足的欠款。

(4) 通知行。通知行就是受担保行的委托，向受益人通知保函的银行，一般是受益人所在地并与担保行有业务往来的银行，通常是担保行的联行或代理行。

（三）银行保函的内容

银行保函并无统一格式，内容也因具体交易不同而异，主要有下列几项。

1. 基本栏目

基本栏目包括保函的编号、开立日期、各当事人的名称、地址、有关交易或工程项目的名称、有关合同或标书的编号和订约或签发日期等。

2. 责任条款

责任条款是指开立保函的银行或其他金融机构在保函中承诺的责任条款，是银行保函的主体。

3. 保证金额

保证金额是开立保函的银行或其他金融机构所承担责任的最高金额，既可以是一个具体金额，也可以是合同或有关文件金额的某个百分比。

4. 有效期

有效期是最迟的索赔期限，或称到期日。它既可以是一个具体确定的日期，也可以是在某一行为发生后的一定时期。

5. 索偿方式

索偿方式是指受益人在何种情况下可向开立保函的银行提出索偿。其通常可分为两种：一是见索即付保函，是指由银行、保险公司或其他任何组织或个人出具的书面保证，在提交符合保函条款的索赔书(如工艺师或工程师出具的证明书、法院判决书或仲裁裁定书)时，承担付款责任的承诺文件；二是条件保函，是指在符合保函规定的条件下，保证人才予以付款的保函。

（四）银行保函的种类

(1) 按银行保函与基础合同的关系，银行保函可分为附属性保函和独立性保函。附属性保函是指法律效力随合同变化而发生相应变化的保函。在附属性保函下，担保行的付款责任是否成立，只能以基础合同的条款及交易背景的实际情况确定。传统的保函大都是这一类型。独立性保函一经开出，其法律效力不再依附基础交易合同,其付款责任依据保函自身条款。当今国际上通行的保函大多数属于独立性保函。

(2) 按保函开立方式不同,银行保函可分为直接保函和间接保函。直接保函是银行应申请人要求直接向受益人开立的保函；间接保函是银行以提供反担保的形式委托受益人所在地的另一家银行向受益人开立并对受益人承诺付款责任的保函。

(3) 按不同基础交易,银行保函可分为出口保函、进口保函和对销贸易保函。其中,出口保函是银行应货物或劳务出口方申请向进口方开出的,广泛用于招投标、国际工程承包等业务的保函,如投标保函、履约保函、还款保函等；进口保函是银行应进口商申请向出口商开立的保函,如付款保函、延期付款保函、分期付款保函等；对销贸易保函用于进口与出口双向发生的交易,较常见的如补偿贸易保函、来料加工与来件加工保函等。

除以上几种保函外,还有赔偿保函、租赁保函、透支保函和借款保函等。

(五) 银行保函与信用证的异同

银行保函与信用证有相同之处,但又有所不同。

其相同之处是：银行保函和信用证均属银行信用,银行的付款责任都是第一性的；都规定有金额限制；都有有效期限和保付条款等。

其不同之处如下。

(1) 适用范围不同。信用证主要适用于货物的买卖；而银行保函的用途较为广泛,除用于货物贸易外,还可用于工程承包、投标与招标、借贷与融资等业务。

(2) 对单据的要求不同。在信用证方式下,与信用证相符的货运单据是付款的主要依据；在银行保函方式下,单据则不是付款的依据,而是凭符合保函条款的索赔书或保函中规定的其他文件承担付款责任。

二、备用信用证

(一) 备用信用证的含义及性质

备用信用证(standby letter of credit)又称商业票据信用证、担保信用证，指开证行根据开证申请人的请求对受益人开立的承诺承担某项义务的凭证，即开证行保证在开证申请人未能履行其义务时,受益人只要凭备用信用证的规定提交开证人违约证明,即可取得开证行的偿付。

备用信用证属于银行信用,开证行对受益人保证,在开证申请人未履行其义务时,即由开证行付款。因此,备用信用证对受益人来说是备用于开证申请人发生毁约时,取得补偿的一种方式。如果开证申请人按期履行合同的义务,受益人就无须要求开证行在备用信用证项下支付货款或赔款。这是其称作“备用”(standby)的由来。

（二）备用信用证的种类

1. 履约备用信用证

履约备用信用证（performance standby L/C），开证行担保一项支付金钱以外的履约义务，包括对申请人在基础交易中违约而造成损失进行赔偿的义务。在履约备用信用证有效期内如发生申请人违反合同的情况，开证行将根据受益人提交的符合备用信用证的单据（如索款要求书、违约声明等）代申请人赔偿合同或保函规定的金额。

2. 投标备用信用证

投标备用信用证（tender bond standby L/C），开证行担保申请人中标后执行合同的责任和义务。若投标人未能履行合同，开证行必须按备用信用证的规定向受益人履行赔款义务。投标备用信用证的金额一般为投标报价的1%～5%（具体比例视招标文件的规定而定）。

3. 预付款备用信用证

预付款备用信用证（advance payment standby L/C），开证行保证申请人收到受益人的预付款后会履行已订立的合约义务。

如果申请人不履约，开证行负责退还给受益人预付款和利息。预付款备用信用证常用于国际工程承包项目中业主向承包人支付的占合同总价10%～25%的工程预付款，以及进出口贸易中进口商向出口商的预付款。

4. 直接付款备用信用证

直接付款备用信用证（direct payment standby L/C），开证行保证一项基本付款义务，特别是与融资备用信用证相关的基础款，而不论是否涉及违约。直接付款备用信用证主要用于担保企业发行债券或订立债务契约时的到期支付本息义务。

5. 商业备用信用证

商业备用信用证（commercial standby L/C），是指开证行应开证申请人的请求，对受益人开立的承担某些义务的凭证。如在开证申请人未按时履约或未按时支付货款的情况下，开证行负责支付货款或承担有关责任。

（三）备用信用证与跟单信用证的异同

1. 备用信用证与跟单信用证的相同之处

备用信用证与跟单信用证的开证行所承担的付款义务都是第一性的；均凭符合信用证规定的凭证或单据付款；备用信用证与跟单信用证都是在买卖合同或其他合同的基础上开立的。

2. 备用信用证与跟单信用证的不同之处

（1）在跟单信用证下，受益人只要提交与信用证要求相符的单据，即可向开证行要求付款；而在备用信用证下，受益人只有在开证申请人未履行义务时，才能行使信用证规定的权利。如开证申请人履行了约定的义务，则备用信用证就成为备而不用的文件。

（2）跟单信用证一般只适用于货物的买卖；而备用信用证可适用于货物以

外的多方面的交易,例如,在投标业务中,可保证投标人履行其职责;在借款、垫款中,可保证借款人到期还款;在赊销交易中,可保证赊购人到期付款等。

(3) 跟单信用证一般以符合信用证规定的货运单据为付款依据;而备用信用证一般只凭受益人出具的说明开证申请人未能履约的证明文件,开证银行即保证付款。

(四) 银行保函和备用信用证的异同

1. 银行保函与备用信用证的相同之处

银行保函与备用信用证都是银行因申请人的违约向受益人承担赔付责任,都属于银行信用,都充当一种担保功能,而且作为唯一付款依据的单据,都是受益人出具的违约声明或有关证明文件。银行在处理备用信用证和银行保函业务交易时都是一种单据交易,都只审查单据表面是否相符,而不对单据的真伪以及受益人与申请人之间的基础交易是否合法进行有效审查。其具体表现为定义和法律当事人基本相同、使用目的和性质相同。

2. 银行保函与备用信用证的不同之处

银行保函有附属性保函和独立性保函之分,备用信用证无此区分;适用的法律规范和国际惯例不同;开立方式不同;生效条件不同;兑付方式不同;融资作用不同;单据兑付要求不同;等等。

第五节 国际保理

一、国际保理业务的概念

国际保理业务又称保付代理(factoring)业务,是指出口商以挂账、承兑交单等方式销售货物时,在货物装运后立即将发票、汇票、提单等有关单据,卖断给承购应收账款的财务公司或专门组织,收进全部或一部分货款,从而取得资金融通的业务。

财务公司或专门组织买进出口商的票据、承购出口商的债权后,通过一定的渠道向进口商催还欠款,如遭拒付,不能向出口商行使追索权。财务公司或专门组织与出口商在形式上是票据买卖、债权承购与转让的关系,而不是一种借款关系。

二、国际保理业务的种类

依据不同的分类标准,可以把保理业务分为不同的种类。

(一) 到期保理和预付保理

按是否立即向出口商付款,保理业务可分为到期保理(maturity factoring)和预付保理(advance factoring)。

(1) 到期保理是指出口商将有关单据出售给保理商后,保理商并不立即向出口商支付现款,而是确认并同意在票据到期时无追索权地向出口商支付票据金额的保理业务。

(2) 预付保理是指出口商将有关单据出售给保理商以后，保理商立即对其支付票款的保理业务。由于预付保理较为常见，所以又被称为标准保理(standard factoring)。

(二) 公开保理和幕后保理

按是否将保理商向进口商公开，保理业务可分为公开保理(disclosed factoring)和幕后保理(undisclosed factoring)。

(1) 公开保理是指当出口商将单据出售给保理商后，由保理商出面向进口商收款，同时出口商也通知进口商将货款付给保理商的保理业务。

(2) 幕后保理是指由于出口商不愿让进口商得知其缺乏流动资金而需要保理，因此在把单据出售给保理商以后，仍然由自己向进口商收款，然后再转交给保理商的保理业务。

(三) 双保理商模式和单保理商模式

按保理业务涉及的当事人不同，保理业务可分为双保理商模式(two-factor system)和单保理商模式(single factor system)。

(1) 双保理商模式。双保理商模式是涉及进出口双方保理商的保理业务模式。在这种模式下，出口商和出口保理商签订保理协议，将其在国外的应收账款转让给出口保理商，而由出口保理商与进口保理商签订代理协议，向进口保理商转让有关的应收账款，并且委托进口保理商直接与进口商联系收款，同时由进口保理商提供坏账担保、债款催收和销售额度核定等服务。

(2) 单保理商模式。单保理商模式是只涉及一方保理商的国际保理业务模式，通常适用于进出口双方中有一方没有保理商的情况。单保理商模式又可以分为直接进口保理商形式(direct import factor system)和间接出口保理商形式(indirect export factor system)。在直接进口保理商形式下，由出口商与进口保理商进行联系，这种形式多用于出口方的客户集中在某一个国家或地区的情况。在更为常见的间接出口保理商形式下，则由出口方与本国的出口保理商联系。总的来说，单保理商模式是国际贸易运用保理业务比较早期的产物，现在主要适用于国内保理业务。

三、国际保理业务的程序

目前，国内保理商的国际保理业务按照双保理商模式操作，国内保理商作为双保理商模式下的出口保理商。图 7-7 所示为双保理商模式下的操作。

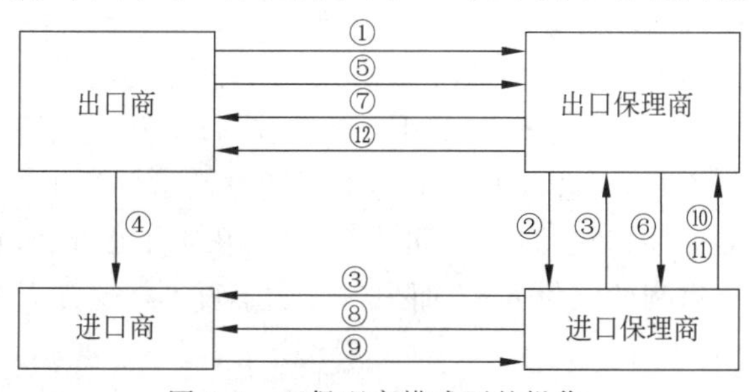

图 7-7 双保理商模式下的操作

注:

① 出口商向出口保理商提出保理需求并为有关进口商申请信用额度。

② 出口保理商要求进口保理商对进口商进行信用评估。

③ 进口保理商对进口商核准信用额度,通过出口保理商通知出口商。

④ 出口商向进口商进货,并将附有应收账款转让条款的发票寄送给进口商。

⑤ 出口商向出口保理商申报(提交发票副本)。

⑥ 出口保理商通知进口保理商。

⑦ 如出口商有融资需求,出口保理商向出口商融资(不超过发票金额的80%)。

⑧ 进口保理商于应付款日前提示进口商付款。

⑨ 进口商于发票到期日向进口保理商付款。

⑩ 进口保理商将款项付给出口保理商。

⑪ 如果进口商在发票到期日后等待期结束时仍未付款,进口保理商向出口保理商进行垫付。

⑫ 出口保理商扣除利息及费用后向出口商付款。

四、国际保理业务的优点

(1) 对出口商的好处:①具有贸易融资的作用;②坏账担保与信用风险控制;③改善付款条件,提高出口竞争力;④实现高效应收账款的管理。

(2) 对进口商的好处:①获得融资便利;②得到对进口商品的质量担保;③节省费用和简化手续。

第六节 国际结算方式的结合使用

一、选择支付方式应考虑的因素

交易双方在选择支付方式时要考虑的因素很多,需根据具体情况综合分析。

(一) 交易对手的资信情况

交易对手的资信是交易时应当考虑的首要因素,无论是进口方还是出口方都应当事先了解或调查对方的资信情况。当对对方的资信情况不是十分了解或认为对方的资信不是很好时,应当尽量选择对自己风险小的支付方式;当对方是自己长期可靠的贸易伙伴或资信很好时,则可以选择对双方都有利的、手续简单、费用少的支付方式。

(二) 货物的销路情况

货物的销路情况也是左右交易双方采纳支付方式的一个重要因素。对于畅销货来说,出口方可以要求采用对自己有利,特别是在资金占用方面对自己有利的支付方式,而进口方则不得不在这方面做些让步;对于滞销货或市场竞争激烈的商品来说,进口方可以要求采用对自己有利,特别是在资金占用方面对自己有利的支付方式,而出口方则不得不在这方面做些让步。

（三）运输单据的性质

由于有些运输单据是物权凭证，而有些运输单据并非物权凭证，因此运输单据的性质对于支付方式的选择也有影响。在代表物权的海运提单或联合运输提单等运输单据项下，只要控制提单就等于控制了货物，有利于单据交接，买方可以大胆使用信用证甚至 D/P 托收方式收取货款，但在空运、陆运或邮寄等运输单据项下，由于这些运输单据并非物权凭证，不利于单据交接，因此不利于卖方以 D/P 托收方式收取货款。

（四）其他因素

选择支付方式时除了要考虑以上因素外，还要考虑交易金额的大小、销售地的商业习惯，以及买方是否在销售地有代理机构等诸多因素。

二、各种支付方式的结合使用

在国际贸易业务中，一笔交易的货款，通常只使用一种结算方式。也可根据需要，如交易商品的不同、交易对象的不同等具体情况将两种以上的结算方式结合在一起使用，这样有利于促成交易，也有利于安全与及时收汇，同时还有利于妥善处理付汇。常见的不同结算方式有信用证与汇付结合、信用证与托收结合、汇付与银行保函结合、托收与备用信用证结合、信用证和银行保函结合、分期付款和延期付款情况下的多种结算方式结合。

（一）信用证与汇付结合

这是指一笔交易的货款，部分用信用证方式支付，余额用汇付方式支付的结算方式。这种结算方式的结合形式一般用于允许其交货数量有一定机动幅度的某些初级产品的交易。经过国际贸易买卖双方的同意，在信用证中规定凭装运单据先付发票金额或在货物发运前预付若干金额，余额等货到目的地(港)后或经再检验的实际数量用汇付方式支付。使用这种结算方式，必须首先说明采用的是何种信用证、何种汇付方式以及按信用证支付金额的比例等事项。

例如，成交的契约货物是散装物，如矿砂、煤炭、粮食等，进出口商同意采用信用证支付总金额的 90%，待货到后经过验收，确定其货物计数单位后，将 10%的余额货款采用汇付办法支付。

（二）信用证与托收结合

这是指一笔交易的货款，部分用信用证方式支付，余额用托收方式支付的结算方式。这种结算方式的具体做法通常是：信用证规定受益人(出口人)开立两张汇票，属于信用证项下的部分货款凭光票支付，而其余额则将货运单据附在托收的汇票项下，按即期或远期付款交单方式托收。

对进口商来讲，这种结算方式可减少开证保证金，用少量的资金做大于投资几倍的贸易额，有利于资金的周转，而且可节约银行费用。对出口商来讲，采用部分使用信用证、部分托收方式，虽然托收部分须承担一定的风险，但可以信用证做保证，这是一种保全的办法。除此之外，还有保全措施，即全部货运单据须附在托收汇票项下,开证银行或付款银行收到单据与汇票时,由银行把住关口,须由进口商全部付清货款后才可把提单交给进口商,以此安全收汇,可防止进口商对信用证项下部分货款付款后,取走提单。

在信用证上,表示上述功能的文句如下。

兹开立本信用证规定50%发票金额凭即期光票支付,余下50%即期付款交单。100%发票金额的全套装运单据随附于托收项下,于进口商付清发票全部金额后交单。若进口方不付清全部金额,则装运单由开证银行(或付款银行)控制,凭出口商旨意予以办理。

(三) 汇付与银行保函结合

汇付与银行保函结合的形式常用于成套设备、大型机械和大型交通运输工具(飞机、船舶等)等货款的结算。这类产品交易金额大、生产周期长,往往要求买方以汇付方式预付部分货款或定金,其余大部分货款则由买方开加保函分期付款或延期付款。

此外,还有汇付与托收结合、托收与备用信用证结合等形式。在开展对外经济贸易业务时,究竟选择哪一种结合形式,一般要视具体情况来确定。

(四) 托收与备用信用证结合

托收与备用信用证结合的支付方式,其实质就是对一笔应收货款进行双保险。当托收项下款项未能及时收妥、遭到进口商拒付时,则出口商可根据备用信用证的要求,提交汇票以及由公证机构出具的"未收货款"声明,由开证银行向出口商付款。

(五) 信用证和银行保函结合

在大型仪器设备的引进中,由于涉及从设备安装、调试、保养到操作人员的培训等一系列的售后服务问题,就需要通过这种支付方式的组合来平衡交易各方的权利与义务,从而保证合作的成功。例如,在进口开证中,可将总金额分成两部分,90%在跟单信用证项下支付,剩下的10%凭出口商出具的保函,以及最终用户与买卖三方在对售后服务的认可书上签字后才支付。

(六) 分期付款和延期付款情况下的多种结算方式结合

在成套设备、大型机械产品和交通工具的交易中,因为成交金额较大、产品生产周期较长,一般采取按工程进度和交货进度分若干期付清货款,即分期付款和延期付款的方法。此种方法即为各种不同结算方式的组合使用。

1. 分期付款

买卖双方约定:在投产前,买方用汇付方式,先预交部分货款作为定金;在买方付出定金前,卖方应向买方提交银行保函或备用信用证;除定金外,其余货款可按不同阶段分期支付,买方开立不可撤销的信用证,即期付款,但最后一笔货款一般是在交货或卖方承担质量保证期满时付清。货物所有权则在买方付清最后一笔货款时转移。在分期付款的条件下,货款在交货时付清或基本付清。因此,按分期付款条件所签订的合同是一种即期合同。

2. 延期付款

在成套设备和大宗交易的情况下,由于成交金额较大,买方一时难以付清全部货款,可采用延期付款的办法。其做法是,买卖双方签订合同后,买方一般要预付一小部分货款作为定金。有的合同还规定按工程进度和交货进度分期支付部分货款,但大部分货款是在交货后若干年内分期摊付,即采用远期信用证支付。延期支付的那部分货款实际上是一种赊销,等于是卖方给买方提供的商业信贷,因此,买方应承担延期付款的利息。在延期付款的条件下,货物所有权一般在交货时转移。

附录　汇票

本章小结与关键术语

思考题

1. 什么是汇票？其有哪些种类？
2. 商业汇票与银行汇票有哪些区别？
3. 什么是本票？其与汇票有哪些异同？
4. 什么是支票？其与汇票有哪些异同？
5. 什么是汇付？其有哪些种类？
6. 简述托收的业务程序。
7. 什么是付款交单和承兑交单？
8. 简述信用证的含义及基本业务程序。
9. 简述银行保函的含义和性质。
10. 什么是国际保理？其性质和作用有哪些？
11. 分期付款与延期付款有何区别？
12. 有一份从国外开来的信用证,金额为100 000美元,允许货物分批装运。受益人已装出50 000美元货物,议付行在议付50 000美元货款后的第二天收到开证行撤销信用证的通知。试问：开证行对已议付的50 000美元有无拒付的权利？为什么？

练习题

第八章　国际货物贸易的检验与检疫

学习目标

- 掌握检验检疫的含义和作用、内容和范围、时间和地点。
- 了解检验检疫机构。
- 了解检验检疫证书的种类和作用。
- 掌握合同中有关检验检疫的条款。

第一节　商品检验检疫概述

一、商品检验检疫的含义和权利

（一）商品检验检疫的含义与作用

商品检验检疫(commodity inspection and quarantine)是指商品检验机构对货物的品质、数(重)量、包装、安全性能、卫生指标、残损情况、货物装运技术条件等方面进行检验和鉴定,对涉及人、动物、植物的传染病、病虫害、疫情等进行检疫,并出具检验检疫证书的工作,从而确定货物的各项指标是否符合合同规定,是否符合交易双方国家的有关法律和行政法规的规定。

商品检验检疫是国际贸易中非常重要的一个环节。在国际贸易中,由于买卖双方分处不同的国家(或地区),相距遥远,进出口的货物要经过远距离的运输、多次的装卸,而且一般不能当面验看货物或交接货物,因此常常在交货的品质、数(重)量、包装、安全性能、卫生指标、残损情况、货物装运技术条件等问题上产生争议。另外在运输过程中,自然因素或非自然因素也会使货物的品质、数(重)量、包装、安全性能、卫生指标、残损情况、货物装运技术条件等发生变化,同样会引起交货双方的争议。

为了保护交易双方的利益,避免发生争议,或发生争议后便于交易双方划分责任、解决争议,由一个权威的、有资格的且交易双方认可的第三方来进行公正的处理是非常必要的。商品检验机构正是以第三方的身份出现,公正地对货物的品质、数(重)量、包装、安全性能、卫生指标、残损情况、货物装运技术条件等方面进行检验和鉴定,并出具检验证书,以此作为交易双方交接货物、支付货款、进行索赔、理赔和解决争议的依据。此外,商品检验检疫还关系到出口国能否保持良好的信誉,使本国出口贸易持续发展;关系到进口国的社会福利;关系到交易双方的经济利益等。可以看出,商品检验检疫对于国际贸易的顺利进行是非常重要的,也是非常必要的。

修订的《中华人民共和国进出口商品检验法》第五条规定,列入目录的进出口商品,由商检机构实施检验。

前款规定的进口商品未经检验的,不准销售、使用;前款规定的出口商品未经检验合格的,不准出口。本条第一款规定的进出口商品,其中符合国家规定的免予检验条件的,由收货人或者发货人申请,经国家商检部门审查批准,可以免予检验。

(二)检验检疫权

检验检疫权是指合同当事人中由哪一方享有对商品品质、数(重)量、包装、传染病、病虫害、疫情等项内容进行最后评定的权利。

商品的检验检疫是国际货物买卖中的一个重要环节,对于卖方交付的货物,买方是接受还是拒绝要依据有关检验检疫机构给出的检验检疫结果而定,检验检疫机构可能是卖方所在地的检验检疫机构,也可能是买方所在地的检验检疫机构,对货物实施检验检疫,既是买卖双方的一项权利,也是买卖双方的一项义务,所以对商品的质量、数量等进行检验对双方具有重要的意义。但在实际业务中,卖方在交付货物后通常已经通过协议取得货款,因此各国法律和有关国际条约都更强调买方的检验检疫权。

《联合国国际货物销售合同公约》不仅明确规定了买方对货物负有责任的具体界限,还明确规定了买方对货物有检验检疫的权利。其第三十六条第(1)款规定:"卖方应按照合同和本公约的规定,对风险移转到买方时所存在的任何不符合同情形,负有责任,即使这种不符合同情形在该时间后方始明显。"第三十八条规定:"(1)买方必须在按情况实际可行的最短时间内检验货物或由他人检验货物。(2)如果合同涉及到货物的运输,检验可推迟到货物到达目的地后进行。(3)如果货物在运输途中改运或买方须再发运货物,没有合理机会加以检验,而卖方在订立合同时已知道或理应知道这种改运或再发运的可能性,检验可推迟到货物到达新目的地后进行。"

《民法典》规定收货人在提货时负有检验货物的义务。

根据《民法典》的相关规定,收货人在提货时负有检验货物的义务,应当在约定的期限内进行检验。当事人没有约定检验期限,且根据法律规定也不能确定的,要在合理期限内检验。

《民法典》第八百三十一条规定了收货人检验货物有关内容。根据本条规定,关于检验货物的期限如下。

第一,明确了按照约定的期限检验,即收货人提货时应当按照约定的期限检验货物。

第二,明确了对检验货物的期限没有约定或者约定不明确的处理规则:一是依据第五百一十条关于"合同生效后,当事人就质量、价款或者报酬、履行地点等内容没有约定或者约定不明确的,可以协议补充;不能达成补充协议的,按照合同相关条款或者交易习惯确定"的规定确定期限。二是在合理期限内检验,即对检验货物的期限没有约定或者约定不明确,依据第五百一十条的规定仍不能确定的,应当在合理期限内检验货物。

第三,明确了未提出异议视为交付,即收货人在约定的期限或者合理期限内对货物的数量、毁损等未提出异议的，视为承运人已经按照运输单证的记载交付的初步证据。

二、商品检验的内容

对于不同的货物、不同的状况，商品检验的内容是不同的。常见的商品检验有品质检验、数(重)量检验、包装检验、卫生检验、残损检验等。

(一) 品质检验

品质检验是针对货物的外观、化学成分、物理性能等方面所进行的检验，主要有仪器检验和感官检验两种方法。仪器检验是利用相关的仪器或机械设备，对商品的化学成分、物理性能等方面进行全面的分析和检验；感官检验则是通过人的眼、耳、鼻、口、手等对商品进行感官上的分析和检验。

(二) 数(重)量检验

数(重)量检验是使用合同规定的计量单位和计量方法对货物的数(重)量进行检验，以确定其是否符合合同所规定的数(重)量。在实际业务中，由于人为因素或其他非人为因素，对货物的数(重)量的测定允许有一定的误差，但要求误差在合理的范围内。

(三) 包装检验

包装检验是对货物包装的牢固性和完整性进行检验，检验其是否适应货物本身的特性，是否适合货物在运输过程中的装卸及搬运，是否符合合同及其他有关规定。另外，在进行包装检验时，还应对包装标志的各项内容进行核对，看其是否与合同的规定相符。

(四) 卫生检验

卫生检验是检验进出口货物是否包含影响人类生命健康的各种物质，尤其是对于肉、蛋、奶、水果等商品，必须进行卫生检验、检疫，不符合本国法律、法规的货物，一律不准进口和出口。

(五) 残损检验

残损检验是对货物的残损部分进行检验和鉴定，掌握货物残损的具体原因及其对货物价值的影响，并出具检验证书，作为受害方索赔的依据。货物的残损主要指货物的残破、短缺、生锈、发霉、虫蛀、油浸、变质、受潮、水渍、腐烂等情况。进口货物残损检验的依据主要包括发票、装箱单、保险单、提单、商务记录及外轮理货报告等有效单证或资料。

除此之外，进出口货物检验还包括船舱、监视装载、签封样品、签发产地证书和价值证书等检验内容。

三、商品检验检疫的时间和地点

一般来讲，对于买卖双方应在何时、何地对货物进行检验检疫，各国并没有一个统一的规定，然而，检验检疫的时间和地点又关系到买卖双方的切身利益，所以买卖双方应在合同中对商品检验检疫的时间和地点作出明确具体的规定。

(一) 在出口国检验检疫

在出口国检验检疫属于货物在装运前的检验检疫,可以分为产地检验检疫和装运港(地)检验检疫。

1. 产地检验检疫

产地检验检疫即在货物离开生产地点(如工厂、农场、矿山等)之前,由卖方或其委托的检验检疫机构人员对货物的品质、数(重)量、包装等进行检验检疫,并出具检验检疫证书。卖方只承担货物离开产地之前的各种责任,日后货物在运输过程中出现的问题,由买方承担责任。此种做法一般在大型机械设备的交易中使用。

2. 装运港(地)检验检疫

装运港(地)检验检疫习惯上称为离岸品质和离岸重量,即货物在装运港或装运地装运前,由双方约定的商品检验检疫机构对货物的品质、数(重)量、包装等进行检验检疫,并出具检验检疫证书。当货物运抵目的港或目的地后,即使买方再对货物进行复验,并发现了问题,也无权再表示拒收或提出异议和索赔。

采用以上两种方法规定检验检疫时间和检验检疫地点时,即使买方在货到目的港或目的地后,经检验检疫发现货物的品质、数(重)量、包装等方面不符合合同规定,也不能就此向卖方提出异议,除非买方能证明这种不符是由于卖方违约或是货物存在内在缺陷造成的。可见,这类规定方法否定了买方对货物的复验权利,对买方极为不利。

(二) 在进口国检验检疫

在进口国检验检疫是货物在目的港或目的地卸货后进行检验检疫,可以分为目的港(地)检验检疫和营业处所(用户所在地)检验检疫。

1. 目的港(地)检验检疫

目的港(地)检验检疫习惯上称为到岸品质和到岸重量,即货物在到达目的港或目的地卸货后的一定时间内,由买卖双方约定的目的港或目的地的商品检验检疫机构对货物的品质、数(重)量、包装等进行检验检疫,并出具检验检疫证书。按此种做法检验检疫,如检验检疫证书证明货物与合同规定不符,则属于卖方责任,卖方应予负责。

2. 营业处所(用户所在地)检验检疫

营业处所(用户所在地)检验检疫即由买卖双方约定的在买方营业处所或最终用户所在地的商品检验检疫机构对货物的品质、数(重)量、包装等进行检验检疫,并出具检验检疫证书。这类规定方法主要是针对那些密封包装、精密复杂的商品,不宜在使用前拆包检验检疫,或是那些需要安装调试后才能进行检验检疫的成套设备和机电仪表产品。按此种方法检验检疫,如检验检疫证书证明货物与合同规定不符,则属于卖方责任,买方可以凭检验检疫证书向卖方索赔。

采用以上两种方法规定检验检疫时间与检验检疫地点，卖方必须保证货物到达目的港或目的地时，货物的品质、数(重)量、包装等与合同规定相符。如果由于卖方责任致使货到目的港或目的地时出现品质、数(重)量、包装等方面与合同不符的情况，买方可以凭双方约定的商品检验检疫机构出具的检验检疫证书向卖方索赔。此种方法对买方有利，对卖方不利。

(三) 在出口国检验检疫，在进口国复验

此种方法是卖方在货物装运时，委托本国的商品检验检疫机构对货物的品质、数(重)量、包装等进行检验检疫，并出具检验检疫证书，作为向当地银行议付货款的单据之一，但不是最终的依据。当货物运抵目的港或目的地时，再由当地的商品检验检疫机构对货物的品质、数(重)量、包装等进行复验，如发现货物的品质、数(重)量、包装等方面不符合合同的规定，买方可以凭对货物进行复验的检验检疫机构出具的检验检疫证书，向卖方提出异议或索赔。

这种规定方法一方面肯定了卖方的检验检疫证书是有效的交接货物和结算凭证，另一方面又确认了买方在收到货物后有复验的权利，对交易双方来讲是比较公平合理的，在国际贸易中被广泛采用，我国进出口业务中也多用此规定方法来约定商品检验检疫地点和检验检疫时间。

(四) 在装运港(地)检验检疫重量，在目的港(地)检验检疫品质

在装运港或装运地检验检疫重量，在目的港或目的地检验检疫品质，习惯上称为离岸重量和到岸品质。此种方法一般在大宗交易中使用，为调和交易双方在检验检疫时间和检验检疫地点上的矛盾，规定以装运港或装运地商品检验检疫机构验货后出具的重量检验检疫证书为卖方交货重量的最后依据，而以目的港或目的地的商品检验检疫机构验货后出具的品质检验检疫证书为卖方交货品质的最后依据。如货物到达目的港或目的地，经检验检疫发现因卖方责任致使货物品质与合同规定不符，则买方可以凭检验检疫证书向卖方索赔。但如果货物重量出现不符，则买方不得向卖方提出异议。

[**案例 8-1**]

甲国某公司与乙国一家公司以CIF新加坡的条件出口一批土特产，订约时甲国公司已知道该批货物要转销丙国。货物到乙国后，立即转运丙国。其后，乙国的买主凭丙国商检机构签发的在丙国检验的证明，向甲国公司提出索赔。请问，甲国公司应如何对待丙国的检验证书？为什么？

分析　《联合国国际货物销售合同公约》第三十八条第(3)项规定："如果货物在运输途中改运或买方须再发运货物，没有合理机会加以检验，而卖方在订立合同时已知道或理应知道这种改运或再发运的可能性，检验可推迟到货物到达新目的地后进行。"据此，乙国公司提交的丙国检验证书应该是有效的。

思政元素　要具有为社会服务的意识和科学的精神。

四、商品检验检疫的标准和方法

(一)商品检验检疫标准

商品检验检疫标准是指对进出口商品实施检验检疫所依据的标准。商品检验检疫标准有很多,一般以合同和信用证规定的标准作为检验检疫的依据。合同中约定的作为检验检疫依据的标准不能同国家有关法律、行政法规的规定等相冲突,否则该项合同内容是无效的。我国已有许多产品按有关国际标准的要求进行生产和出口,如国际标准化组织“ISO 9000《质量管理与质量保证》系列国际标准”,就是国际标准化组织为适应国际贸易发展的需要而制定的国际质量保证系列标准,具有很强的指导性和实用性。

(二)商品检验检疫方法

商品检验检疫方法是指对进出口商品检验检疫时抽样的方法。在检验检疫中,一般采用感官检验检疫、物理检验检疫、化学检验检疫、微生物检验检疫等方法。鉴于对同一项目、同一检验检疫可能有多种方法可采取,而所得结果却不尽相同,所以最好在合同中订明相应的检验检疫方法。

第二节　商品检验检疫机构

世界上各个国家(或地区)为了维护本国(或地区)的公共利益,一般都制定了检验、检疫、安全、卫生、环保等方面的法律,由政府设立监督检验检疫机构,依照法律和行政法规的规定,对有关进出口商品进行严格的检验检疫管理,这种检验称为“法定检验”“监督检验”或“执法检验”。

一、国际上的主要商品检验检疫机构

商品检验检疫机构作为公正的第三方对进出口货物进行检验检疫,并出具检验检疫证书,已经成为国际贸易中的一个重要环节。各个国家或地区都设立了自己的商品检验检疫机构,根据它们的性质,可以分为官方商品检验检疫机构、半官方商品检验检疫机构和非官方商品检验检疫机构三种。

(一)官方商品检验检疫机构

此类商品检验检疫机构是指由政府出资设立的,依据国家有关法律、法规对进出口货物进行强制性检验、检疫的机构。我国的国家出入境检验检疫机构就属于此类。世界上比较著名的官方商品检验检疫机构有美国食品药品监督管理局(Food and Drug Administration,FDA)、美国粮谷检验署(FGES)、法国国家实验室检测中心、日本通商产业省检验所等。

在美国,对官方检验检疫机构检验进出口商品的权限实行专业化分工,分别由14个部、委、局的有关主管部门负责,包括卫生和人类服务部、农业部、商务部、消费品安全委员会(CPSC)、环境保护署(EPA)、核管理委员会(NRC)、运输部、联邦通信委员会(FCC)、住房和城市发展部(HUD)、劳动

部、内务部、财政部、国防部、总务管理局(GSA)。

FDA 隶属于美国卫生和人类服务部,主管食品、药品(包括兽药)、医疗器械、陶瓷餐具、化妆品以及电子产品的监督检验;产品在使用或消费过程中产生的离子、非离子辐射影响人类健康和安全,FDA 在此基础上进行测试、检验检疫和出证。根据规定,上述产品必须经过 FDA 检验检疫证明安全后,才可以在市场上销售。FDA 有权对生产厂家进行视察,有权对违法者提出起诉。

(二) 半官方商品检验检疫机构

此类商检机构是由政府授权,代表政府进行货物检验检疫的机构。从性质上看,半官方商品检验检疫机构属于民间机构。如美国保险人实验室(Underwrites Laboratories,UL)就属于此种机构。

UL 始建于 1894 年,经过逾百年的发展,已成为具有世界知名度的认证机构,其具有一整套严密的组织管理体制、标准开发和产品认证程序。UL 由一个由安全专家、政府官员、消费者、教育界、公用事业、保险业及标准部门的代表组成的理事会管理,日常工作由总裁、副总裁处理,总部设在芝加哥北部的诺斯布鲁克镇。

UL 是一个独立的、非营利的、为公共安全做试验的专业机构。它采用科学的测试方法来研究确定各种材料、装置、产品、设备、建筑等对生命、财产有无危害和危害的程度;确定、编写、发行相应的标准和有助于减少及防止使生命财产受到损失的资料,同时开展实情调研业务。各国出口到美国的与防盗信号、化学危险品以及电器、供暖、防水等有关的产品都要在通过其检验、贴上“UL”标志后,才能在美国市场上销售。

(三) 非官方商品检验检疫机构

此类商检机构是由各商会、协会或私人设立的商品检验检疫机构。这类机构中有些历史悠久,在全球具有较高的权威性。如瑞士通用公证行(SGS)、中国香港天祥公证行、日本海事检定协会(NKKK)、新日本检定协会(SK)、英国劳合氏公证行(Lloyd's Surveyor)等。

SGS 是 Societe Generale de Surveillance S. A. 的简称,译为“通用公证行”。SGS 创建于 1887 年,是目前世界上最大、资格最老的民间第三方从事产品质量控制和技术鉴定的跨国公司。其总部设在日内瓦。

二、我国的商品检验检疫机构

中华人民共和国成立后,成立了中华人民共和国进出口商品检验局,并在各省、自治区、直辖市及进出口口岸、进出口商品集散地设立了分支机构,对一般的进出口商品进行检验。改革开放以后,为适应对外贸易迅速发展的需要,1980 年,我国又成立了中国进出口商品检验总公司(China Import and Export Commodity Inspection Corporation,CCIC,以下简称“商检公司”),在各省、自治区、直辖市开办了分公司,以非官方身份独立开展进出口商品的检验、鉴定业务,签发相应的证书,并为进出口双方当事人提供咨询服务。

商检公司成立以来，与国外的检验机构和贸易厂商签订协议，发展相互委托和代理业务，通过互派代表团访问和交流检验技术，以及培训检验人员等形式，业务合作发展较快，采取灵活做法，为国际贸易提供便利和服务。美国、欧盟、日本等国家和地区与中国香港特别行政区的客户及检验检疫机构已与商检公司建立了业务往来。不少客户和检验检疫机构还与商检公司签订了长期合作协议。此外，商检公司还积极开展中外合资、合作经营的检验业务，并与国外著名检验机构成立了中外合资进出口商品检验鉴定公司。

1998年7月，国家进出口商品检验局、卫生部卫生检疫局、农业部动植物检疫局共同组建了中华人民共和国国家出入境检验检疫局(State Administration for Entry Exit Inspection and Quarantine of the People's Republic of China，CIQ)，简称"国家出入境检验检疫局"或"中国出入境检验检疫局"，对我国出入境商品检验进行统一管理，并划归国家海关总署领导。

2001年4月，国务院将国家质量技术监督局和国家出入境检验检疫局合并，成立了"国家质量监督检验检疫总局"。国家质量监督检验检疫总局是国务院主管全国质量、计量、出入境商品检验、出入境卫生检疫、出入境动植物检疫和认证认可、标准化等工作，并行使行政执法职能的直属机构。

2018年3月，根据第十三届全国人民代表大会第一次会议批准的国务院机构改革方案，将国家质量监督检验检疫总局的职责整合，组建中华人民共和国国家市场监督管理总局；将国家质量监督检验检疫总局的出入境检验检疫管理职责和队伍划入海关总署。

第三节 商品检验检疫证书

一、检验检疫证书的作用

检验检疫的工作成果主要表现为检验检疫机构出具的各种证书、证明，一般称为商检证书或检验证书。在我国，商检证书是由我国商品检验检疫机构——海关总署出具的商品检验检疫证明书。它属于一种由"非当事人"按照申请人的委托，对某项商品进行检验检疫以后所作出的公证鉴定和证明。

检验检疫证书所具有的作用主要有以下几方面。

(一) 是进出口商报关的有效证件

一些国家政府为了维护本国的政治、经济利益，对进出口货物的品质、数(重)量、包装等，以及涉及威胁人、动物、植物生命安全的传染病、病虫害、疫情等方面制定了严格的法律、法规，在有关货物进出口时，必须由当事人提交检验检疫机构符合规定的检验检疫证书和有关证明手续，海关当局才能对货物放行。

(二) 是买卖双方结算货款的依据

检验部门出具的品质证书、数(重)量证书是买卖双方最终结算货款的重要依据，凭检验证书中确定的货物等级、规格、数(重)量计算货款，这是为买卖双方都接受的合理公正的结算方式。

（三）是计算运输、仓储等费用的依据

检验中货载衡量工作所确定的货物重量或体积（尺码吨），是托运人和承运人之间计算运费的有效证件，也是港口仓储运输部门计算栈租、装卸、理货等费用的有效证件。

（四）是当事人办理索赔的依据

检验检疫机构在检验中发现货物品质不良，或数（重）量不符，违反合同有关规定，或者货物发生残损、海事等意外情况时，检验后签发的有关品质、数（重）量、残损的证书是收货人向各有关责任人提出索赔的重要依据。

（五）是海关计算关税的依据

检验检疫机构出具的重量、数量证书，具有公正、准确的特点，是海关核查征收进出口货物关税时的重要依据之一。残损证书所标明的残损、缺少的货物可以作为向海关申请退税的有效凭证。

（六）作为证明情况是明确责任的证件

检验检疫机构应申请人申请委托，经检验鉴定后出具的货物积载状况证明、监装证明、监卸证明、集装箱的验箱与拆箱证明，对船舱检验提供的验舱证明、封舱证明、舱口检视证明，对散装液体货物提供的冷藏箱或舱的冷藏温度证明、取样和封样证明等，都是为证明货物在装运和流通过程中的状态和某些环节而提供的，以便证明事实状态，明确有关方面的责任，也是船方和有关方面免责的证明文件。

（七）是仲裁、诉讼举证的有效文件

在国际贸易中发生争议和纠纷，买卖双方或有关方面协商解决时，商检证书是有效的证明文件。当自行协商不能解决，提交仲裁或进行司法诉讼时，商检证书是向仲裁庭或法院举证的有效文件。

二、检验证书的种类

在实际业务中，由于交易的商品不同，所需提供的商品检验检疫证书的种类也不相同，商品检验检疫证书的种类由商品检验检疫的内容所决定。常见的商品检验检疫证书有以下几种。

(1) 品质检验证书，是运用合同规定的各种检验方法，对报验商品的质量、规格、等级进行检验后出具的书面证明文件，是出口商品交货结汇和进口商品结算索赔的有效凭证。法定检验商品的证书，是进出口商品报关、输入输出的合法凭证。商检机构签发的放行单和在报关单上加盖的放行章有与商检证书同等通关效力；签发的检验情况通知单同为商检证书性质。

(2) 重量检验证书，是利用合同规定的计重方法对商品的重量予以鉴定后出具的书面证明文件。重量检验证书是出口商品交货结汇、签发提单和进口商品结算索赔的有效凭证。出口商品的重量证书，也是国外报关征税和计算运费、装卸费用的证件。

(3) 数量检验证书,是证明商品实际数量的书面证明文件。

(4) 卫生证明书,对出口的食用动物产品,如罐头食品、蛋制品、乳制品、冷冻食品等商品实施卫生检验后出具的,证明货物已经检验和检疫合格,可供食用的书面文件。卫生证明书是对外交货、银行结汇和通关验放的有效证件。

(5) 兽医检验证书,是对动物商品进行检验,表明其未受任何传染病感染的书面证明,适用于冻畜肉、冻禽、禽畜罐头、冻兔、皮张、毛类、绒类、猪鬃、肠衣等出口商品。兽医检验证书是对外交货、银行结汇和进口国通关输入的重要证件。

(6) 消毒检验证书,是证明某些出口的动物产品已经过消毒处理,符合安全、卫生要求的书面文件。消毒检验证书适用于猪鬃、马尾、皮张、山羊毛、羽毛、人发等商品。其是对外交货、银行结汇和国外通关验放的有效凭证。

(7) 熏蒸检验证书,是证明谷物、油籽、豆类、皮张等出口商品及包装用木材与植物性填充物等,已经过熏蒸杀虫,达到出口要求的书面报告,其中还要记录熏蒸使用的药物种类和熏蒸时间。

(8) 产地检验证书,是对出口产品的原产地的书面证明,包括一般的产地检验证书、普惠制产地证书、野生动物产地证书等。

(9) 价值检验证书,是证明出口商品的价格真实、可靠的书面证明,可以作为进口国进行外汇管理和对进口商品征收关税的依据。

(10) 财产价值鉴定证书,是作为对外贸易关系人和司法、仲裁、验资等有关部门索赔、理赔、评估或裁判的重要依据。

(11) 残损检验证书,是证明进口商品的残损情况、判断残损原因、估定残损价值的书面文件,供有关当事人对外索赔使用。

(12) 验舱证书,有时要对准备装货的船舱的现状和设备条件进行检验,如冷藏舱室检验、油轮密固检验、干货舱清洁法检验、油舱清洁法检验等,合格的签发证书。

(13) 货载衡量单,商品检验局有时根据承运人或托运人的申请,对进出口船运货物的尺码吨位和重量吨位进行衡量,并签发此种证书。

(14) 积载鉴定证书,是证明船方和集装箱装货部门正确配载积载货物,作为证明履行运输契约义务的证件。可供货物交接或发生货损时处理争议之用。

(15) 集装箱租箱交货检验证书、租船交船剩水/油重量鉴定证书,可作为契约双方明确履约责任和处理费用清算的凭证。

根据《中华人民共和国出口货物原产地规则》的规定,出入境检验检疫机构还可以签发普惠制原产地证明书和一般原产地证明书。

[**案例 8-2**]

进口方委托银行开出的信用证上规定:卖方须提交"商品重量检验证书"。进口商在收到货物后,发现除质量不符合合同规定外,卖方仅提供重量单，没有提供重量检验证书。于是买方立即委托开证行向议付行提出拒付，但货款已经押出。事后，议付行向开证行催付货款，并解释卖方所附的重量单即为重量检验证书，结果遭到开证行拒付。试问为什么会遭到开证行拒付。

分析　商品重量检验证书是由商品检疫检验机构签发的关于货物重量的公证文件，而重量单为发货人所出具的货物重量说明文件，两者是不同的。信用证中要求卖方提供商品重量检验证书，而议付行误以为重量单即商品重量检验证书，则议付行必须为此过失承担责任。按《跟单信用证统一惯例》的规定，开证行有权对议付行拒付，而议付行可向出口商追索押汇款项。

思政元素　要具有严谨的工作作风和敬业精神。

第四节　商品检验检疫程序和合同中商品检验检疫条款

一、商品检验检疫工作的程序

我国进出口商品检验检疫工作的程序主要包括申请报验、抽样、检验检疫和签发证书四个环节。

（一）申请报验

报验是指国际货物贸易的当事方按照法律、法规及合同的规定或需要向商检机构申请办理检验检疫、鉴定工作的手续，是进出口商品检验检疫的第一个环节。在进出口贸易中，有关当事人要求对成交商品进行检验检疫先要向商检机构提出申请。申请分为以下三种。

(1) 出口检验检疫申请。出口商一般应在商品发运前7～10天向商检机构报验。报验时要填写“出口检验检疫申请单”，并提供合同、信用证、发票等有关单证。

(2) 进口检验检疫申请。进口商一般应在合同规定的对外索赔有效期的1/3时间内向商检机构报验。报验时要填写“进口检验检疫申请单”，并附合同、发票、运输单据、品质证书、装箱单、收货通知书等。

(3) 委托检验检疫申请。填写“委托检验检疫申请单”并自送样品。检验检疫结果一般不得用作对外成交或索赔的依据。

在收到报验申请后，商检机构受理报验。商检机构对申请人的申请及其他附属单据、资料进行核审，确认后进行登记、编号，并收取检验检疫或鉴定费用。

（二）抽样

抽样是按照当事方的贸易合同以及其他有关规定的方法、技术标准，从整批商品中抽取规定数量的、能代表整批商品的样本进行检验检疫。抽样是检验检疫的基础，除委托检验检疫外，一般不得由报验人送样。必须由商检部门自行抽样，并由抽样员当场发给“抽样收据”。商检机构在进行抽样时要遵循随机性、代表性、可行性、先进性的原则。

(三) 检验检疫

检验检疫是商检机构的中心工作,如检验检疫不认真就会影响检验检疫结果的准确性。因此,商检机构在接受报验之后,根据申报的检验检疫项目确定检验检疫内容;在仔细审核合同(信用证)对品质、规格、包装的规定,即弄清检验检疫依据的基础上,确定检验检疫的标准和方法,然后抽取货样、对所取样品进行检验检疫。

(四) 签发证书

商检机构在对商品检验检疫合格后,向有关当事人签发证明商品符合合同规定的检验检疫证书。

二、合同中的商品检验检疫条款

国际货物买卖合同中的商品检验检疫条款同其他条款一样是十分重要的,商品检验检疫条款订立得如何将直接或间接地关系到交易的成败、交易双方的经济利益得失和能否保持良好的信誉等。合同中商品检验检疫条款一般主要包括检验检疫方式、检验检疫地点和时间、检验检疫内容、检验检疫标准与方法、检验检疫机构、检验检疫费用等内容。随着各个国家(或地区)对货物检验检疫的要求越来越严,可以进行商品检验检疫的机构越来越多,仔细斟酌商品检验检疫条款内容,慎重选择商品检验检疫机构,认真履行合同是非常必要的。

(一) 出口合同检验检疫条款

在出口合同中,一般都采用装船前中国出口口岸商品检验检疫机构签发的检验检疫证书作为向银行议付货款的依据,货物到达目的港允许买方有复验权,并以目的港检验检疫证书作为索赔依据的规定办法。

有些出口合同,如来料加工、来件装配的检验检疫条款,除规定以装运口岸商品检验检疫机构出具的证明书作为议付单据外,还常常规定买方派人到生产工厂进行检验检疫,以买方代表签署的验收合格证明书作为议付单据之一。但这种规定一般取消了货物到达目的地复检后对卖方责任的异议索赔权。

(二) 进口合同检验检疫条款

进口合同检验检疫条款有多种规定。

(1) 以制造厂出具的品质及数(重)量证明书作为在信用证项下付款的单据之一。但货物品质及数量或重量的检验应按下列规定办理。

货物到达目的港××天内经中国进出口商品检验检疫机构复验,如发现品质及数量或重量与本合同不符,除属保险公司或承运人责任外,买方可凭中国进出口商品检验检疫机构出具的检验证明书,向卖方提出索赔或退货。所有因索赔或退货引起的费用(包括检验费)及损失均由卖方负担。

在此情况下，如抽样可行，买方可应卖方要求，将有关货物的样品寄交卖方。

(2) 以卖方同意的买方国家商品检验检疫机构或公证行出具的品质及数(重)量证明书和买方派人监造、监运、监装的证明书共同作为检验议付单据。货物到目的港××天内经中国进出口商品检验检疫机构复检，如发现品质及数(重)量与本合同不符，买方可凭中国进出口商品检验检疫机构出具的检验证书，向除卖方之外的有关当事人索赔。

(3) 按照国家发布的《进口商品质量监督管理办法》的规定，对于某些重要的进口商品，可以在不违反出口国家有关法律情况下，根据合同的规定，到出口国进行装运前预先检验、监造或监装，但是应当以到货后的检验为准。

(三) 订立检验检疫条款应注意的问题

(1) 灵活确定商品检验检疫的方式、地点和时间。商品的检验检疫方式、检验检疫地点和时间在理论上有多种，如在产地(工厂、农场、矿山等)检验检疫、在装运港或装运地检验检疫、在目的港或目的地检验检疫、在出口国检验检疫、在进口国复验等，每一种都对买卖双方的利益产生不同的影响，所以买卖双方事先对此进行明确、达成一致是非常必要的。

(2) 合理确定商品检验检疫的内容及标准。买卖双方应根据买卖货物的特性商量好检验检疫的内容以及检验检疫标准，应签订影响货物品质的主要项目。力求避免项目订得过多、过繁，同时要注意各个项目之间的相互关系，在合同中的说明要科学、合理、清楚，并结合实际的检验检疫技术。检验检疫标准是判断进出口货物的某些指标是否合格的依据。需要注意的是，出口商品检验检疫标准与进口商品检验检疫标准确定的原则是不同的。另外，在实际业务合同中规定的各种检验检疫标准，应符合进出口国家有关法律、法规的规定，否则合同中的各项内容无效。

(3) 慎重选择商品检验检疫机构。商品检验检疫机构选择得正确与否，也将直接关系到交易双方的利益。国际上存在的商品检验检疫机构越来越多，交易双方应共同协商，选择国际上权威的检验检疫机构，同时检验检疫机构所在地应尽可能靠近交易双方所在地，以便联系，缩短检验检疫出证的时间。另外，检验检疫机构工作人员的工作态度、工作作风也不容忽视。

(4) 明确检验检疫费用的负担。在实际的业务中，商品检验检疫费用一般由出口商自己承担。但当买方提出额外的商品检验检疫方面的要求时，出口商就应考虑额外增加的检验检疫费用的负担问题，以及额外增加的检验检疫时间对出口业务的影响。

附录　商检证书

本章小结与关键术语

思考题

1. 简述商品检验检疫的含义和意义。
2. 简述商品检验检疫中对检验的时间和地点的规定。
3. 国际上的主要商品检验检疫机构有哪些?
4. 简述商品检验检疫证书的种类。
5. 简述商品检验检疫证书的作用。
6. 简述商品检验检疫工作的程序。
7. 简述订立商品检验检疫条款应注意的问题。

练习题

第九章　进出口货物报关

学习目标

- 了解海关的组织机构、性质、任务、法律体系。
- 理解报关的概念、范围、分类，报关企业与报关员的管理。
- 掌握出口货物报关程序。
- 熟悉进出口报关单的用途和主要内容。

第一节　海关概述

现代海关是依法进行进出口监督管理的国家行政机关。国家行政机关包括享有国家立法权的立法机关、享有司法权的司法机关和享有行政管理权的行政机关。海关对内、对外代表国家行使行政管理权，是国家的行政管理机关，具有指挥、组织、协调和监督管理职能。

一、海关组织机构

中国的海关管理体制经过多次变革，目前形成了海关总署、直属海关和隶属海关三级垂直领导体制。隶属海关由直属海关领导，向直属海关负责；直属海关由海关总署领导，向海关总署负责。

（一）海关总署

海关总署是国务院下属的直属机构，统一管理全国海关机构、人员编制、经费物资和各项海关业务，是海关系统的最高领导部门。海关总署在全国垂直领导各直属海关并下设广东分署，上海、天津特派员办事处。海关总署的基本任务是，在国务院领导下，领导和组织全国海关正确贯彻实施《中华人民共和国海关法》（以下简称《海关法》）和国家的有关政策、行政法规，积极发挥依法行政、为国把关的职能，服务、促进和保护社会主义现代化建设。

（二）直属海关

直属海关是指由海关总署直接领导，负责管理一定区域范围内海关业务的海关，分布在我国31个省、自治区、直辖市。直属海关就本地区内的海关事务独立行使职责，向海关总署负责。直属海关承担着在关区内组织开展海关各项业务和关区集中审单作业，全面有效地贯彻执行海关各项政策、法律、法规、管理制度和作业规范的重要职责，在海关三级业务职能管理中发挥着承上启下的作用。

（三）隶属海关

隶属海关是指由直属海关领导，负责办理具体海关业务的海关，是海关进出境监督管理职能的基本执行单位,一般都设在口岸和海关业务集中的地点。

二、海关的性质

《海关法》第二条规定:中华人民共和国海关是国家的进出关境(以下简称进出境)监督管理机关。该条款说明了海关的基本法律属性。关于海关的基本性质需要说明两点。

首先,海关是代表国家对进出境活动行使监督管理权的国家行政管理机关。国家通过法律赋予海关进出境监督管理的职权。海关依据法律赋予的权力,依法履行监督管理与进出境有关的社会经济活动的职能,保障运输工具、货物和物品依法出入境,并对其中的违法行为实行处罚,对犯罪行为追究刑事责任。

其次,海关作为国家进出关境的监督管理机关,行使监督管理权的范围是关境。关境是国际上的通用概念,指适用同一海关法或实行同一关税制度的领域。根据《海关法》的规定,我国的关境范围是:除享有关境地位的地区外,中华人民共和国的全部领域。根据我国法律的规定,在我国享有单独关境地位的地区有香港特别行政区和澳门特别行政区。

三、海关的任务

根据《海关法》的规定,海关有四项基本任务:监管进出境的运输工具、货物、行李物品、邮递物品和其他物品;征收关税和其他税、费;查缉走私;编制海关统计和办理其他海关业务。

(一) 监管

监管是指海关对进出境运输工具、货物、物品及相关的进出境行为所实施的专门的监督管理。海关对进出境活动进行监管,是保证国家有关运输工具、货物和物品出入境的法令、规章得到遵守的重要环节和必要措施。海关监管的目的是保证一切进出境活动符合国家政策和法律规范,从而维护国家主权和利益。

根据监管对象的不同,海关监管分为对货物的监管、对物品的监管和对运输工具的监管三个方面。进出境货物是指通过各种贸易方式进出口的商品。进出境物品是指通过携带、邮寄、托运等方式进出境的非贸易性商品。

根据海关监管阶段的不同,海关监管又可以分为出入境前期管理、出入境环节管理和后续管理几个阶段。其中,出入境环节管理是海关监管的基本阶段,根据进出境货品的性质、途径等不同,有些需要经过多阶段、多环节的监管。

海关监管是海关完成其他任务的基础。同时,海关监管是执行、监管国家各项对外贸易管理制度的重要环节,如进出口许可制度、外汇管理制度、出入境商品检验制度、检疫制度、文物出口管理制度等。海关需要把与进出境活动有关的专业管理部门(出入境检验检疫、外汇、环保等)的审批、许可、鉴定等与实际的进出境活动联系起来,通过海关的监管活动,对其有关进出境文件进行检查、查验和核对,以确定有关实际进出境活动是否合法、有效。

(二)征税

海关征税的任务包括:代表国家依法征收进出口关税,在进出口环节针对进出口货物、运输工具征收其他税费。其中,关税是海关依据国家公布实施的税法及进出口税则针对货物、物品的进出口行为征收的,以增加国家财政收入,执行国家经济政策及调节、保护、发展本国经济为目的的税种。海关征税任务中的"其他税"是指除了征收关税外,海关还需要代国内税务部门或其他行政主管部门,对用于国内消费的进口货物征收的一部分国内税,包括征收消费税和增值税;对停靠我国港口的外籍船舶征收的船舶吨税等。在海关征收税费的任务中,海关征收的费用是指海关在履行监督管理职责时,依法向进出口货物的收发货人征收的监管手续费、规费等因海关提供特殊服务而征收的费用。其中,监管手续费是针对保税加工货物征收的监管费用,规费是海关向实施特殊查验的进出口货物的收发货人征收的监管费用。

(三)缉私

走私是指非法携带、邮寄国家禁止、限制进出口或依法应当缴纳税款的货物、物品进出境,或者未经海关许可且未缴纳应纳税款、交验有关许可证件,擅自将保税货物、特定减免税货物以及其他海关监管的货物、物品、运输工具在境内销售的行为。走私行为违反海关法规,逃避海关监管,偷逃应纳税款,逃避国家有关进出境的禁止性或限制性规定。查缉走私作为海关的一项职能,是海关为顺利履行进出境监管职能和依法征税而采取的保障措施。

海关缉私警察是专门打击走私犯罪活动的警察队伍。1998 年,根据党中央、国务院的决定,由海关总署、公安部联合组建走私犯罪侦查局,设在海关总署。走私犯罪侦查局实行海关部署和公安部双重领导,以海关领导为主的体制。各级走私犯罪侦查机关负责其所在海关业务管辖区域内的走私犯罪案件的侦查工作。具有缉私职能的国家行政机关除海关外,还有公安、市场监管、烟草专卖和税务等多个部门。《海关法》第五条规定:国家实行联合缉私、统一处理、综合治理的缉私体制。海关负责组织、协调、管理查缉走私工作。国家通过法律,赋予了海关在联合缉私体制中的主导地位。

(四)统计

由于海关是进出境的监督管理机关,因此各国的对外贸易统计职能都是由海关承担。海关统计是以实际进出口货物作为统计和分析对象,通过收集、整理、加工处理进出口货物报关单或经海关核准的其他申报单证,对进出口货物的不同指标分别进行统计和分析,以全面准确地反映对外贸易的运行态势,及时提供统计信息和咨询,反映国家对外贸易方针、政策施行的实际情况,从而实施有效的统计监管,促进对外贸易的发展。海关统计实际上就是国家进出口贸易统计,是国家统计的一个重要组成部分,成为国家制定对外贸易政策、进行国民经济宏观调控的重要依据。

四、海关法律体系

海关法律体系是指调整海关管理关系的所有法律规范的总称,是海关对进出境活动实施监督管理的法律依据,主要有:

(一)《海关法》

《海关法》是海关监督管理进出境运输工具、货物、物品和征收税费的法律规范的总和,是海关进行监督管理活动的法律依据,1987年1月22日由第六届全国人大常委会第十九次会议通过,并于同年7月1日公布实施,是新中国历史上第一部正式的海关法典。以此为基础,中国基本建立了比较完善并符合国际规范的海关法律体系。2000年7月8日,第九届全国人大常委会第十六次会议通过了《关于修改〈中华人民共和国海关法〉的决定》,修正后的《海关法》于2001年1月1日起实施,共设9章、102条。2013年6月、2013年12月、2016年11月、2017年11月,《海关法》被修正;2021年4月29日,第十三届全国人大常委会第二十八次会议对《海关法》进行修改。

(二)《中华人民共和国进出口关税条例》

1985年1月8日,国务院第五十七次常务会议通过了《中华人民共和国进出口关税条例》(以下简称《关税条例》),并于1985年3月10日起实施。2003年11月23日,国务院令第392号公布了新《关税条例》并于2004年1月1日起施行,这是中华人民共和国成立以来的一部较完整、系统的关税立法。

此条例具体规定了进出口货物关税税率的设置和适用,进出口货物完税价格的确定,进出口货物关税的征收及进境物品进口税的征收等内容。

《税则》和《中华人民共和国进境物品进口税税率表》规定关税的税目、税则号列和税率,是《关税条例》的组成部分。

(三)《中华人民共和国知识产权海关保护条例》

1995年7月5日,国务院发布了《中华人民共和国知识产权海关保护条例》,于同年10月1日正式实施。2003年11月26日,国务院通过了新的《中华人民共和国知识产权海关保护条例》,自2004年3月1日起施行,并于2010年3月和2018年3月先后修订。

知识产权的海关保护,又称知识产权的进出境保护、知识产权的边境保护或知识产权的边境执法,指海关依法在边境制止侵犯受国家法律和行政法规保护的知识产权的货物进境或出境的措施。知识产权海关保护的具体措施包括:要求收、发货人申报进出口货物的知识产权状况,扣留侵权嫌疑货物,对货物的侵权状况和收、发货人进行调查,没收侵权货物,处置侵权货物,对侵权货物收、发货人依法进行处罚等若干环节。

(四)《中华人民共和国海关稽查条例》

推行稽查制度是建立现代海关制度、向国际惯例靠拢的一项重要举措。

为推行稽查制度的顺利实施,1997 年 1 月 3 日,国务院发布实施了《中华人民共和国海关稽查条例》,并于 2011 年 1 月、2016 年 6 月、2022 年 3 月先后修订。该条例规定了关于海关稽查的范围、对象、期限,规定了被稽查人与海关的权利和义务,规定了稽查程序等。

海关在规定的期限内依法对进出口经营企业及相关单位的会计账簿、凭证、报关单证及其他资料实施稽核,以审查有关企业、单位有无违反海关法律、法规的行为即为稽查。

海关稽查的对象是与进出口活动有关的企业、单位。稽查内容是审查这些企业、单位进出口活动的真实性和合法性,保障国家税收,引导企业守法经营。

根据《中华人民共和国海关稽查条例》的规定,海关稽查的时限是从进出口货物放行之日起 3 年内,或保税货物减免进口货物的海关监管期限内。

海关稽查程序是：稽查准备→通知稽查→实施稽查→提出报告→做出结论→稽查处理。

第二节　报关管理

一、报关概述

(一)通关的概念

通关是指进出境运输工具的负责人、货物的收发货人及其代理人、物品的所有人向海关申报办理进出口手续,海关对其呈交的单证和申请进出境的货物、运输工具和物品依法进行审核、查验、征缴税费、批准进口或者出口的全过程；从海关监管的相对人的角度看,实际就是接受海关监管、依法进行报关的具体过程。

(二)报关的概念

报关是指对外贸易关系人按海关规定向海关申报进口和出口的手续,海关据以核实国际运输工具、货物、物品的进出口是否合法,决定是否准予进出关境。

报关,尤其是进出口货物的报关是一项十分复杂的工作,包括许多步骤和工作环节,其中,按规定的内容以规定的方式向海关报告进出口货物的情况是报关工作的核心环节。因此,在实际工作中,有时我们把向海关申报也称为报关,这是狭义的报关概念。

从广义上讲,报关是指进出境的运输工具负责人、进出口货物的收发货人、进出境物品的所有人或者他们的代理人向海关办理运输工具、货物、物品进出境手续及相关海关事务的全过程。

(三)报关与通关的区别

在进出境活动中,还经常使用“通关”这一概念。通关与报关既有联系又有区别。两者都是对运输工具、货物、物品的进出境而言的,但报关是从海关管理相对人的角度,仅指向海关办理进出境手续及相关手续;而通关不仅包括海关管理相对人向海关办理有关手续,还包括海关对进出境运输工具、货物、物品依法进行监督管理,批准其进出境的管理过程。

二、报关的范围

按照法律规定,所有进出境运输工具、货物、物品都需要办理报关手续。报关的具体范围如下。

(一)进出境运输工具

进出境运输工具是指用以载运人员、货物、物品进出境,在国际运营的各种境内或境外船舶、车辆、航空器和驮畜等。

(二)进出境货物

进出境货物主要是指一般进出口货物,保税货物,暂准进出境货物,特定减免税货物,过境、转运和通运货物及其他进出境货物。

另外,一些特殊货物,如通过电缆、管道输送进出境的电、水等货物以及无形的货物(如附着在货品载体上的软件等)也属报关的对象。

(三)进出境物品

进出境物品主要包括进出境的行李物品、邮递物品和其他物品。以进出境人员携带、托运等方式进出境的物品为行李物品;以邮递方式进出境的物品为邮递物品;其他物品则主要包括享有外交特权和豁免的外国机构或者人员的公务用品或自用物品及通过国际速递进出境的部分快件等。

三、报关的分类

(一)按报关对象划分

按报关对象,报关可分为进出境运输工具报关、进出境物品报关和进出境货物报关。

海关对进出境运输工具、进出境物品、进出境货物的监管要求各不相同。

(1)进出境运输工具报关的手续较为简单,进出境运输工具作为货物、人员及其携带物品进出境的载体,其报关主要是向海关直接交验随附的、符合国际商业运输惯例、能反映运输工具进出合法性及其所承运货物、物品情况的合法证件、清单和其他运输单证。

(2)进出境物品由于其非贸易性质,且一般限于自用、合理数量,报关手续也很简单。

(3)进出境货物的报关就较为复杂,为此,海关根据对进出境货物的监管要求,制定了一系列报关管理规范,并要求由具备一定的专业知识和技能且经海关核准的专业人员代表报关单位专门办理。

(二)按报关的目的划分

按报关的目的,报关可分为进境报关和出境报关。

海关对运输工具、货物、物品的进出境有不同的管理要求，因此运输工具、货物、物品根据进境或出境的目的分别形成了一套进境报关手续和一套出境报关手续。另外，由于运输或其他方面的需要，有些海关监管货物需要办理从一个设关地点运至另一个设关地点的海关手续，在实践中产生了"转关"的需要，转关货物也需要办理相关的报关手续。

（三）按报关活动实施者的不同划分

按报关活动实施者的不同，报关可分为自理报关和代理报关。

《海关法》第九条规定："进出口货物，除另有规定的外，可以由进出口货物收发货人自行办理报关纳税手续，也可以由进出口货物收发货人委托报关企业办理报关纳税手续。"根据这一规定，进出口货物的报关又可分为自理报关和代理报关两类。

1. 自理报关

自理报关是指进出口货物收发货人自行办理报关手续的行为。进出口货物收发货人是指依法直接进口或者出口货物的中华人民共和国境内的法人、其他组织或个人。

2. 代理报关

代理报关是指接受进出口货物收发货人的委托代理其办理报关手续的行为。接受他人委托的企业称为报关企业。

根据代理报关法律行为责任的承担不同，代理报关又分为直接代理报关和间接代理报关。直接代理报关是指报关企业接受委托人（进出口货物收发货人）的委托，以委托人的名义办理报关手续的行为。间接代理报关是指报关企业接受委托人的委托，以报关企业自身的名义向海关办理报关纳税手续的行为。

四、报关单位与报关员

（一）报关单位

1. 报关单位的类型

《海关法》将报关单位分为两种类型：自理报关单位与代理报关单位。

自理报关单位即进出口货物收发货人，包括两部分。

（1）在外经贸主管部门办理备案登记的对外贸易经营者。

（2）按规定需要从事非贸易性进出口活动的单位。如境外机构在中国境内设立的常驻代表机构，我国的国家机关、学校、科研院所等组织机构。

代理报关单位即报关企业，是指按照规定经海关准予注册登记，接受进出口货物收发货人的委托，以进出口货物收发货人的名义或者自己的名义，向海关办理代理报关业务，从事报关服务的境内企业法人。报关企业包括两种：兼营进出口货物代理报关业务的国际货物运输代理公司和主营代理报关业务的报关公司或报关行。

2. 报关单位的注册登记

无论是自理报关单位还是代理报关单位都需要到海关办理注册登记手

续,然后才能取得报关权。

自理报关的对外贸易经营者首先须向商务主管部门办理备案登记,取得对外贸易经营权,再向海关办理报关注册登记,取得报关权。

报关企业首先向直属海关申请办理报关企业注册登记许可,然后再到市场监督管理部门办理许可经营项目登记,最后到所在地海关办理注册登记手续。

3. 报关单位的变更

报关企业的企业名称、法定代表人发生变更的,应当持《报关单位情况登记表》、《中华人民共和国海关报关单位注册登记证书》、变更后的营业执照或者其他批准文件及复印件,以书面形式到注册地海关申请变更注册登记许可。

进出口货物收发货人企业名称、企业性质、企业住所、法定代表人等海关注册登记内容发生变更的,应当自变更生效之日起30日内,持变更后的营业执照副本或者其他批准文件以及复印件,到注册地海关办理变更手续。

4. 报关单位的延续

报关企业注册登记许可期限为2年。被许可人需要延续注册登记许可有效期的,应当办理注册登记许可延续手续。报关企业办理注册登记许可延续手续,应当在有效期届满40日前向海关提出申请,同时提交规定的文件材料。经审查认定符合注册登记许可条件的,海关作出准予延续2年有效期的决定。

报关企业分支机构备案有效期为2年,报关企业分支机构应当在有效期届满前30日持相关的材料到分支机构所在地海关办理换证手续。

进出口货物收发货人所持《中华人民共和国海关报关单位注册登记证书》长期有效。

5. 报关单位海关差错考核管理

自2014年12月开始,报关单位在办理海关业务过程中,出现《报关差错项目表》所列情事的,海关按报关差错予以记录。报关差错项目共分为6类情况:由于某些原因导致电子审单退回、人工审单退回、修改报关单、撤销报关单、加工贸易手册错误和出现报关单随附单证问题。报关单位可以通过海关企业进出口信用管理系统的关企合作平台查询本单位的报关差错。

(二)报关员

报关员(customs broker)又称企业海关经纪人、企业报关人员,是指代表所属企业(单位)向海关办理进出口货物报关纳税等通关手续,并以此为职业的人员。企业(单位)报关员需要在海关备案登记。

报关员不是自由职业者,只能受雇于一个依法向海关注册登记的进出口货物收发货人或者企业,并代表该收发货人或者企业向海关办理业务。我国海关法律规定禁止报关员非法接受他人委托从事业务。报关员必须具备一定的学识水平和实际业务能力,必须熟悉与货物进出口有关的法律、对外贸易、商品知识,必须精通海关法律、法规、规章并具备办理业务的技能。

根据海关总署公告,自2014年起不再组织报关员资格全国统一考试,改革报关从业人员资质资格管理制度,取消报关员资格核准审批,对报关人员从业不再设置门槛和准入条件。至此之后，报关从业人员由企业自主聘用，由报关协会自律管理，海关通过指导、督促报关企业加强内部管理实现对报关从业人员的间接管理。

第三节　进出口货物报关程序

一、海关报关程序

（一）报关程序

从海关对进出境货物进行监管的全过程来看，报关程序按时间先后可以分为三个阶段：前期监管、进出境监管和后续监管。

1. 前期监管

海关对非一般进出口货物实施的前期监管，主要针对保税加工货物、特定减免税货物、暂准进出境货物。这三类货物在实际进出境之前，有关的当事人要向海关办理拟进出口货物的合同、许可证等备案手续。

2. 进出境监管

进出境监管即狭义的通关程序。根据海关对进出境货物的监管制度，进出口货物的收发货人或其代理人在货物进出境时，必须向海关办理进出口申报、接受并配合查验、缴纳税费、提取或装运货物手续，一般进出口货物只经过此阶段。

3. 后续监管

经过进出境监管的一般进出口货物，在海关放行后，有关的当事人和海关之间监管与被监管的关系即行解除，海关放行货物就表明货物已经结关。但是对于保税加工货物、特定减免税货物、暂准进出境货物，需要根据海关对某些特定货物的监管要求，其报关单位在货物进出境并完成相应的处理过程后，向海关办理核销、销案、申请解除监管手续，这一过程就是后续监管阶段。

（二）报关形式

根据《海关法》第二十五条的规定，办理进出口货物的海关申报手续，应当采用纸质报关单和电子报关单的形式。

1. 纸质报关

纸质报关申报形式，是指进出口货物的收发货人、受委托的报关企业，按照海关的规定填制纸质报关单，备齐随附单证，向海关当面递交的申报形式。

2. 电子报关

电子报关是指进出口货物的收发货人或其代理人利用现代通信和网络技术，通过微机、网络或终端向海关传递规定格式的电子数据报关单，并根据海关计算机系统反馈的审核及处理结果，办理海关手续的报关方式。

目前电子报关的申报方式有三种。

(1) 终端申报。终端申报是海关早期开发的一种业务处理系统。报关单位的计算机和海关的计算机主机相连，报关单位在终端计算机上录入报关内容，直接向海关发送报关单电子数据。

(2) EDI申报。利用EDI申报系统，根据海关制定的各类信息标准代码，报关单位将报关单数据转换成海关计算机系统能够识别和处理的格式，然后传送到海关计算机系统。

(3) 网上申报。通过互联网，利用"中国电子口岸"系统，直接向海关计算机系统发送报关单电子数据。进出口收、发货人可以在网上办理与报关有关的所有业务，这是未来电子报关的发展方向。

二、一般进出口货物报关

(一) 进出口申报

进出口申报是指进出口货物收、发货人或其代理人依照《海关法》以及有关法律、行政法规和规章的要求，在规定的期限、地点，采用纸质报关单和电子数据报关单形式，向海关报告实际进出口货物的情况，并接受海关审核的行为。

1. 申报地点

根据不同情况分别适用进出境地原则、转关运输原则和指定地点原则。

[**案例 9-1**]

某企业出口一批货物，该批货物从甲地A海关申报，再转关到乙地海关隶属的B海关，后运往某国。报关单的"出口口岸"栏应填哪个海关?

分析 报关单的"出口口岸"栏应填乙地B海关。

思政元素 要具有工匠精神和认真的科学精神。

2. 申报期限

申报期限是指货物运到口岸后，法律规定收、发货人或其代理人必须向海关报关的时间限制。进口货物的报关时限为自运输工具申报进境之日起14日内。出口货物除海关特准外，报关时限为货物运抵海关监管区后，装货的24小时以前。

进口货物逾期申报，海关将征收滞报金。从第15日起征收CIF价格0.5‰的滞纳金。进口货物自运输工具申报进境之日起超过3个月仍未向海关申报的货物，海关有权按照《海关法》提取变卖处理。

3. 申报单证

申报单证除了报关单外，还包括基本单证、特殊单证、预备单证。

(1) 主要单证：报关单。其包括进口货物报关单、出口货物报关单。目前，报关单从颜色上分为白色、浅绿色、粉红色和浅蓝色四种，分别适用于一般货物、来料加工和补偿贸易、进料加工、外商投资企业。

(2) 基本单证是指与进出口货物直接相关的商业和货运单证。

(3) 特殊单证是指根据国家有关法律、法规对实行特殊管制的货物和业务的各种许可证件，包括许可证件、有关部门的批准文件、商检证书、动植物检疫证明、药品检验证明等。

(4) 预备单证主要是指在办理进出口货物手续时,海关需查阅或收取的证件,主要包括贸易合同、货物原产地证明、进出口企业的有关证明文件等。

(二) 查验

查验是指海关在接受申报后,依法为确定进出境货物的性质、原产地、货物状况、数量和价值是否与申报内容相符,而对货物进行实际检查的执法行为。海关认为必要时可以径行开验、复验和提取货样。通过实际的查验,海关可以确定进出口人是否如实申报,有无瞒报、伪报和漏报等问题,也为征税统计和后续监管提供依据。

(三) 缴纳税费

海关在审核单证和查验货物以后,核对计算机系统计算税费,开具税款缴款书和收费票据。进出口货物收发货人或其代理人在规定时间内,持缴款书或收费票据向指定银行办理税费交付手续;在试行中国电子口岸网上缴税和付费的海关,进出口收发货人或其代理人可以通过电子口岸接收电子支付的税款缴款收据和收费票据,在网上向签有协议的银行进行电子支付税费。一旦收到银行缴款成功的消息,即可报请海关办理货物放行手续。另外,根据有关规定,可减、免、缓、退保税的,报税单位应向海关提交有关证明文件。

(四) 提取或装运货物

对一般进出口货物,进出口收发货人或代理人向海关办理从申报到关税缴纳各环节手续,海关在进口货物提货凭证或出口货物装货凭证上签盖"海关放行"章后放行,海关放行即结关。

在试行"无纸通关"申报方式的海关,海关通过计算机将"海关放行"的报文发送给进出口收发货人或代理人和海关监管货物的保管人,进出口收发货人或代理人从计算机上自行打印海关通知放行凭证,凭此证办理提货或装运货物。

第四节　进出口货物报关单

一、进出口货物报关单的概念

进出口货物报关单是指进出口货物收发货人或其代理人,按照海关规定统一格式填制的,并向海关提交的申报货物状况的法律文书,是海关依法监管货物进出口、征收关税及其他税费、编制海关统计以及处理其他海关业务的重要凭证。

根据贸易性质和海关监管要求的不同,进出口货物报关单分为进口货物报关单、出口货物报关单、进料加工专用进口货物报关单、进料加工专用出口货物报关单、来料加工补偿贸易专用进口货物报关单、来料加工补偿贸易专用出口货物报关单、外商投资企业专用进口货物报关单、外商投资企业专用出口货物报关单等不同类别。上述各种不同类别的报关单,有的用不同的颜色,有的在报关单右上角加盖贸易性质的图章等方法加以区别,但报关单的各项申报栏目基本上是相同的。

根据报关单介质不同,进出口货物报关单有两种形式,即纸质报关单和电子数据报关单,《海关法》规定两者具有同等的法律效力。在一般情况下,申报人应当同时采用纸质报关单和电子数据报关单向海关申报,并且确保两者申报内容一致。在特定条件下,海关可以免除申报人同时采用纸质报关单和电子数据报关单向海关申报的义务,批准申报人单独采用纸质报关单或者电子数据报关单向海关申报。

二、进出口货物报关单的用途

进口货物报关单一式五联,分别是海关作业联、海关留存联、企业留存联、海关核销联、进口付汇证明联;出口货物报关单一式六联,分别是海关作业联、海关留存联、企业留存联、海关核销联、出口收汇证明联、出口退税证明联。

(一)海关作业联和留存联

进出口货物报关单海关作业联和留存联是报关员配合海关查验、缴纳税费、提取或装运货物的重要单据,也是海关查验货物、征收税费、编制海关统计以及处理其他海关事务的重要凭证。

(二)报关单收付汇证明联

进口货物报关单付汇证明联和出口货物报关单收汇证明联是海关签发的证明货物实际进口或出口的证明文件,是银行和国家外汇管理部门办理收汇、付汇以及核销手续的重要依据之一。

对需办理进口付汇核销或出口收汇核销的货物,进出口人或其代理人应当在海关放行货物或结关之后,向海关领取进口付汇证明联或出口收汇证明联。

(三)加工贸易核销联

进口货物报关单海关核销联和出口货物报关单海关核销联是口岸海关签发的证明货物已申报进口或出口的证明文件,是海关办理加工贸易合同核销结案手续的重要凭证。

(四)出口退税证明联

出口货物报关单出口退税证明联是海关签发的证明货物已实际出口的证明文件,是国家税务机构办理出口货物退税手续的重要凭证之一。

三、报关单填制的一般要求

进出境货物的收发货人或代理人向海关申报时,必须填写并向海关递交进口或出口货物报关单。申报人在填制报关单时，必须做到真实、准确、齐全、清楚。

(1) 报关单的填写必须真实，要做到两个相符：一是单证相符，即报关单与合同、批文、发票、装箱单等相符；二是单货相符，即报关单中所报内容与实际进出口货物情况相符。特别是货物的品名、规格、数量、价格等内容必须真实，不得出现差错，更不能伪报、瞒报及虚报。

(2) 不同的批文或合同的货物、同一批货物中不同贸易方式的货物、不同备案号的货物、不同提运单的货物、不同的运输方式或相同的运输方式，但不同航次的货物不能填在同一份报关单上，须用不同的报关单向海关申报。

(3) 一张报关单上如有商品名称不同的、商品编号不同或者原产国(地区)或最终目的国(地区)不同的应分项填报清楚，但一张报关单上一般最多不能超过五项海关统计商品编号的货物，而一份报关单最多可由四张报关单组成。

(4) 报关单中填报的项目要准确、齐全。报关单所列各栏要逐项详细填写，内容无误；要求尽可能打字填报，如用笔写，字迹要清楚、整洁、端正，不可用铅笔(或红色复写纸)填报；填报项目若有更改，必须在更改项目上加盖校对章。

(5) 为实行报关自动化的需要，申报单位除填写报关单上的有关项目外，还应填上有关项目的代码。

(6) 向海关申报的进出口货物报关单，事后由于各种原因，出现原来填报的内容与实际进出口货物不一致，需立即向海关办理更正手续，填写报关单更正单，对原来填报项目的内容进行更改。

四、进出口货物报关单的内容

报关单的内容主要是根据海关监管、征税及统计等工作需要而设置的，由预录入编号、海关编号、进口口岸/出口口岸、备案号、进口日期/出口日期、申报日期、经营单位、运输方式、运输工具名称、提运单号、收货单位/发货单位、贸易方式(监管方式)、征免性质、征税比例/结汇方式、许可证号、起运国(地区)/运抵国(地区)、装货港/指运港、境内目的地/境内货源地、批准文号、成交方式、运费、保费、杂费、合同协议号、件数、包装种类、净重、毛重、集装箱号、随附单据、用途/生产厂家、标记唛码及备注、项号、商品编号、商品名称及规格型号、数量及单位、原产国(地区)/最终目的国(地区)、单位、总价、币值、征免、税费征收情况、录入员、录入单位、申报单位、填制日期、海关审单批注栏 47 个数据项目组成。

［**案例 9-2**］

A 公司收购 B 公司在 C 厂生产的花生油，经某港出口。报关员在出口报关单上应如何填写“发货单位”栏？

分析 发货单位是指出口货物在境内的生产或销售单位。花生油由境内C厂生产,所以出口报关单上的“发货单位”应填C厂。

思政元素 要具有工匠精神和认真的科学精神。

附录 出口货物报关单

本章小结与关键术语

思考题

1. 简述我国海关组织机构的构成。
2. 海关的任务有哪些?
3. 简述我国海关法律体系的构成。
4. 简述报关的范围和种类。
5. 简述海关报关的程序和形式。
6. 填制报关单的一般要求有哪些?

练习题

第十章　争议的预防与解决

学习目标

- 了解索赔的含义及对合同中索赔条款的规定。
- 掌握不可抗力的含义、范围及不可抗力条款。
- 理解仲裁的含义、特点、程序及仲裁协议的含义、形式和作用。

第一节　索赔

一、违约概述

（一）违约的概念

违约是指合同的一方不履行或不完全履行合同规定的义务的行为。违约一方面会引起买卖双方之间的争议，另一方面也会给对方造成经济损失，对此，违约的一方应承担相应的法律责任。

（二）违约的种类

（1）买方违约，如不按时开立信用证、不按时付款赎单、无理拒收货物、在买方负责运输的情况下不按时派船接货、不按时签订运输契约、不按指定交货地点等。

（2）卖方违约，如不按时交货，货物的品质、数（重）量、包装等不符合合同规定，不提供合同，不提供信用证规定的合适单证等。

（3）买、卖双方均有违约，如合同条款规定不明确，导致双方理解分歧，引起纠纷，或在履约中双方均有违约行为。

二、违约的法律后果

不同性质的违约所承担的法律责任不同，与此相对应地，各国法律或国际组织的文件对于违约方的违约行为及由此产生的法律后果的处理有不同的规定和解释。

（一）《民法典》的规定

根据《民法典》第五百六十二条的规定，当事人协商一致，可以解除合同。当事人可以约定一方解除合同的事由。解除合同的事由发生时，解除权人可以解除合同。

《民法典》第五百六十三条第一款规定："有下列情形之一的，当事人可以解除合同：（一）因不可抗力致使不能实现合同目的；（二）在履行期限届满前，当事人一方明确表示或者以自己的行为表明不履行主要债务；（三）当事人一方迟延履行主要债务，经催告后在合理期限内仍未履行；（四）当事人一方迟延履行债务或者有其他违约行为致使不能实现合同目的；(五)法律规定的其他情形。”

违约责任与损害赔偿范围的规定。《民法典》第五百七十七条规定违约责任：“当事人一方不履行合同义务或者履行合同义务不符合约定的，应当承担继续履行、采取补救措施或者赔偿损失等违约责任。”

《民法典》第五百八十四条规定损害赔偿范围：“当事人一方不履行合同义务或者履行合同义务不符合约定，造成对方损失的，损失赔偿额应当相当于因违约所造成的损失，包括合同履行后可以获得的利益；但是，不得超过违约一方订立合同时预见到或者应当预见到的因违约可能造成的损失。”

（二）美国的法律规定

美国法律把违约程度按其造成的后果分成严重违约和轻微违约。严重违约是指当事人一方违约，致使另一方当事人无法取得这项交易下他本应获得的主要利益，这时受损害的一方当事人可以要求解除合同，同时要求损害赔偿。轻微违约则是指当事人一方违约的情况比较轻微，没有影响对方在交易中取得的主要利益，此时受损害的一方只能要求损害赔偿，而不能要求解除合同。

（三）英国法律的规定

英国法律按合同中的不同条款，将违约分成违反要件和违反担保。违反要件是指违反合同的主要条款，即违反与商品有关的品质、数量、交货期等要件，在合同的一方当事人违反要件的情况下，另一方当事人即受损方有权解除合同，并有权提出损害赔偿。违反担保是指违反合同的次要条款，即与商品无直接联系的条款，在违反担保的情况下，受损方只能提出损害赔偿，而不能解除合同。

（四）《联合国国际货物买卖合同公约》的解释

《联合国国际货物销售合同公约》把违约分为根本性违约和非根本性违约。根本性违约是指当事人一方违反合同的结果，致使另一方当事人遭受损失，以致实际上剥夺了另一方当事人得到合同规定货物的权利，受损害方有权宣告合同无效。非根本性违约是指当事人一方违反合同的结果，使另一方当事人遭受损失，但损失不大，受损害方只能要求损害赔偿，而不能宣告合同无效。

三、索赔的概念与对象

（一）索赔的概念

索赔(claim)是指买卖合同的一方当事人，因另一方当事人违约致使其遭受损失而向另一方当事人提出要求损害赔偿的行为。理赔则是违约方对受损方提出的索赔要求进行处理。因此，索赔和理赔是一个问题的两个方面。

（二）索赔的对象

索赔的对象是指要对索赔方承担损失赔偿等责任的当事人。在实际业务中经常遇到保险索赔、运输索赔和买卖索赔等情况。

1. 保险索赔

在运输过程中发生的保险项下的事故，如货物在海运途中，遭遇自然灾害或意外事故，或运输工具遭到搁浅等造成被保险货物的全部损失或部分损失以及合理的施救费用，可以按规定向保险公司进行索赔。保险索赔可分为以下两种情况。

(1) 出口货物遭受损失，对方(进口方)向保险单所载明的国外理赔代理人提出索赔申请。中国人民保险集团股份有限公司在世界各主要港口和城市，均设有委托国外检验代理人和理赔代理人两种机构。前者负责检验货物损失，收货人取得检验报告后，附同其他单证，自行向出单公司索赔；后者可在授权的一定金额内，直接处理赔案，就地给付赔款。

进口方在向我国理赔代理人提出索赔时，要同时提供下列单证：保险单或保险凭证正本；运输契约；发票；装箱单；向承运人等第三者责任方请求补偿的函电或其他单证，以及证明被保险人已经履行应办的追偿手续等文件；由国外保险代理人或由国外第三者公证机构出具的检验报告；海事报告；货损货差证明；索赔清单等。海事造成的货物损失，一般均由保险公司赔付，船方不承担责任。

(2) 进口货物遭受损失，我国进口方向保险公司提出索赔申请。当进口货物运抵我国港口、机场或内地后发现有残损短缺时，应立即通知当地保险公司，会同当地国家商检部门联合进行检验。若经确定属于保险责任范围的损失，则由当地保险公司出具《进口货物残短检验报告》。同时，凡对于涉及国外发货人、承运人、港务局、铁路或其他第三者所造成的货损事故责任，只要由收货人办妥向上述责任方的追偿手续，保险公司即予赔款。但对于属于国外发货人的有关质量、规格责任问题，根据保险公司条款规定，保险公司不负赔偿责任，而应由收货人请国家商检机构出具公证检验书，然后由收货单位通过外贸公司向发货人提出索赔。

进口货物收货人向保险公司提出索赔时，要提交下列单证：进口发票；提单或进出口货物到货通知书、运单；在最后目的地的卸货记录及磅码单。

2. 运输索赔

运输索赔是指由于承运人未履行基本义务，可以向承运人索赔，主要有以下几种情况。

(1) 承运人短卸或误卸造成货物短少，可以向承运人索赔。

(2) 托运货物在运输途中遗失，可以向承运人索赔。

(3) 承运人未履行“管理货物”的基本义务，如积载不良、配载不当、装卸作业疏忽等造成货物损坏，可以向承运人索赔。

(4) 开航前或开航时船舶不具备适航条件造成货物损坏，可以向承运人索赔。

3. 买卖索赔

主要是由于买方或卖方原因造成的损失，可向对方索赔。属于卖方责任而引起买方索赔的主要有：卖方所交货物的品质、数量、包装与合同不符；卖方未按期交货或不交货，以及卖方其他违反合同或法定义务的行为。属于买方责任而引起卖方索赔的有：买方未按期付款；未及时办理运输手续；不按时开立信用证或故意开立不完全的信用证；无理拒收货物；不按时派船；不指定交货地点，以及买方其他违反合同或法定义务的行为。

四、合同中的索赔条款

为了国际贸易的顺利进行，同时尽量避免利用索赔条款进行的欺诈行为，订立索赔条款是非常重要的。

（一）异议与索赔条款

异议与索赔条款(discrepancy and claim clause)是针对卖方的交货品质、数(重)量或包装等不符合合同规定而订立的。该条款一般出现在商品买卖合同中，除规定一方如违反合同，另一方有权索赔外，还包括索赔依据、索赔期限和索赔金额。

1. 索赔依据

索赔依据是指受损害的一方当事人在提出索赔时必须提供的，证明对方违约事实真相的书面材料，主要是各种检验证书，并且这些证书应由双方约定的出证机构出具。索赔依据包括法律依据和事实依据。所谓法律依据，指的是合同和法律的规定。当事人在提出索赔时，无论是索赔时间、对违约事实的举证，还是要求赔偿的办法或金额，都必须符合合同及有关法律的规定。所谓事实依据，指的是违约的事实、情节及其证据。在提出索赔时，当事人必须提供充分的事实证据，事实证据是提出索赔要求的客观基础。在事实依据中，除要提供证明违约事实存在的证据外，还要提供证明受害方遭受损失的程度和金额的证据和文件，对此，也可在合同中加以具体规定。

2. 索赔期限

索赔期限是指受损害方向违约方提出索赔的有效时限。如果逾期索赔，违约方可不予受理。索赔期限的长短应根据商品的种类、特性及检验所需时间等因素来规定。一般货物的索赔期限为货物到目的港(目的地)卸货的30天或45天，而机械设备等一般为货到目的港(目的地)卸货的60天或60天以上。

在合同中约定索赔期限的情况下，当事人应严格对商品进行检验验收，一旦发现货物有不符合合同规定的情况，应立即请检验部门复验出证，在索赔期限内向违约方提出索赔。而在对货物订有品质保证期的情况下，只要出现的质量问题在保证期内，买方都可以向卖方索赔。索赔实际上就是检验条款中的复验期限，因此，有些国家的合同把检验条款和索赔条款结合起来订立，称为检验与索赔条款(inspection and claim clause)。

［案例 10-1］

甲国某公司以 CFR 术语对乙国出口一批小五金工具。合同规定货到目的港后 30 天内检验，买方有权凭检验结果提出索赔。甲国某公司按期发货，乙国客户也按期凭单支付了货款。可半年后，甲国某公司收到乙国客户的索赔文件，称上述小五金工具有 70%已锈损，并附有乙国某内地一检验机构出具的检验证书。试问甲国某公司对乙国的索赔是否接受，为什么？

分析　甲方可以拒绝乙国的索赔。因超过了索赔期限，合同规定货到目的港后 30 天内检验，买方有权凭检验结果提出索赔。另外，乙国客户提供的索赔依据也不符合要求。检验证书应由目的港的检验检疫机构出具，而乙国使用了另一地的检验机构出具的检验证书。

思政元素　要具有法律意识，严格遵守合同。

3. 索赔金额

索赔金额是指违约方对受损方支付或赔付的全部费用。如买卖合同中有约定的损害金额或损坏赔偿金额的计算方法，应该按照计算出的损害赔偿金额提出索赔。如合同中未作出规定，损害赔偿金额的确定原则是：赔偿金额应与因违约而遭受的包括利润在内的损失一致；应以与违约方在签订合同时可预料的合理损失为限；因受损方未采取合理措施而遭受的损失，应在赔偿金额中扣除。

（二）罚金条款

罚金条款(penalty clause)又称违约金条款，一般包括罚金的数额和关于罚金起算日期的计算方法两项内容。

1. 罚金的数额

合同中规定，如由于一方未履行合同或未完全履行合同，应向对方支付一定数量的约定金额作为赔偿，所谓罚金实质就是违约金。罚金数额由交易双方商定并规定最高限额，并视违约时间的长短而定。

例如，在一笔交易的合同中规定：如果卖方不能如期交货，不可抗力事件除外，每延误 1 周，买方收取相当于货款 0.5%的罚金；不足 1 周按 1 周计算；延误 10 周时买方除要求卖方支付延期交货罚金外，还有权撤销合同。

按照惯例，罚金数额以不超过货物总金额的 5%为宜，卖方支付罚金后，并不能解除其继续履行合同的义务。

2. 关于罚金起算日期的计算方法

关于罚金起算日期的计算方法应在合同中订明，罚金起算日期的计算方法有两种：一种是规定优惠期，即在约定的交货期或开证期终止后再宽限一段时期，在优惠期内可免于罚款，待优惠期届满后再起算罚金；另一种是合同规定的交货期或开证期终止后立即起算。

需要注意的是，即使违约方支付了罚金，只要受损方未予同意，仍不能解除继续履行合同的义务；相反，如违约一方延期交货到一定的期限，受损方反而有权要求撤销合同并支付罚金。

五、索赔应注意的问题

(1) 遵守实事求是的原则。交易双方当事人中的一方在遭受损失提出索赔时,应先查明事故的实际原因,找出责任人,做好索赔方案后再向造成损失的当事人进行索赔。

(2) 要保证索赔所需的单据齐全。在索赔过程中,如果索赔的单据不全,对方可以拒绝。索赔时所需的单据包括提单、发票、保险单、装箱单、商品检验证书等。

(3) 正确确定索赔金额。在索赔时,所提出的索赔金额一定要有根据,不能随心所欲。

(4) 遵守索赔的期限。一方当事人提出索赔必须在合同规定的期限之内,如果在规定的有效期限内没有提出索赔,则其将不再拥有提出索赔的权利。

第二节　不可抗力

一、不可抗力的含义及构成的条件

(一) 不可抗力的概念

不可抗力是指在货物买卖合同签订后,不是由于合同当事人的过失或疏忽,而是发生了当事人不能预见、不能预防、不能避免和不能克服的事件,以致不能履行或不能如期履行合同。遭受不可抗力事件的当事人,可以据此免除履行合同的责任或推迟履行合同,对方无权要求赔偿。

(二) 不可抗力构成的条件

尽管各国法律和各种国际公约、国际惯例对不可抗力的名称与解释存在差别,但构成不可抗力事件应具备以下几个条件。

(1) 事件是订立合同之后发生的。

(2) 事件是不可控制的,而且是无法避免、无法预防的。

(3) 事件的发生不是任何一方当事人的疏忽或过失造成的。

二、不可抗力事件的范围

引起不可抗力的原因主要有两种:自然原因和社会原因。

(1) 自然原因,即自然力量引起的灾害,如水灾、火灾、冰灾、暴风雪、地震、海啸等。

(2) 社会原因,即社会力量引起的,如罢工、战争和政府禁令等。

一般而言,对自然原因引起的不可抗力事件,交易双方比较容易达成共识;但对社会原因引起的不可抗力,各国的法律解释相差比较大,买卖双方的争议更是经常出现,只能由交易双方根据合同中的不可抗力条款,视事件的具体情况协商解决。

［**案例 10-2**］

甲国某公司于 1990 年 11 月 2 日与乙国签订了一份进口合同，交易条件为 FOB。后因海湾战争爆发，甲方接货货轮无法驶抵乙国，到 1991 年 4 月海湾战争结束后，甲方才能派船接货，而乙方以甲方未能按时派船接货为由，要求甲方赔偿其仓储费。

分析 乙国的要求不合理。因为甲国未能按时派船接货是由于不可抗力事件的发生。在该案例中，甲国无法派船接货正是由于海湾战争的爆发导致，而战争属于社会异常事件，是当事人无法预见和控制的，属于不可抗力事件范围。

思政元素 要具有法律意识和专业、专注、细致分析问题的能力。

三、不可抗力事件的法律后果

在履行合同义务时，如出现不可抗力事件，合同的履行不一定被完全解除，而是应该根据不可抗力事件的原因、性质、规模以及对履行合同的实际影响情况来区别对待，即将不可抗力的法律后果分为两种。

（1）解除合同。例如，特定的合同标的灭失，使合同履行成为不可能。

（2）延迟履行合同。如果不可抗力的发生只是暂时阻碍了合同的履行，则只能延迟履行合同。

为了明确事故发生后当事人双方的权利和义务，对于不可抗力的法律后果，交易双方当事人应在合同中作出明确具体的规定，以免日后发生争议。

四、合同中的不可抗力条款

不可抗力条款(force majeure clause)是一种免责条款，即免除由于不可抗力事件而违约的一方的违约责任。不可抗力条款的内容一般包括：不可抗力事件的范围，事件发生后通知对方的期限和方法，不可抗力的法律后果，出具的证明文件，以及出具机构。

（一）合同中不可抗力事件的规定

事故范围的规定应力求明确、具体，切忌含混、笼统，通常有三种规定方法。

1. 概括式

概括式即对不可抗力事件范围只做笼统的规定，而不具体规定哪些事件属于不可抗力事件的范围。如在合同中规定："如果由于不可抗力事件的发生，卖方不能全部或部分履行合同中的装运义务，或者延迟装运，卖方对此不负任何责任。但卖方须用电传或电报的方式及时通知买方，并在××天之内向买方出具由权威机构开出的不可抗力事件的证明文件。"此类规定方法对不可抗力事件的规定过于笼统，解释伸缩性大，易引起争议。

2. 列举式

列举式即以一一列举的方式，在合同中详细规定不可抗力事件的范围。

如在合同中规定:"如果由于水灾、火灾、暴风雪、地震、罢工、战争的原因造成不可抗力事件的发生,卖方不能全部或部分履行合同义务,或者延迟履行合同义务,卖方对此不负任何责任。但卖方须用电传或电报的方式及时通知买方,并在××天之内向买方出具由权威机构开出的不可抗力事件的证明文件。"这种规定方法对不可抗力事件的规定虽然比较明确,但灵活性较差,不可能列出每一种可能发生的情况,容易造成遗漏。

3. 综合式

综合式即一方面列出比较常见的不可抗力事件;另一方面还要再加上"双方同意的其他不可抗力事件"一类的补充说明。如在合同中规定:"如果由于水灾、火灾、暴风雪、地震、罢工、战争或其他不可抗力的原因造成不可抗力事件的发生,卖方不能全部或部分履行合同义务,或者延迟履行合同义务,卖方对于由此原因导致的不能或延迟履行合同不负任何责任。但卖方须用电传或电报的方式及时通知买方,并在××天之内向买方出具由权威机构开出的不可抗力事件的证明文件。"这是把概括式和列举式相结合的一种规定不可抗力事件的方法,其优点是既比较具体,又具有一定的灵活性。

(二) 不可抗力事件的通知期限和方法

按照惯例,一方面,合同中的一方当事人因不可抗力事件而不能履行合同的,应及时通知另一方当事人,并提出处理意见,以便另一方当事人采取相应的措施减少损失;另一方面,另一方当事人应及时地给予答复,如有异议也应及时向对方提出。对于通知的期限,双方应在合同中给予明确的说明。《公约》和《合同法》中都有类似的规定。此外,为了使通知及时传达到另一方当事人,合同中对于通知的传递方法也应作出明确的规定。如采用电传、电报或航空邮寄的方式等。

(三) 出具不可抗力事件的证明文件和出具机构

不可抗力条款是一种免责条款,只有确实发生了不可抗力事件,当事人一方才能免除责任。因此,发生不可抗力事件时,其真实性是非常重要的,不可抗力事件的证明文件就是证明其真实性的。按照惯例,不可抗力事件的证明文件应由事发国的权威机构出具,在我国,一般由中国国际贸易促进委员会(中国国际商会)出具;在国外,大多数是由当地的商会或登记注册的公证行出具。

五、订立不可抗力条款时应注意的问题

订立不可抗力条款时,应注意以下几个问题。

(1) 发生不可抗力事件后应采取有效的通信方式通知对方,对方应及时作出答复。

(2) 双方当事人要认真分析发生的事件是否属于不可抗力事件的范围。

(3) 发生事故的一方当事人应按合同规定的出证机构出具不可抗力事故的证明。

(4) 根据事故的性质、影响合同履行的程度，提出协商解决的办法，或终止合同，或解除合同。

第三节　仲裁

一、争议的解决方式

在国际贸易中，情况复杂多变，买卖双方经常会出现贸易摩擦，引起争议。一旦发生争议，当事人可按照合同约定或争议的情况采用协商(correspond)、调解(conciliation)、诉讼(litigation)或仲裁(arbitration)的方式来解决争议。

(一) 协商

协商是交易双方自行解决争议的一种方式。在国际贸易的实际业务中，如果交易双方就合同的履行发生争议，一般情况下，双方首先应通过友好协商的方式来解决问题，这样以利于保护商业秘密和企业声誉。如果协商不成，双方可以采用调解的方式来解决争议。

(二) 调解

调解是由双方当事人自愿将争议提交给选定的调解机构(法院、仲裁机构或专门的调解机构)，由该机构按调解程序进行调解。若调解成功，双方应签订和解协议，作为一种新的契约予以执行；若调解意见不为双方或其中一方接受，则调解即为失败。我国在诉讼和仲裁中，均采用先行调解的程序。

(三) 诉讼

诉讼是一方当事人向法院起诉，控告合同的另一方，一般要求法院判另一方当事人以赔偿经济损失或支付违约金的方式承担违约责任，也有要求对方实际履行合同义务的。诉讼具有以下特点。

(1) 诉讼带有强制性，只要双方当事人的一方向有管辖权的法院起诉，另一方就必须应诉，争议的双方都无权选择法官。

(2) 诉讼程序复杂，处理问题比仲裁慢。

(3) 用诉讼处理争议，双方当事人关系紧张，有伤和气，不利于贸易关系的继续发展。

(4) 诉讼费用较高。

(四) 仲裁

仲裁又称公断，指贸易双方在执行合同时发生争议，按协议将有关争议提交仲裁机构裁决。仲裁可分为质量仲裁和技术仲裁两种。前者是因商品的品质、规格问题引起的；后者是因单据的解释不同引起的。同时具有质量问题和技术性问题的仲裁叫作混合仲裁，由于国际贸易的当事人分别属于不同国家，也有人把这种仲裁称为国际仲裁。仲裁的裁决具有法律约束力，当事人各方必须严格遵照执行。

在国际贸易中，仲裁是被采用最广泛的一种方式。采取仲裁方式解决争议与诉讼相比具有以下一些特点。

(1) 采用仲裁是以双方自愿为基础,双方当事人自行选定仲裁员,因而具有一定的灵活性。

(2) 仲裁程序较简单,且仲裁员一般是熟悉国际贸易业务的专家和知名人士,故仲裁解决问题较快。

(3) 仲裁费用比诉讼费低。

(4) 仲裁对争议双方继续发展贸易关系的影响较小。

(5) 仲裁是终局性裁决,败诉方不得上诉,必须执行。

二、仲裁协议

(一) 仲裁协议的概念

仲裁协议是指双方当事人自愿将他们在国际贸易中已经发生或将来可能发生的争议提交仲裁解决的书面意思表示。仲裁协议是仲裁机构和仲裁员受理争议案件的依据。

(二) 仲裁协议的形式

1. 仲裁条款

仲裁条款(arbitration clause)是指在合同中订立的仲裁协议。它是双方当事人在争议发生之前订立的,表示愿意将未来可能发生的争议提交仲裁的条款,除了个别国家以外,合同中的仲裁条款被认为是一种有效的书面仲裁协议形式。

2. 提交仲裁的协议

提交仲裁的协议(submission agreement)是双方当事人在争议发生之后,将争议提交仲裁之前专门订立的书面协议。它是独立于合同之外的协议,包括双方当事人同意将争议提交仲裁的来往信件、电报、电传等。

以上两种形式的仲裁协议效力是一样的,它们的区别在于提交仲裁的协议所涉及的问题除了合同中发生的争议外,可能包括非合同关系或多个合同关系中的争执。

(三) 仲裁协议的作用

根据多数国家仲裁法及仲裁实践,仲裁协议的作用如下。

(1) 对双方当事人具有约束力。当双方当事人之间发生仲裁协议中约定的争议事项时,应以仲裁方法解决,不得向法院起诉。同时,在他方提起仲裁时,必须应诉。

(2) 是仲裁机构和仲裁员受理争议的依据。根据仲裁的基本原则,任何仲裁机构都不能受理没有仲裁协议的案件。仲裁机构必须按照仲裁协议的规定办理,所进行的仲裁不得与仲裁协议的内容相冲突。

(3) 排除法院对争议案件的管辖权,使仲裁机构取得对争议案件的管辖权。这是仲裁协议作用的中心内容。包括我国在内的大多数国家法律规定,法院不受理订有仲裁协议的争议案件,如果任何一方违反仲裁协议向法院提起诉讼，对方可以要求法院停止诉讼程序，而把案件提交仲裁机构审理。

(4) 执行仲裁的依据。当事人必须提交仲裁协议，主管机关未能承认和执行仲裁裁决。

(四) 仲裁协议的内容

仲裁协议一般包括仲裁地点、仲裁机构、仲裁程序、仲裁裁决的效力及仲裁费用的负担等。

1. 仲裁地点

仲裁地点往往是交易双方磋商仲裁条款时极为关心的一个十分重要的问题。这主要是因为仲裁地点所适用的程序法，与合同所适用的实体法关系甚为密切。除非仲裁协议另有规定，一般在哪个国家仲裁，就往往适用哪个国家的仲裁法规，至于确定合同双方当事人权利、义务的实体法，如合同未规定，一般是仲裁员根据仲裁地点所在国家的法律冲突规则予以确定。

在我国进出口贸易合同中，仲裁地点的选择一般采用以下几种做法。

(1) 规定在我国仲裁。我国进出口合同中大多数采用此种做法。

(2) 规定在被告所在国仲裁。这是为了避免因仲裁地点问题而使谈判陷入僵局，而在实践中发展起来的比较灵活的一种做法。

(3) 规定在双方同意的第三国仲裁，这是在双方各执己见的情况下，双方各让一步的常见做法。选择这种做法时，该地的仲裁法律应允许受理双方当事人都不是本国公民的争议。

2. 仲裁机构

仲裁机构是国际商事关系中的双方当事人自主选择出来用以解决其争议的民间性机构，其审理案件的管辖权限完全取决于当事人的选择和授权。国际商事仲裁机构可分为临时仲裁机构和常设仲裁机构。目前国际上影响力较大的常设商事仲裁机构有：国际商会国际仲裁院(ICC Court of Arbitration, ICCCA)，成立于 1923 年，总部和秘书局设在巴黎；瑞典斯德哥尔摩商会仲裁院(Arbitration Institute of the Stockholm Chamber of Commerce, SCC)，成立于 1917 年；伦敦国际仲裁院(London Court of International Arbitration, LCIA)，成立于 1892 年；美国仲裁协会(American Arbitration Association, AAA)，成立于 1926 年，总部设在纽约；瑞士苏黎世商会仲裁院，成立于 1911 年。我国的国际商事仲裁机构主要有：中国国际经济贸易仲裁委员会，成立于 1956 年，1980 年、1988 年两次调整，总部设在北京。2000 年，中国国际经济贸易仲裁委员会同时启用中国国际商会仲裁院的名称。中国海事仲裁委员会，原名“中国国际贸易促进委员会海事仲裁委员会”，是指中国常设的非政府海事仲裁机构，成立于 1959 年，1998 年更改为现名，总部设在北京。

3. 仲裁程序

仲裁程序主要是规定进行仲裁的手续、步骤和做法。其主要内容如下。

1) 提出仲裁申请

仲裁申请(arbitration application)是仲裁程序的首要手续。各国法律对申请书的规定不一致。《中国国际经济贸易仲裁委员会仲裁规则》(以下简称《仲裁规则》)规定,当事人一方申请仲裁时,应向该委员会提交包括下列内容的签名申请书:申诉人和被诉人的名称、地址;申诉人所依据的仲裁协议;申诉人的要求及所依据的事实和证据。

申诉人向仲裁委员提交仲裁申请书时,应附具本人要求所依据的事实的证明文件,指定一名仲裁员,预缴一定数额的仲裁费。如果委托代理人办理仲裁事项或参与仲裁的,应提交书面委托书。

2)组织仲裁庭

根据《仲裁规则》的规定,申诉人和被申诉人各自在仲裁委员会仲裁员名册中指定一名仲裁员,并由仲裁委员会主席指定一名仲裁员为首仲裁员,共同组成仲裁庭审理案件;双方当事人亦可在仲裁委员名册上共同指定或委托仲裁委员会主席指定一名仲裁员为独任仲裁员,成立仲裁庭,单独审理案件。

3)审理案件

仲裁庭审理案件的形式有两种:一是不开庭审理,这种审理一般是经当事人申请,或由仲裁庭征得双方当事人同意,只依据书面文件进行审理并作出裁决;二是开庭审理,这种审理按照仲裁规则的规定,采取不公开审理,如果双方当事人要求公开进行审理,由仲裁庭作出决定。

4)作出裁决

裁决是仲裁程序的最后一个环节。作出裁决后,审理案件的程序即告终结,因而这种裁决被称为最终裁决。除根据《仲裁规则》规定最终裁决外,仲裁庭认为有必要或接受当事人之提议,在仲裁过程中,可就案件的任何问题作出中间裁决或者部分裁决。中间裁决是指对审理清楚的争议所做的暂时性裁决,以利对案件的进一步审理;部分裁决是指仲裁庭对整个争议中的一些问题已经审理清楚,而先行作出的部分终局性裁决。这种裁决是最终裁决的组成部分。仲裁裁决必须于案件审理终结之日起45天内以书面形式作出,仲裁裁决除由于调解达成和解而作出的裁决书外,应说明裁决所依据的理由,并写明裁决是终局的和作出裁决书的日期地点,以及裁决人员的署名等。

当事人对于仲裁裁决书,应依照其中所规定的时间自动履行,裁决书未规定期限的,应立即履行。一方当事人不履行的,另一方当事人可以根据中国法律的规定,向中国法院申请执行,或根据有关国际公约或中国缔结或参加的其他国际条约的规定办理。

4. *仲裁裁决的效力*

仲裁裁决是终局的,对双方当事人均有约束力。任何一方当事人不得向法院起诉,也不得向其他任何机构提出变更裁决的请求。

5. *仲裁费用的负担*

仲裁费用由谁负担,应在仲裁条款中订明。仲裁费用一般按争议金额的百分之几计算,由败诉方承担仲裁费用或由双方当事人按比例分担仲裁费用。

三、仲裁裁决的执行

仲裁裁决具有法律效力，当事人应当自觉执行。但是，在实践中败诉方拒不执行仲裁裁决的情况并不少见。特别是对外国的仲裁机构仲裁裁决的承认与执行，往往存在困难。为了解决各国在承认和执行外国仲裁裁决问题上存在的矛盾，各国之间缔结了一些国际公约。如1923年缔结的《1923年日内瓦仲裁条款议定书》，1927年缔结的《日内瓦关于执行外国仲裁裁决的公约》，1958年在纽约缔结的《承认及执行外国仲裁裁决的公约》（以下简称《纽约公约》）。

我国于1986年12月2日正式加入《纽约公约》，但有两项保留。

（1）中华人民共和国只在互惠的基础上对在另一缔约国领土内作出的仲裁裁决的承认和执行适用该公约。

（2）中华人民共和国只对根据中华人民共和国法律认定为属于契约性和非契约性商事法律关系所引起争议适用该公约。

我国政府对上述公约的加入和所做的声明，不仅为我国承认与执行外国仲裁裁决提供了法律依据，而且也有利于我国仲裁机构所作出的裁决在国外公约成员国内的执行。

四、国际贸易仲裁机构

仲裁机构可分为临时仲裁庭和常设仲裁机构。临时仲裁庭又称特设仲裁庭，是根据当事人合意并按照一定程序组成的，当案件审理完毕时即自动解散。常设仲裁机构是指依照国际条约或国内法律而设立的行政机构。常设仲裁机构可分为世界性常设仲裁机构、区域性常设仲裁机构和各国常设仲裁机构。常设仲裁机构由于具有条件、经验等方面的优势，故采用常设机构仲裁方式更有利于争端的解决。

（一）伦敦国际仲裁院

伦敦国际仲裁院是世界上最古老的仲裁机构，原名伦敦仲裁院（London Chamber of Arbitration），1903年起使用现名。1986年起，伦敦国际仲裁院改组成为有限责任公司，其董事会管理其活动。伦敦国际仲裁院设在伦敦，在仲裁案件中，其主要作用是指定仲裁员和对案件进行一些辅助性的管理。它设有仲裁员名册，仲裁员的成分也是多种多样，可以由当事人指定，也可以由仲裁院主席指定。

（二）美国仲裁协会

美国仲裁协会是一个非营利性的为公众服务的机构。其目的在于，在法律的许可范围内，通过仲裁、调解、协商、民主选择等方式解决商事争议。美国仲裁协会有许多类型的仲裁规则，分别适用于不同类型的纠纷。美国仲裁协会的仲裁员来自很多国家，达数千人。当事人可以在仲裁员名册中指定仲裁员，也可以在仲裁员名册之外指定仲裁员。在没有约定的情况下，所有案件只有1名仲裁员,即独任仲裁员。但如果美国仲裁协会认为该案件争议复杂,可决定由3名仲裁员组成仲裁庭。

(三) 瑞典斯德哥尔摩商会仲裁院

瑞典斯德哥尔摩商会仲裁院是瑞典最重要的常设仲裁机构,可以受理世界上任何国家当事人所提交的商事争议。其没有仲裁员名册,当事人可自由指定任何国家、任何身份的人作为仲裁员。通常当事双方各自选择一位同胞作为仲裁员,并共同选择第三名仲裁员,组成3人仲裁庭。

(四) 国际商会国际仲裁院

国际商会国际仲裁院属于国际商会。国际商会国际仲裁院的仲裁规则规定,双方当事人可以选择适用的调解程序,由商会主席指定3人组成调解委员会进行调解,仲裁员可以由当事人选定,也可以由仲裁院指定,但仲裁庭主席应由仲裁院指定。

(五) 中国国际商会仲裁院

中国国际商会仲裁院是世界上主要的常设商事仲裁机构之一,原名中国国际经济贸易仲裁委员会,是以仲裁的方式,独立、公正地解决契约性或非契约性的经济贸易等争议的常设商事仲裁机构。其仲裁规则规定,仲裁庭由3名仲裁员组成或由1名仲裁员独任审理,当事人在仲裁院的仲裁名册中指定1名仲裁员,或委托仲裁院主席指定,而仲裁庭的首席仲裁员由仲裁院主席指定。

随着仲裁制度的迅速发展,以仲裁方式解决国际贸易争议已在世界上得到普遍承认和更广泛的采用。

本章小结与关键术语

思考题

1. 什么是违约?违约有哪几种?
2. 在国际贸易中确定损害赔偿金额的原则有哪些?
3. 简述索赔应注意的问题。
4. 对不可抗力时间范围的规定方法有哪几种?
5. 不可抗力成立应具备的条件有哪些?
6. 争议的解决方式有哪几种?
7. 简述仲裁和公诉的特点。

8. 简述我国对仲裁地点的规定。

9. 简述仲裁的程序。

10. 国际贸易仲裁机构有哪些？

练习题

第十一章　国际货物贸易合同的签订

学习目标

- 了解国际货物贸易的一般程序。
- 掌握国际货物贸易合同磋商前的准备工作。
- 掌握国际货物贸易合同磋商的程序。
- 掌握国际货物贸易合同的签订。

第一节　国际货物贸易的一般程序

国际货物贸易程序是以合同为中心进行的，主要包括交易前的准备工作、贸易洽商到签订合同等环节。在实际工作中各个环节之间都有着密切联系，还经常出现先后交叉进行的情况。其中，交易前的准备工作是贸易洽商能否顺利进行的保证，而贸易洽商则是能否达成协议和决定双方权利与义务的关键。

一、出口贸易的基本业务程序

出口业务流程如图 11-1 所示。

（一）出口交易前的准备

其主要包括：组织经贸洽谈人员；进行市场调研，选择目标市场；选择交易对象并与之建立业务联系；制订出口商品经营方案；进行成本核算等。

（二）出口交易磋商与合同的签订

其主要是根据方针政策、国际规则和企业的经营意图，按照经营方案，运用国际市场通用做法，与国外客户就所经营的货物及交易条件进行洽商。在实际业务中，为了明确责任，便于履行或使口头谈成的合同生效，通常还需双方当事人签署一份有一定格式的书面合同。

（三）出口合同的履行

合同签订后，买卖双方当事人根据合同规定履行自己的义务。任何一方违反合同的规定，并使对方遭受损失时，就要进行索赔和理赔工作。在处理索赔、理赔过程中，如发生争议，则应以合同条款为依据，按照法律和惯例进行处理。

（四）交易善后

交易结束后双方相互联系以维持客户关系。

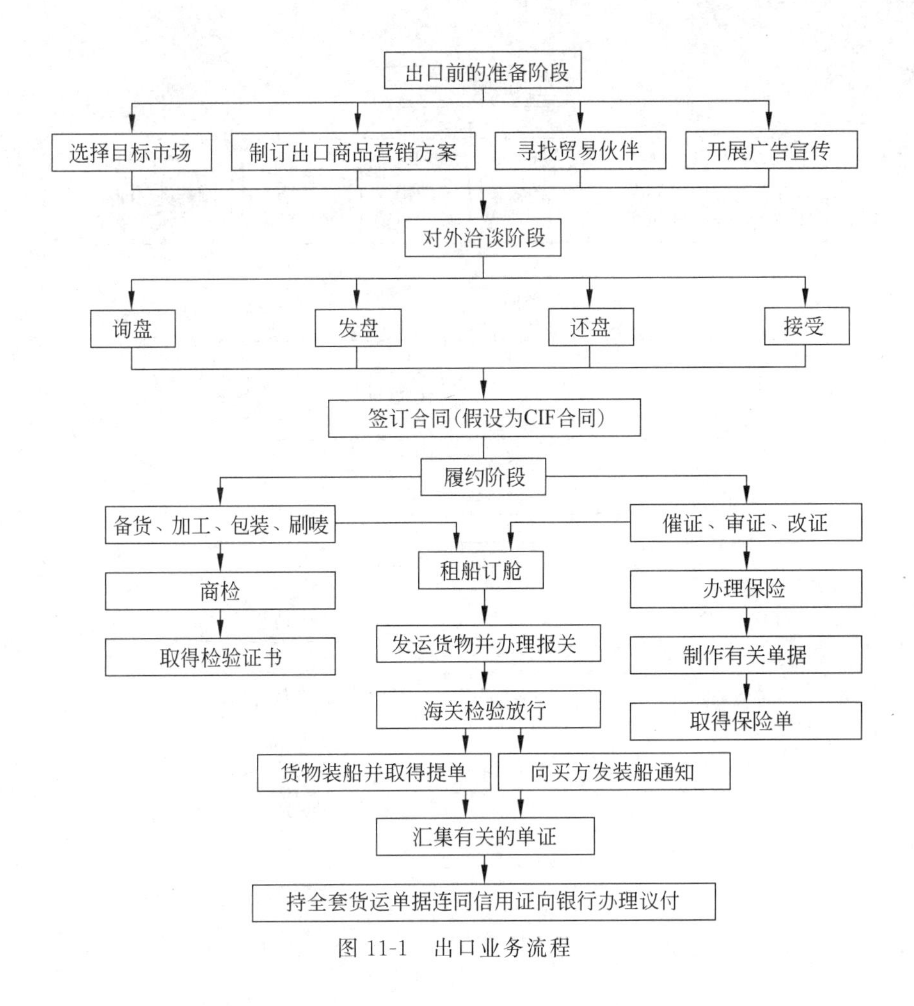

图 11-1　出口业务流程

二、进口贸易的基本业务程序

进口业务流程如图 11-2 所示。

(一) 进口交易前的准备

进口商通过市场调研、接受客户委托等途径明确国内买家；通过浏览供货信息、展览会、交易会、网上发布求购信息、机构推荐、客户介绍等多种途径寻找国外卖家信息；弄清采购商品的供应情况和价格水平，进行分析比较以确定目标市场；在对供货商调研的基础上，确定客户并主动建立业务联系；制订进口商品经营方案；进行成本核算。

(二) 进口交易磋商和合同订立

进口交易磋商和合同订立是进口业务的重要阶段，也是决定进口业务经济效益的重要因素。进口合同磋商的方式、程序与出口合同磋商基本相同，但由于进口人所处地位与出口人不同，因此，磋商中各环节的掌握、应注意的事项及合同的各个条款的掌握有很大不同。

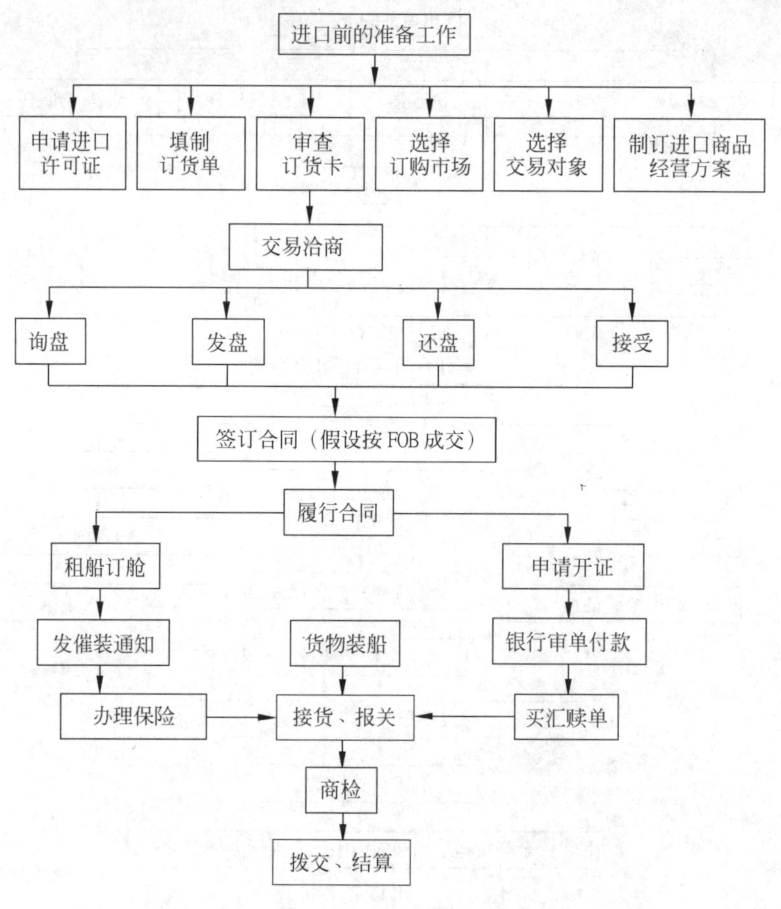

图 11-2　进口业务流程

进口交易磋商,通常是先相互试探、摸底,再就交易条件进行发盘、还盘和再还盘的过程。在进口交易磋商中,进口人与供应商应详细深入地交流情况,弄清有待进一步取得协议的问题,创造良好的磋商气氛,分清轻重缓急,争取对自己最有利的交易条件。

进口交易达成后,通常都要签订有一定格式的书面合同,作为双方意思完全一致的证明文件和处理争议的主要依据。

(三) 进口合同的履行

进口合同订立后,买卖双方都必须严格按照合同规定履行各自的义务。作为合同的买方,必须按照合同、有关国际条约和国际惯例的规定,支付价款和收取货物。同时,还要随时注意卖方履行合同的情况,督促卖方按合同规定履行其交货、交单和转移货物所有权的义务。

第二节　国际货物贸易准备工作

在国际货物贸易中，交易双方为了达成一项交易，对交易的各项条件进行协商，这个过程称为贸易洽商，通常称为贸易谈判。为了顺利达成交易，贸易洽商前，交易双方都要做好交易前的各项准备工作。

一、出口交易前的准备工作

（一）市场调研

市场调研是指企业或个人直接对自己感兴趣的市场进行调研。市场调研是信息收集的有效手段。为了准确了解某一市场有关某种产品的具体情况，还要针对目标市场和对象产品进行市场调查，从中选择最有利的市场销售商品。

1. 市场环境调研

企业开拓国际市场，首先要了解国际市场环境，企业对国际市场环境调研的主要内容如下。

1）政治和法律环境

政治和法律环境是市场环境的重要因素，在国外进行营销活动，东道国会根据本国的经济发展、经济结构、资源配置和发展目标采取不同的态度，因此，调研应该包括政府结构的重要经济政策、政府对贸易实行的鼓励、限制措施，特别是有关外贸方面的法律、法规，如关税、配额、国内税收、外汇限制、卫生检疫、安全条例等。

2）经济环境

经济环境是指一国经济发展已达到的水平和未来的发展前景。它与企业经济活动关系密切，直接关系到该国或地区商品市场的现状和发展变动趋势，包括一国的经济体制、经济发展水平、经济发展前景、就业、收入分配等。

3）文化环境

文化环境指一国的社会结构、社会行为、教育水平及人民的知识水平和生活方式的总和。不同国家的文化环境代表着不同的生活和消费模式，也就必然给经济活动带来不同影响，包括物质文化、使用的语言、教育水平、宗教、风俗习惯、价值观念等。

4）地理环境

地理环境包括气候、地形和交通运输等因素。

5）竞争环境

竞争环境是一个企业在决定开拓海外市场前必须考虑的重要问题，包括：生产同样产品的厂商之间的竞争；每个竞争者在生产、销售、成本方面存在的优劣势及它们生产能力的前景；目前的市场是否存在机会；竞争对手的成功经验等。

2. 商品市场行情调研

商品市场行情调研的内容主要包括市场营销活动的各个方面,目的是帮助企业真正了解市场商品供求关系和情况、出口商品的生产和消费以及选择合适的销售渠道和促销方式。

(1) 出口商品生产调研,调查分析出口商品的生产历史、发展趋势、产品质量和本企业所占份额,同时还要掌握生产波动的规律,以及商品生产的一些特点。其包括:商品供应的渠道、来源,国外生产厂家、生产能力、数量及库存情况等。

(2) 出口商品消费调研,分析商品的消费趋势、消费习惯和消费对象,掌握商品消费的特点。

(3) 商品价格调研,包括:影响价格变化的具体因素;商品需求的弹性大小和波动幅度;国际商品市场供求关系的状况及发展变化趋势;不同的价格政策对商品定价及销售量的影响;新产品的定价策略等。

(4) 营销情况调研,包括:在国外市场对客户可能进行的营销组合;能促进营销的推广方法,如佣金、折扣、赠样本、赞助等;营销中使用的广告宣传方式等。

(二) 选择交易对象

出口商在对潜在市场进行调研的基础上,选择最合适、成交可能最大的客户,主动与其联系以建立业务关系。

交易前,出口商应对国外企业的组织机构、政治、资信、经营范围和经营能力等情况进行细致的了解与分析。

(1) 国外企业的组织机构情况,包括企业的性质、创建历史、主要负责人及担任的职务、分支机构等。

(2) 政治情况,包括主要负责人的政治背景、对我国的政治态度等。

(3) 资信情况,包括企业的资金和信用两个方面。资金是指企业的注册资本、借贷能力、财产及资产负债情况等。信用是指企业的经营作风、商业道德、履约信誉及公共关系等。

(4) 经营范围,指企业生产或经营的品种、业务范围、经营的性质,是代理商、生产商,还是零售批发商等,以及是否与我国做过生意。

(5) 经营能力,主要包括客户每年的营业额、销售渠道、经营方式,以及在当地和国际市场上的贸易关系等。

(三) 制订出口商品经营方案

出口商品经营方案是推销商品和安排出口业务的依据。出口商在市场调研的基础上,确定国外市场之后,应该对出口商品制订经营方案,内容主要包括以下几项。

(1) 货源情况,包括:生产地、主销地、主要消费地;商品的特点、品质、规格、包装、价格、产量、库存情况,以及国内生产能力、可供出口的数量等情况。

(2) 国外市场情况,如市场容量、生产、消费、贸易的基本情况,今后可能发展变化的趋势,对商品品质、规格、包装、性能、价格等各方面的要求,国外市场经营该商品的基本做法和销售渠道。

(3) 经营历史情况,如我国出口商品目前在国际市场上所占地位、主要销售地区及销售情况、主要竞争对手、经营该种商品的主要经验和教训等。

(4) 经济效益分析,进行经济效益分析是为了帮助出口商判断出口是否有利,从而决定是否出口、出口多少以及如何掌握出口商品价格,包括出口成本、盈亏率、创汇率的情况,并提出具体的意见和安排。

(5) 销售计划和措施,包括销售数量或金额、增长速度、采用的贸易方式、支付手段、结算办法、销售渠道、运输方式以及对价格佣金和折扣的掌握等。

除此之外,出口商品经营方案的内容还涉及特定国家或地区的进口管制和关税情况、对其他国家和地区出口计划的初步安排,另外还要对出口过程中可能遇到的问题作出估计,并提出解决关键问题的方法。

另外,出口商在出口交易前,还应在国内外进行商标注册,委托国外的代理人、广告商或自己通过各种途径做好出口商品的广告宣传。

二、进口交易前的准备工作

与出口贸易一样,进口交易前的准备工作也很重要。准备工作做得好坏直接关系到交易能否顺利进行以及能否确保有关当事人的经济利益。

(一) 选择采购市场与供货商

选择采购市场时,应比较不同国家和地区生产技术与工艺的先进程度及产品的性能,以便选择购买适合我国需要、价格合理的商品。选择供货商也适用选择出口交易对象的原则。同时应特别注意对方所提供的商品是否先进、适用,交易条件是否对我方有利,从众多的供货人中选择最理想的供货对象。

(二) 办理进口商品的审批

我国对有些进口商品,采用凭进口许可证进口的方法。海关凭进口货物许可证查验放行。对进口商品实施许可证制度是国家管理进口贸易的一种重要管制手段。国家通过签发许可证以控制进口商品的种类、数量、价格以及供货的国家或地区。

对国家规定必须申领进口许可证的商品,进口单位必须在向外订货前填制进口许可证的申请表,连同应提交的有效文件,向发证部门申领进口许可证。实行许可证管理的进口货物的品种,由商务部根据国家规定统一公布、调整。

(三)审查进口订货卡片

通常,在进口商品审批通过之后,用货单位应填写进口订货卡片,其主要包括商品名称、品质、规格、数量、包装、估计单价与金额、要求到货时间、外汇来源等内容。外贸企业收到用货单位交来的订货卡片后,要审查其内容是否完整,进口商品是否符合国家政策的规定,外汇及所需人民币是否已落实等,若审查合格,便开始对外采购工作。

(四)制订进口商品的经营方案

进口商品经营方案是对外洽商交易、采购商品和安排进口业务的依据。凡涉及大宗或重要商品的进口,一般都要在交易前制订进口商品经营方案,对订货数量、交货时间、采购市场、供货商、贸易方式作出适当安排,对价格及其他交易条件作出初步规定,并对进口经济效益进行核算。对中小商品的进口,一般只制订一个比较简单的价格方案。

第三节 国际贸易磋商程序

目前,贸易磋商一般包括询盘(inquiry)、发盘(offer)、还盘(counter-offer)、接受(acceptance)四个环节,其内容如下。

一、询盘

询盘是交易的一方为购买或销售货物而向对方提出的有关交易条件的询问。询盘通常由买方发出,发出询盘的目的既是探询价格和有关交易条件,也是表示一种交易愿望。询盘也可以由卖方发出。

询盘包括品质、规格、数量、包装、价格、装运以及索取样品等,而多数是询问价格。所以,业务上常把询盘称作询价。由于询盘人的地位不同,询盘可分为两种:买方询盘,也称"邀请发盘";卖方询盘,也称邀请递盘。

例11-1 买方询盘:英国伦敦客户向我公司5月2日来电询盘。

拟订购佳洁士牙膏大号1 000罗,请电告最低价格、最快交货期。

Bookable large size 1 000 gross of Crest dental cream,please cable the lowest price and the earliest delivery date.

例11-2 卖方询盘:我公司5月2日向英国公司发出询盘。

可供佳洁士牙膏五月装,如有兴趣请电告。

We can supply Crest dental cream May shipment,please cable if interested.

询盘可采用口头方式,也可采用书面方式。

询盘对于询盘人和被询盘人来讲,没有法律上的约束力,但在商业习惯上,被询盘人接到询盘后应尽快给予答复。

二、发盘

发盘又称发价、报盘、报价，法律上称为要约，是交易的一方向另一方提出各项交易条件，并愿意按这些条件达成交易、签订合同买卖某种商品的表示。发出发盘的一方被称为发盘人或发价人，收到发盘的一方则被称为受盘人或被发价人。

发盘可以在收到询盘后发出，也可以直接发出。发盘可由卖方发出，称为售货发盘(selling offer)；也可由买方发出，称为购货发盘(buying offer)或递盘。

（一）构成发盘条件

《联合国国际货物销售合同公约》规定："向一个或一个以上特定的人提出的订立合同的建议，如果十分确定并且表明发价人在得到接受时承受约束的意旨，即构成发价。"据此，一项有效的发盘应具备以下条件。

(1) 发盘必须向一个或一个以上特定的人提出，是指在发盘中向有名有姓的公司或个人提出。而普通的产业广告、商品目录、价目单等不能构成有效的发盘。因为没有特定的对象，所以只能视作邀请发盘。

(2) 发盘的内容必须十分确定。按《联合国国际货物销售合同公约》的规定，一项发盘只要写明货物名称、规定的数量和价格，即可被认为内容十分确定。但为了防止误解和可能发生的争议，在实际业务中，在对外发盘时，最好将商品的名称、品质、数量、包装、价格、交货和支付等主要交易条件列明。

(3) 发盘中必须明确表示发盘人受其约束。发盘人应在发盘中明确向对方表示，愿按发盘的条件与对方订立合同的意思。

(4) 发盘必须送达受盘人。发盘只有被送达受盘人才有效，任何由于某种原因而致使受盘人未能收到的发盘都是无效的。例如，信件在传递中遗失，而导致发盘无效。

发盘如带有保留条件和限制性条件，规定"仅供参考""以我方最后确认为准"等，这样的发盘都不构成发盘，而只是邀请发盘。

例 11-3　5 月 3 日来电：

你方 2 日电询盘收到。我方提供高露洁牌牙膏，货号 108，纸箱每罗 6 打，每罗 25 英镑，CIF 伦敦 12 月装，不可撤销即期信用证，请告合同号码。

Yours twice received. We can supply Crest dental cream tooth paste art NO. 108 packed cartons of six dozen each sterling twenty five per gross CIF London December shipment irrevocable credit, please advice contract number.

[案例 11-1]

甲国的 A 公司在报纸上刊登一则商业广告，欲出售一批汽车配件，其广告中标明了该汽车配件的价格、质量标准、规格、运输方式和交货日期,并注明:“本广告构成发盘,该批货物售予最先支付货款的公司。”乙国的B公司看到该广告后,立即发来电传表示接受并第一个按广告的要求汇了货款。可此时该汽车配件的市场价格突然上涨,A公司得知后不愿按照广告中标明的价格将该货物出售给B公司,所以未向B公司交货。B公司要求A公司赔偿损失。试析A公司广告是否构成发盘。

分析 A公司广告构成发盘,因为具备发盘的条件。

思政元素 要透过现象看本质,并具备专业、专注的精神。

(二)对发盘有效期的规定

发盘的有效期是指受盘人接受发盘的期限。超过发盘规定的期限,发盘人即不受其约束,也就是说,受盘人在有效期内接受发盘,发盘人必须承担按发盘条件与之订立合同的责任;而受盘人超过有效期接受,发盘人就不承担与之订立合同的义务。发盘的有效期既是对发盘人的一种限制,也是对发盘人的一种保障。

在实际业务中,明确规定发盘有效期的方法有两种。

(1) 规定最迟接受期限。如:“发盘限18日复到此地。”

(2) 规定一段接受时间。如:“发盘3天内有效。”采用这种方法规定有效期,必须明确“一段时间”的起止问题。

(三)发盘的撤回与撤销

在法律上,撤回与撤销属于两个完全不同的概念。发盘的撤回是指发盘尚未生效,在发盘人发出发盘但尚未送到受盘人之前,将该项发盘收回,阻止它的生效;发盘的撤销则是指在发盘已经到达受盘人之后,也就是发盘已经生效,发盘人以一定方式取消发盘,从而使发盘的效力消失。

《联合国国际货物销售合同公约》规定:“一项发价,即使是不可撤销的,得予撤回,如果撤回通知于发价送达被发价人之前或同时,送达被发价人。”由于发盘到达受盘人之前对发盘人没有产生约束力,因此发盘人可以将其撤回,但前提是,发盘人要以更快的通信方式使撤回的通知赶在发盘之前到达受盘人或者与之同时到达。

根据《联合国国际货物销售合同公约》的规定,发盘可以撤销,其条件是:发盘人撤销的通知必须在受盘人发出接受通知之前传达到受盘人。但是,在下列情况下,发盘不能撤销:①发盘中注明了有效期,或以其他方式表示发盘是不可撤销的;②受盘人有理由信赖该发盘是不可撤销的,并且已经本着对该发盘的信赖做出行动。

(四)发盘的失效

一项有效的发盘遇到下列情况之一即告失效,发盘人便不再受原发盘的约束:①过期。受盘人未能在规定的有效期内表示接受,发盘自动失效。

②拒绝。受盘人对发盘作出口头或书面的拒绝后，该发盘即告失效。如果受盘人拒绝后又在有效期内表示接受，发盘人也不再受其约束。③还盘。一项实盘一经受盘人还盘，原发盘即告失效。④政府禁令。在发盘的有效期内，有关部门国家政府突然颁布禁止进出口该发盘中的商品的法令，该发盘不得不失效。⑤在发盘被接受前，双方当事人丧失了行为能力，如死亡或法人破产等。

三、还盘

还盘又称还价，是指受盘人对发盘条件不完全同意，而对原发盘提出修改的表示。还盘既是受盘人对发盘的拒绝，也是受盘人以发盘人的地位所提出的新发盘。一方的发盘经对方还盘以后即失去效力。

例 11-4　5 月 14 日来电：

你 3 日电价格太高还盘 20 英镑限 6 日复。

Yours third price too high counter-offer sterling twenty reply sixth.

四、接受

（一）接受的含义和性质

接受，法律上称之为承诺。它是指受盘人接到对方的发盘或还盘后，同意对方提出的条件，愿意与对方达成交易，并且及时以声明或行为表示出来。

接受和发盘一样，既属于商业行为，又属于法律行为。

（二）有效接受应当具备的条件

(1) 接受必须是由特定的受盘人作出的，其他人对发盘表示同意不能构成接受。这一条件与发盘的第一个条件是相呼应的。发盘必须向特定的人作出，因此，受盘也只能由受盘人作出才具有效力。

(2) 接受必须以一定的形式表示出来。受盘人表示接受要以口头或者书面的形式向发盘人明确表示出来。另外，接受也可以用行动表示。例如，一个进口商向出口商发盘，由于发盘内容明确，条件符合出口商的要求，他接到发盘后，马上就可把货装运出去。在国际贸易实际操作中，有些国家的商人为了争速度、抢时间，接到老客户发盘后立即发货或者开立信用证，这就是用行为表示的接受。

(3) 接受内容要与发盘内容相符。接受应当是无条件的，不能对发盘的内容做变更。但在实际业务中，常有这种情况，受盘人在答复中使用了“接受”的字眼，但是又对发盘的内容做了增加、限制或修改，这在法律上是有条件的接受，不能称为有效的接受，应当叫作还盘。

根据《联合国国际货物销售合同公约》的规定，如果这种对于发盘的变更并没有涉及主要贸易条件，没有进行实质性变更，“有关货物价格、付款、货物质量和数量、交货地点和时间、一方当事人对另一方当事人的赔偿责任范围或解决争端等等的添加或不同条件,均视为在实质上变更发价的条件”,如果是非实质性变更,《联合国国际货物销售合同公约》规定能否构成有效的接受,取决于发盘人是否反对,如果发盘人不反对,那么就是有效的接受,而不是还盘。

(4) 接受的通知要在发盘的有效期内送达发盘人才有效。发盘中通常都规定有效期,这个有效期既是对发盘人的约束,也是对受盘人的约束,受盘人只有在有效期内作出接受,才有法律效力。

例 11-5 5月16日来电:

你方14日来电我公司接受。(Yours fourteenth we accept.)

(三) 逾期接受

逾期接受是指传递过程中出现问题,使接受通知超过发盘的有效期到达发盘人。《联合国国际货物销售合同公约》及各国法律都认为逾期接受无效,只能视作一项新的发盘。

《联合国国际货物销售合同公约》也认为逾期接受原则上是无效的,但是也有例外情况,第21条就规定:“(1)逾期接受仍有接受的效力,如果发价人毫不迟延地用口头或书面将此种意见通知被发价人。(2)如果载有逾期接受的信件或其他书面文件表明,它是在传递正常、能及时送达发价人的情况下寄发的,则该项逾期接受具有接受的效力,除非发价人毫不迟延地用口头或书面通知被发价人:他认为他的发价已经失效。”因此,一项逾期接受是否有效,关键在于发盘人的态度。

(四) 接受的生效和撤回

1. 接受的生效

接受在什么情况下生效,国际上不同的法律体系有不同的解释。大陆法系采用的是“到达生效”原则,即接受的电函必须在规定时间内送达发盘人,接受方生效,因此邮寄过程中的风险由受盘人来承担。

英美法系采用的是“投邮生效”原则,就是采用信函、电报等通信方式表示接受时,接受的电函一旦发出,立即生效,这样即使电函在途中丢失,也不影响接受的效力,邮寄过程中的风险由发盘人承担。

《联合国国际货物销售合同公约》对以书面形式接受的情况,采取的是到达生效原则,如果是以行为做出的接受,接受自行动做出时刻开始生效,但是该行动必须在规定的有效期内做出。

2. 接受的撤回

《联合国国际货物销售合同公约》规定:“接受得予撤回,如果撤回通知于接受原应生效之前或同时,送达发价人。”这就是说,撤回的条件是:需要保证撤回的通知赶在接受到达发盘人之前送给发盘人,或者同时到达。而在英美法系中，上面提到由于它采取的是投邮生效原则，接受一经投邮立即生效，合同就此成立，也就不存在接受的撤回了。

询盘、发盘、还盘、接受是国际贸易洽商的一般程序，但并不是每一笔国际贸易的达成都必须有这四个环节，在这其中，只有发盘和接受才是达成交易、合同订立不可或缺的基本环节。

第四节　国际货物贸易合同签订

经过交易洽谈，买卖双方达成交易后，一般需要签订合同。国际货物贸易合同是营业地在不同国家的当事人之间所达成的以买卖货物为目的的协议。

一、合同的形式

合同的形式是合同当事人内在意思的外在表现形式，在国际贸易中，交易双方订立合同有以下几种形式。

（一）口头形式

采用口头形式订立的合同，又称口头合同或对话合同，即指当事人之间通过当面谈判或电话等方式达成协议而订立的合同。采用口头形式订立合同，有利于节省时间、简便行事，对加速成交起着重要作用。但是，因无文字根据，一旦发生争议，往往造成举证困难，不易分清责任。这是有些国家的法律、行政法规强调必须采取书面合同的最主要的原因。

（二）书面形式

书面形式是指合同书、信件及数据电文等可以有形地表现所载内容的形式。采用这种形式订立合同，可以加强当事人的责任心，督促其全面、正确地履行合同；在发生纠纷时便于举证和分清责任。因此，它是合同的主要形式。

（三）其他形式

其他形式是指可能存在的除书面形式、口头形式之外的合同形式，即以行为方式表示接受而订立的合同。如通过发运货物或预付货款等行为表示对合同内容的确认。

二、合同成立的条件

关于国际货物买卖合同有效成立的条件，各国民法或商法一般都有规定，《民法典》对此也做了说明，但《联合国国际货物销售合同公约》对合同的有效性问题没有涉及。由于各国法律的有关规定差异较大，不易达成统一，我们一般可以从以下几方面来说明国际货物买卖合同成立的必要条件。

(一) 当事人必须具备签订合同的行为能力

签订买卖合同的当事人包括自然人和法人。自然人签订合同的行为能力是指精神正常的成年人才能订立合同,未成年人、精神病患者等不具有行为能力的人签订的合同无效。法人签订合同的行为能力是指法人应具备对外贸易经营权,如无对外贸易经营权则必须通过有对外贸易经营权的企业作为代理人来完成合同的签订,同时要在法人的核准经营范围内签订合同,越权的合同无效。

(二) 合同必须有对价和约因

英美法认为,对价(consideration)是指当事人为了取得合同利益所付出的代价。法国法认为,约因(cause)是指当事人签订合同所追求的直接目的。按照英美法和法国法的规定,合同只有在具备对价和约因时,才是法律上有效的合同。无对价和约因的合同无效。

(三) 合同内容必须合法

合同内容合法是指合同内容不得违反法律、不得违反公共秩序或公共政策、不得违反善良风俗或道德。

(四) 合同必须符合法律规定的形式

世界上大多数国家和地区只对少数合同才要求必须按照法律规定的特定形式成立;对大多数合同,一般没有法律形式要求。我国在参加《联合国国际货物销售合同公约》时做了保留,我国对外订立、修改或终止合同,必须采取书面形式,包括电报、电传等。

(五) 合同当事人的意思表示真实

合同当事人的意思必须是真实的意思,否则合同无效。

三、书面合同的签订

(一) 签订书面合同的意义

在国际贸易中,买卖双方签订书面合同具有重要的意义。

1. 合同成立的证据

对以口头协商达成的交易,书面合同的作用和意义尤为明显。依照法律的要求,凡是合同必须提供证据,以证明合同关系的存在。双方当事人一旦发生争议,提交仲裁或诉讼,仲裁员或法官首先要求当事人提供证据,以确认合同关系是否存在。如仅是口头协议,不能提供充分证据,则很难得到法律的保护。因此,尽管有些国家的合同法并不否认口头合同的效力,但在国际贸易中,一般多要求签订书面合同。

2. 履行合同的依据

无论是口头协议还是书面协议,如果没有一份包括各项条款的合同,则会给合同的履行带来诸多不便。因此,在实际业务中,双方一般都要求将各自的权利和义务用文字固定下来,以作为履行合同的依据。

3. 某类合同生效的条件

在进出口业务中，有时买卖双方约定以书面的最终签署作为合同生效的条件。在此之前，即使双方对各项交易条件全部协商一致，而书面合同未经签字生效，在法律上仍不能作为有效合同。另外，凡需经政府机构审核批准的合同，也必须是正式书面合同。此类合同生效的时间是授权机构批准之日，而不是双方当事人签署合同的日期。

（二）书面合同的形式

国际上对货物买卖合同的形式没有特定的限制。进出口贸易的买卖双方，可采用进口或出口合同(import/export contract)、销售或购买确认书(sales/purchase confirmation)、协议(agreement)，也可采用备忘录(memorandum)等形式。此外，还有意向书(letter of intent)等。

1. 进口或出口合同

进口或出口合同的内容比较全面、完整，除商品的名称、规格、包装、单价、装运港和目的港、交货期、付款方式、运输标志、商品检验等条件外，还有异议索赔、仲裁、不可抗力等条件。它的特点在于：内容比较全面，对双方的权利和义务以及发生争议后如何处理等均有全面的规定。由于这种形式的合同有利于明确双方的责任和权利，因此，大宗商品或成交金额较大的交易，多采用此种形式的合同。

合同有正本和副本之分。在我国的对外贸易中，通常由我方填制合同正本一式两份，经双方签字后，买卖双方各自保留一份。合同副本与正本同时制作，无须签字，仅供交易双方内部留作参考资料，其份数视双方需要而定。

2. 销售或购买确认书

销售或购买确认书属于简式合同，它所包括的条款较销售或购买合同简单。这种格式的合同适用于金额不大、批数较多的小土特产品或轻工产品，或者已订有代理、包销等长期协议的交易。它在法律上与进口或出口合同具有同等效力。

3. 协议

协议或协议书，在法律上是合同的同义词。书面合同如冠以协议或协议书的名称，只要它的内容对买卖双方的权利和义务已做了明确、具体和肯定的规定，它就与合同一样对买卖双方有约束力。

4. 备忘录

备忘录是在交易洽商时用来记录洽商的内容，以备今后核查的文件。如果当事人双方把洽商的交易条件完整、明确、具体地记入备忘录，并经双方签字，则其性质和作用与合同无异。

5. 意向书

意向书只是双方当事人为了达成某项协议所作出的一种意愿表示。在贸易洽商尚未最后达成协议前,买卖双方为了达成某项交易,将共同争取实现的目标、设想和意愿,有时还包括初步商定的部分交易条件,记录于一份书面文件上,作为今后进一步谈判的参考依据。这种书面文件可称为“意向书”。意向书不是法律文件,对有关当事人没有约束力。

一般来说,政府间的贸易多采用协议书、备忘录、意向书这类形式。

在我国进出口业务中,各进出口企业都印有固定格式的进出口合同或成交确认书。当面成交的,由买卖双方共同签署;通过函电往来成交的,由我方签署后,一般将正本一式两份送交国外买方签署,退回一份,以备存查,并作为履行合同的依据。

(三)合同的内容

正式合同一般由三部分组成,即约首(heading)、正文(body)和约尾(closing)。

1. 约首

约首是合同双方的序言部分,包括合同名称、编号、订约日期和订约地点、双方当事人的名称和地址、电报挂号、电传号码、传真号码、买卖双方订立合同的意愿和执行合同的保证等。

2. 正文

正文是合同的主体,它包括下列各项交易条件:商品名称、品质规格、数量、包装、价格、装运、保险、付款条件、商品检验、不可抗力、索赔、仲裁等。

3. 约尾

约尾即合同的尾部,一般包括合同的份数、使用的文字、生效日期及双方的签字。有的合同在约尾订明生效的条件及合同适用的法律和惯例。此外,有些合同还根据需要制作若干附件附于合同之后,作为合同不可分割的组成部分。

附录 售货合同

本章小结与关键术语

思考题

1. 贸易洽商的一般程序是什么？达成一项交易，哪些环节是必不可少的？
2. 什么是发盘？构成一项法律上有效的发盘必须具备哪些条件？
3. 对于发盘的撤回或撤销，《联合国国际货物销售合同公约》有何规定？
4. 发盘在哪些情况下失效？
5. 一项有效的接受应当具备哪些条件？
6. 什么是逾期接受？什么样的逾期接受仍然有效？
7. 合同有效成立主要应具备哪些条件？
8. 签订书面合同有什么实际意义？

练习题

第十二章　进出口合同的履行

学习目标

- 掌握出口合同的履行程序以及每个环节应该注意的问题。
- 掌握进口合同的履行程序以及每个环节应该注意的问题。

第一节　出口合同的履行

出口合同的履行是指买卖双方履行合同约定的义务，享有合同赋予权利的过程。在我国的出口业务中，绝大多数出口合同都采用CIF贸易术语，并且一般都采用信用证付款方式，这类出口合同的履行归纳起来主要是货、证、船、款这四个大环节。这四个大环节之间有着紧密的内在联系，而且涉及面广，包括供货部门、仓库、国外客户、运输部门、保险公司、港务局、海关、国内外银行等。因此，每个环节的工作都必须同其他环节的工作相互配合，协调一致，应做到证、货、船、单据几方面的衔接和平衡。防止“有货无证”“有证无货”“有货无船”“有船无货”或“单证不符”等现象发生，影响及时履行合同和安全收汇。

一、备货、报验

（一）备货

在备货过程中，出口企业首先要向生产加工或供货单位及仓储部门下达联系单（或加工通知单），安排生产或催交货物，并要求生产或供货单位按联系单的内容加工、整理、包装、刷制唛头，然后再核实应交货物的品质、规格、数量和交货时间，以及办理货物的申报检验和领证等工作。

出口企业备货时要注意以下几个问题。

（1）要保证所要交付的货物的品质、规格与出口合同及信用证的规定一致。卖方所交货物的品质不能低于也不宜高于合同规定，否则均构成买方拒收或提出损害赔偿的理由。对于用样品表示品质的出口合同，所提供的货物必须与达成交易的样品一致；如果采用规格、标准、产地、品牌等文字说明方式表示品质，所交付的货物应严格与合同中的品质规定相符。

（2）商品的数量要与合同及信用证规定一致。数量短少或多交，卖方均要承担法律责任。

（3）货物的包装应符合合同及信用证的规定和运输要求。如果合同已对包装做了明确的要求，可按照规定去做。如果合同未对包装材料、包装方式等作出具体规定，则应按照同类货物惯常的方式包装；如果没有常用的包装方式，则应按照保全货物的要求装箱或包装，并可根据运输方式的特点适当改进包装方法。在备货过程中，对货物的内、外包装均须认真核对和检查，如发现有包装不良或破损情况，应及时进行整理或换装。另外，为避免货物在运输途中被盗，在外包装上不要标注可以识别货物种类的标签或品牌。

(4) 要正确刷制运输标志。货物的运输标志既要与合同及信用证中的规定完全一致，又要符合进出口国家的规定。

(5) 备货的时间应根据信用证规定的交货时间和期限安排。备货要结合船期安排，以利于船货衔接，不要造成货物长时间等船或船长时间等货的局面，而且必须在落实信用证条款后安排生产，以防止出现备好货后，买方不开证、不要货物等问题影响安全收汇。

(6) 卖方对货物要有完全的所有权并不得侵犯他人权利。卖方所交付的货物，必须是第三方不能根据工业产权或其他知识产权主张任何权力或要求的货物。

［**案例 12-1**］

某国出口企业出口供加工发网用的原料——人发，合同规定长度为 8 英寸。装运时因 8 英寸的人发货源短缺，遂以售价较高的 9 英寸替代。买方在收到货物后，不仅不对卖方按原价交付了较合同规定更优的货物表示感谢，相反还向卖方提出索赔。其理由是：9 英寸的人发过长，不能适应加工发网的机器生产，需切短成 8 英寸后才能加工，以致造成人工和时间上的损失。最终以卖方赔付切断费用结案。请分析卖方在此案中的教训。

分析　这是一起因出口方擅自更改所交货物规格导致的纠纷案。合同中的条款有重要条款与一般性条款之分，商品规格是合同的重要条款，不能随意更改。对交易商来说，最安全的做法是严守合同，做到执行合同一丝不苟，这样才能最大限度地减少合同纠纷与损失。

思政元素　要具有法律意识、严肃认真的科学精神和专业、专注、细致。

（二）报验

凡属国家规定的商检范围内的商品或者合同中明确规定要求检验的商品，在货物备妥后应及时向国家出入境检验检疫部门提出检验申请，未经检验检疫或检验不合格的商品，不发给检验证书，不得出口。

二、催证、审证、改证

在采用信用证支付方式下，出口企业必须做好催证、审证和改证工作，才能保证合同顺利履行和安全收汇。

（一）催证

按合同约定的时间开出信用证，是买方应尽义务，是卖方备货和按时交货的前提条件。但在实际业务中，遇到市场变化或资金发生短缺时，买方往往会拖延开证。对此，出口企业应根据备货情况及时催证。买卖合同签订后，买方应该随时了解卖方开证工作的进展情况。一旦发现买方因为市场行情发生变化或其他原因拖延开证，卖方应及时催促对方尽快开证，必要时请驻外机构或有关银行协助催证，并告知对方不及时开证将视为撕毁合同，并在对方仍不开证时可声明保留索赔权，或拒绝交货，维护合同的严肃性。

如果合同未对买方开证时间作出明确的规定，买方应在合理时间内开证。为了避免双方对"在合理时间内开证"产生歧义，最好在合同中明确开证的具体时间。

（二）审证

信用证是依据买卖合同开立的，信用证的内容应与合同内容保持一致。但在实际业务中，由于种种原因，经常会出现信用证条款与合同规定不符的情况，或者在信用证中添加了一些出口商看似无所谓但实际上是无法满足的信用证付款条件(也被称为"软条款")等，使得出口商根本就无法按该信用证收取货款。因此，当卖方收到买方开来的信用证之后，务必及时对信用证的内容进行逐项审核。

银行和出口企业共同承担审证任务，但它们在审证时各有侧重。

银行审证时，着重审核信用证的真实性、开证行的政治背景、资信能力、付款责任以及索汇途径等方面的内容。

出口企业在审核信用证时，重点审核信用证的条款是否与合同的规定一致，信用证的条款是否与国际商会的《跟单信用证统一惯例》相符。通常，审核的内容如下。

(1) 审查信用证种类、金额与支付货币是否与买卖合同相符，开证申请人与受益人的名称与地址是否正确。

(2) 审查商品的品种、规格、数量和包装条款等有关货物的描述是否与买卖合同条款相符。

(3) 审查装运期、有效期的规定。如果信用证中未规定装运期，则信用证的有效期即被视为装运期。没有有效期的信用证是无效的信用证。

(4) 审核交单日期与到期地点的规定。信用证有时还规定交单期，即卖方在货物装运完毕、取得货运单据后必须向银行提交单据的期限。根据《跟单信用证统一惯例》的规定，在不超过信用证有效期的条件下，卖方必须在提单签发后21天之内交单。

(5) 核查对单据的要求是否与合同的规定相符。检查信用证中是否要求了合同规定以外的单据，是否对单据的内容提出了特殊要求；一旦发现出口方不能同意的特殊要求，就应立即要求对方改证。

(6) 审查分批、转运等运输条款的规定。出口方应核对信用证对装运港、目的港、分批与转船的规定是否与合同一致。《跟单信用证统一惯例》规定，"除非信用证另有规定，分批及或转船均被允许"。

(7) 审核信用证中对保险险别、保险加成率、保险金额及保险单等的规定是否与合同一致。

(8) 审查信用证对汇票及付款期限的规定是否与合同相符。在远期付款条件下，要审查信用证是否对买方负担利息的条款作出了与合同一致的规定。

[案例 12-2]

甲国某公司与乙国企业按 CIF 条件签订一笔大宗商品出口合同，合同规定装运期为 8 月份，但未规定具体开证日期。乙国企业拖延开证，甲方见装运期快到，从 7 月底开始，连续多次电催乙国企业开证。8 月 5 日，收到开证的简电通知，甲方因怕耽误装运期，即按简电办理装运。8 月 28 日，乙方开来信用证正本，正本上对有关单据做了与合同不符的规定。甲方审证时未予注意，交银行议付时，银行也未发现，开证行即以单证不符为由，拒付货款。试问甲方应从此事件中吸取哪些教训。

分析　收到信用证后理应认真地、逐字逐句加以审核，而我方工作竟如此疏忽大意。

思政元素　要具有严谨的工作作风和敬业精神。

（三）改证

对信用证进行审核之后，如果发现有不符合合同规定之处，并且会影响合同的履行和安全收汇，卖方应及时通知买方修改信用证，并坚持在收到银行修改信用证通知书后才能对外发货，以免发生货物装运后而修改通知书未到的情况，造成卖方工作上的被动和经济上的损失。对于需要修改的内容和条款应尽量做到一次性提出。这有利于节省时间和费用。对于对方银行开来的修改通知，卖方只能全部接受或全部拒绝，不能接受一部分而拒绝另一部分。因此，卖方仍要认真审核修改通知书的内容。一旦发现修改通知书中仍有不能接受的内容，就要拒绝其全部内容，同时要求其再次修改。如果卖方没有明确表示接受修改通知书或按修改通知书中的规定向银行交单，则认为原信用证对卖方仍有效。

三、办理货运、报关和投保

（一）租船、订舱

以 CIF 或 CFR 价格术语成交的出口合同是由卖方负责租船或订舱。租船、订舱的一般程序如下。

1. 查看船期表，填写出口货物托运单

外运机构按月编制出口船期表。船期表列明航线、船名、国籍、抵港日期、截止收单期、预计装船日期和挂港港口名称。出口企业根据合同和信用证的规定，结合船期表，填写出口货物托运单，说明出口要求，作为租船、订舱的依据，交给外运机构。

托运单是托运人根据合同和信用证条款内容填写的向承运人办理货物托运的单证，承运人根据托运单内容，并结合航线、船期和舱位等情况考虑，如认为可以承运，即在托运单上签章，留存一份，退回托运人一份。至此，订舱手续即告完成，运输合同成立。

2. 船公司或其代理签发装货单

外运机构收到出口托运单后，以出口企业的代理身份，向船公司或其代理人办理订舱手续，并会同船公司或其代理根据配载原则，结合货物性质、装运港、目的港等情况安排船只和舱位。然后，由船公司或其代理人发给托运人装货单，凭此单办理装船手续。

装货单的作用是：通知托运人已配妥××船舶及航次、装货日期，让其备货装船；便于托运人向海关办理出口申报手续，海关凭此查验出口货物；通知船方装货，作为命令船长接受该批货物装船的通知和指令。

3. 提货装货，获取大副收据

在完成投保和报关手续后，外运机构到出口企业仓库提货，送进码头装船。装船完毕，由船上大副签发大副收据。大副收据又称收货单，是船方收到货物的凭证。

4. 缴纳运费，换取提单

外运机构代出口企业向船公司或其代理人交付运费，然后用大副收据向船公司或其代理人换取正式提单。

5. 发出装运通知

货物装船后，出口企业向国外进口方发出装运通知，以便对方准备付款，办理进口报关和接货手续。

（二）报关

出口报关是指出口人向海关如实申报出口，交验有关单据和证件，接受海关对货物的查验。出口货物装运出口前必须向海关申报，未经海关查验的货物，一律不得擅自装运出口。在出口货物的发货人缴清税款或提供担保后，经海关查验放行称为清关或称通关，它通常要经过申报、查验、缴纳出口税、放行四个环节。

报关必须由具有报关资格的报关员进行。出口企业既可以自行办理报关手续，也可以委托专业的报关经纪行或外运公司代办出口报关。

（三）投保

采用由卖方投保的价格术语成交的出口货物，在装运前，出口方必须按合同和信用证要求的条件向保险公司办理投保手续，填制投保单。投保人在投保时，应将投保人名称、货物名称、保险金额、运输路线、运输工具、开航日期、投保险别等一一列明。投保单一式两份，一份由保险公司签署后交出口企业作为接受承保的凭证；一份由保险公司留存，作为缮制、签发保险单的依据。出口企业收到由保险公司签署的投保单后，向保险公司缴纳保险费，获取由保险公司签发的保险单。

四、制单结汇

制单结汇是指出口企业在货物装船之后，按信用证或合同的要求正确缮制各种单据，在信用证或合同规定的交单有效期内，递交银行办理议付结汇手续。银行对这些单据审核无误后，才可向出口方支付货款。

（一）结汇办法

结汇是将出口货物销售获得的某种币制的外汇按收汇日中国银行外汇牌价的买入价卖给银行。我国出口结汇的做法有以下三种。

1. 收妥结汇

收妥结汇是"先收后结"，即信用证议付行收到出口企业的出口单据后，经审查无误，将单据寄交国外付款行索取货款，待收到付款行将货款拨入议付行账户的贷记通知书（credit note）时，即按当日外汇牌价折成人民币拨给出口单位。在这种做法下，银行不承担风险、不垫付资金，但出口企业的收汇较慢。

2. 出口押汇

出口押汇又称买单结汇，是指议付行在审单无误情况下，按信用证条款买入出口单位的汇票或货运单据，从票面金额中扣除从议付日到估计收到票款之日的利息，将余款按议付日外汇牌价折成人民币，付给出口企业。这种方式是银行对出口企业的资金融通，有利于出口企业资金周转。

3. 定期结汇

定期结汇是指议付行根据向国外付款行索偿所需时间，预先确定一个固定的结汇期限，并与出口企业约定该期限到期后，无论是否收到国外付款行的货款，都应主动将票款金额折成人民币付给出口企业。

（二）制单

对于结汇单据应本着"正确、完整、及时、简明、整洁"的原则来缮制和审核。结汇单据必须做到四个一致：单证一致、单单一致、单货一致、单同一致。

为了避免出现单证不符给出口企业带来风险，在信用证方式下，出口企业应注意信用证对单据的要求及每种单据的特点。常用的单据有商业发票、汇票、货运单据、保险单、装箱单或重量单、商检证书、产地证明书等。

传统的国际贸易程序与制单结汇的做法比较烦琐，尤其是手工制单容易出错。目前，各国都在对传统的国际贸易程序及制单工作进行改革，简化各种手续，取消不必要的环节，减少单证的种类和份数，统一单证的格式，改进制单的方法，推动国际贸易规范化和标准化，逐渐实现国际贸易电子化。

[**案例 12-3**]

甲国 A 公司向乙国 B 公司以 CIF 条件出口货物一批。乙国来证中单据条款规定："全套清洁已装船的海运提单，注明'运费已付'，做成指示抬头空白背书；保险单一式两份，根据××保险（集团）公司 1981 年 1 月 1 日海洋运输货物保险条款投保一切险和战争险。"信用证内注明"按 UCP600 办理"。A 公司在信用证规定的装运期内将货物装上船，并于到期日前向议付行交单议付，议付行随即向开证行寄单索偿。开证行收到单据后来电表示拒绝付款，其理由是单证有下列不符：①正本提单是以一份组成，不符合全套要求；②保险单上的保险金额与发票金额相等，因此，投保金额不足；③提单上未标明出单人的身份。试分析开证行单证不符的理由是否成立,并说明理由。

分析 开证行单证不符理由成立。因为:按照惯例,如果合同或信用证中对全套提单份数没有明确规定,全套正本提单的份数应为两份;保险单上的保险金额与发票金额相等构成单证不符的理由;提单上未标明出单人的身份构成单证不符的理由。

思政元素 要具有工匠精神和严谨认真的科学态度。

(三)不符点业务的处理

在实际业务中,当出现单证不符情况时,首先要争取时间修改单据,使其与信用证相符。如果来不及修改,则视具体情况处理。

1. 表提

表提又称"表盖提出",即信用证受益人在提交单据时,如存在单证不符的情况,向议付行主动书面提出单、证不符点。通常,议付行要求受益人出具担保书,担保如果日后遭到开证行拒付,由受益人承担一切后果。在这种情况下,议付行才为受益人议付货款。因此,这种做法也被称为"凭保议付"。表提的情况一般是单证不符情况并不严重,或虽然是实质性不符,但事先已经开证申请人确认可以接受。

2. 电提

电提又称"电报提出",即在单证不符的情况下,议付行先向国外开证行拍发电报或电传,列明单、证不符点,待开证行复电同意后再将单据寄出。电提的情况一般是单证不符属实质性问题,且金额又较大。用电提方式可以在较短的时间内由开证行征求开证申请人的意见。如果获得同意,则可以立即寄单收汇;如果未获得同意,受益人可以及时采取必要措施,对运输中的货物进行处理。

3. 跟单托收

如出现单证不符,议付行不愿用表提或电提方式征询开证行的意见,信用证就彻底失效。出口企业只能采用托收方式,委托银行寄单代收货款。

这里要指出的是,无论是采用"表提""电提"方式还是采用"跟单托收"方式,信用证受益人都失去了开证行在信用证中所做的付款保证,从而使出口收汇从银行信用变成了商业信用。

五、出口退税

出口退税是指一个国家为了扶持和鼓励本国商品出口,将所征税款退还给出口商的制度。出口退税是提高货物的国际竞争能力、符合税收立法及避免国际双重征税的有力措施。我国也实行了出口货物税率为零的优惠政策。对出口的已纳税产品,在报关离境后,将其在生产环节已纳的消费税、增值税退还给出口企业,使企业及时收回投入经营的流动资金,加速资金周转,降低出口成本,提高企业经济效益。

(一)退税的基本条件

可以办理出口退税的货物需满足下列条件:必须是报关离境的出口货

物；必须是财务上做出口销售处理的货物；必须是属于增值税、消费税征税范围的货物。

（二）退税程序

1. 有关证件的送验及登记表的领取

企业在取得有关部门批准其经营出口产品业务的文件和市场监督管理部门核发的工商登记证明后，应于30日内办理出口企业退税登记。

2. 退税登记的申报和受理

企业领到“出口企业退税登记表”后，即按登记表及有关要求填写，加盖企业公章和有关人员印章后，连同出口产品经营权批准文件、工商登记证明等证明资料一起报送税务机关，税务机关经审核无误后，即受理登记。

3. 填发出口退税登记证

税务机关接到企业的正式申请，经审核无误并按规定的程序批准后，核发给企业“出口退税登记”。

4. 出口退税登记的变更或注销

当企业经营状况发生变化或某些退税政策发生变动时，应根据实际需要变更或注销退税登记。

（三）退税凭证

（1）报关单。报关单是货物进口或出口时进出口企业向海关办理申报手续，以便海关凭此查验和验放而填具的单据。

（2）出口销售发票。这是出口企业根据与出口购货方签订的销售合同填开的单证，是外商购货的主要凭证，也是出口企业财会部门凭此记账做出口产品销售收入的依据。

（3）进货发票。提供进货发票主要是为了确定出口产品的供货单位、产品名称、计量单位、数量，是否是生产企业的销售价格，以便划分和计算确定其进货费用等。

（4）结汇水单或收汇通知书。

（5）属于生产企业直接出口或委托出口自制产品，凡以到岸价CIF结算的，还应附送出口货物运单和出口保险单。

（6）有进料加工复出口产品业务的企业，还应向税务机关报送进口料、件的合同编号、日期、进口料件名称、数量、复出口产品名称，进料成本金额和实纳各种税金额等。

（7）产品征税证明。

（8）出口收汇已核销证明。

（9）与出口退税有关的其他材料。

六、索赔与理赔

在出口合同的履行过程中，有可能会发生进口商未按合同规定履行相应的义务，致使出口企业蒙受损失。如果进口商违约，如无理拒收货物或延迟交付货款等,出口企业向进口商提出索赔。出口企业应及时提交索赔清单,并合理确定索赔金额。

在合同的执行过程中,往往也存在出口企业未按合同规定交付货物,或者发货延迟,或者发错货物等问题,从而引起进口商向出口企业索赔。在处理对方索赔时,出口企业应认真对待,做到既要维护自身合法、正当的权益,又不影响双方的贸易关系,公正合理地对外理赔。(详见第十章有关内容)

第二节 进口合同的履行

签订进口合同之后,交易双方要及时履行合同规定的义务。买方应及时开立信用证,卖方应按合同的规定履行交货义务。履行FOB进口合同的一般程序是:办理进口许可证、开立信用证、租船订舱、装运、办理保险、审单付款、接货报关、检验、拨交、索赔。这些环节的工作,是由进出口公司、运输部门、商检部门、银行、保险公司以及用货部门等各方面分工负责、紧密配合而共同完成的。简言之,这些环节可以归纳为证、船、款和货四个大环节。

一、进口许可证的申领

我国对有的进口商品采用凭进口许可证进口的办法。进口许可证是由国家主管机关签发、准许货物进口的凭证。凡国家限制进口的商品,除国家另有规定者外,都必须事先申领进口许可证。经由国家批准经营该项进口业务的企业办理进口,海关凭进口货物许可证查验放行。

进口许可证申领程序:

由进口单位或需要进口产品的单位向发放许可证的机构提出申请报告及交有关证件及材料。如:①中华人民共和国进出口企业资格证书或备案登记表。②进口许可证申请表。③进口合同(限消耗臭氧层物质)。④相关主管部门审批文件。⑤进口经营者公函(介绍信)原件(限消耗臭氧层物质)。⑥领证人员的有效身份证明原件等材料。发证机构收到上述申请报告和有关证件及材料后进行审核;如果审核通过,则由申请人按照规定的要求填写"中华人民共和国进口申请表",并在表上加盖申请单位公章;发证机构收到相关行政主管部门批准文件(含电子文本、数据)和相关材料并经审核无误后,3个工作日签发进口许可证。

二、开立信用证

国际货物贸易合同的业务大多采用信用证方式支付,履行进口合同的第一个环节即是开立信用证(opening L/C)。此环节包括申请开立信用证和修改信用证两项业务。

(一) 申请开立信用证

买方开立信用证是履行合同的前提条件,因此,签订进口合同后,应按合同规定办理开证手续。如果合同规定在收到卖方货物备妥通知或卖方确定装运期后开证,进口方应在接到上述通知后及时开证;如合同规定在卖方领到出口许可证或支付履约保证金后开证,进口方应在收到对方已领到许可证的通知,或银行通知履约保证金已收讫后开证。买方向银行办理开证手续时,必须按合同内容填写开证申请书,银行则按开证申请书内容开立信用证,因此,信用证是以合同为依据开立的,它的内容应当与合同内容一致。

进口企业申请开立信用证时,要注意以下问题。

(1) 如果合同规定开证日期,进口企业就必须在规定期限内开立信用证。如果合同有装运期的起止日期,那么最迟应让出口方在装运期的第一天收到信用证。如果合同只规定了最后装运期,那么进口企业就应在合理的时间内开证。

(2) 如果合同规定为远期付款,要明确汇票期限,价格条款必须与相应的单据要求以及费用负担、表示方法等相吻合。

(3) 开证时要注意信用证与合同一致,合同中规定的要在信用证中列明的条款都必须在信用证中明确列出来。

(4) 信用证的内容必须明确无误,应明确规定各类单据的出单人,明确规定各单据应表述的内容。

(5) 在信用证支付方式下,只要单据表面与信用证条款相符,开证行就必须按规定付款。所以,进口企业对出口方的要求,应按合同有关规定转化成有关单据,具体规定在信用证中。

(6) 如果合同中不准分批装运、不准中途转运、不接受第三者转运单据,均应在信用证中明确规定。否则,根据 UCP600,将被认为允许分批、允许转运、接受第三者转运单据。

(7) 一般信用证都应明确表示可撤销或不可撤销,如无此规定,根据 UCP600,应视作不可撤销的信用证,我国基本上都使用不可撤销的信用证。

(8) 我国银行一般不开可转让信用证,不开载有 T/R 偿付条款的信用证,原则上也不开由国外其他银行或由通知行保兑的保兑信用证。

(二) 修改信用证

卖方收到信用证后,可能提出修改意见,如要求展延装运期和信用证有效期、变更装运港或目的港、允许转船、增减货物数量或信用证金额等。买方若同意对方修改意见,应及时向开证行办理修改手续,并按原证传递路线向卖方转递"信用证修改书"。若不同意对方的修改意见,也应及时通知对方,敦促其按原信用证条款履行。

三、租船订舱

履行 FOB 条件下的进口合同,应由买方负责租船到对方口岸接运货物。卖方在交货前一段时间内,应将预计装运日期通知买方。买方接到上述通知后,及时向货运代理公司办理租船、订舱手续。在办妥租船、订舱手续后,应按规定的期限将船名和船期及时通知对方,以便对方备货装船。同时,为了防止船货脱节和船等货物的情况,应注意催促卖方按时装运。

四、办理保险

FOB或CFR交货条件下的进口合同,保险由进口方办理。进口企业可凭出口方发出的装运通知,向保险公司办理保险手续,缴纳保险费。进口企业向保险公司办理进口运输保险时,有两种做法: 一种是逐笔投保方式,另一种是预约方式。我国进口货物大多采用预约保险的办法,各专业进出口公司或其收货代理人同保险公司事先签有保险合同。签订合同后,保险公司负有自动承保的责任。办理保险时,首先由进口企业填制运输险投保单,然后缴纳保险费,获取保单。保险公司从货物在装运港装船起,自动对货物承担保险责任。

五、审单付款

货物单据不仅是进口商付款的依据,也是核对货物是否与合同相符的凭证。在采用信用证支付条件下,由开证行对货物单据进行审核,单证相符,开证行即履行付款义务。

(1) 审单付款。在信用证支付方式下,开证行收到出口地银行转来的全套单据后,应根据《跟单信用证统一惯例》的规定,遵循“单单一致、单证一致”的原则,对照信用证条款审核单据无误后,开证行就可以办理付款。根据国际惯例,开证行的审单时间应在开证行接到单据的翌日起算7日之内。

(2) 处理单据不符点。买方审单发现不符点时,应根据《跟单信用证统一惯例》区别不同情况予以处理。

① 拒收单据和拒付货款。不符点性质非常严重,对买方利益有实质性损害,买方可以拒收单据、拒付货款。

② 部分付款、部分拒付。不符点不十分严重,按照惯例不宜拒付全部货款,买方可以部分付款、部分拒付。

③ 检验后付款。在不需要转让单据的情况下,不符点属于非实质性的,买方可以通知银行,要求货到检验后付款。

④ 凭担保付款。不符点性质一般,对买方利益不会造成明显损害,买方可以接受卖方担保或国外议付行担保对外付款。

⑤ 开证行对外付款,但保留追索权。不符点性质尚属一般,开证行可以在对方允许其保留追索权的前提下,对外付款。如果开证人拒付,开证行可追回已付货款。

⑥ 更正单据后付款。不符点属操作错误,且时间和其他条件都具备,卖方要求更改单据,买方可以接受。

六、进口报关

进口报关,是指进口货物的收货人或代理人向海关交验有关单证,办理进口货物申报手续的法律行为。进口报关必须由海关准予注册登记的报关企业或者有进出口经营权的企业负责办理,报关员必须经海关培训考核认可。办理进口报关的程序也是四个环节,即申报、查验、纳税、放行。

(一) 申报

进口报关须填写"进口货物报关单"并随同交验下列单据:进口许可证和国家规定的其他批准文件;提单或运单;发票;装箱单;减、免税或免验的证明;报关单或免验证书;产地证以及其他海关认为有必要提供的文件。

(二) 查验

海关接受申报后,对进口货物实施查验。查验一般在海关监管区域内的仓库、场所进行,对散装货物、大宗货物和危险品等,结合装卸环节,可在船边等现场查验。对于在海关规定到期查验有困难的,经报关人申请,海关可派人员到监管区域以外的地点查验放行。

(三) 纳税

进口货物,除另有规定外,进口方应在收到海关税款缴纳书后及时履行纳税义务。根据《海关法》和《中华人民共和国海关进出口税则》的规定,进口方应在海关签发税款缴款书的次日起 7 日内(节假日除外)向指定的银行缴纳税款。逾期未缴的,将依法追缴并按滞纳天数按日征收欠缴款额的 1‰的滞纳金。

(四) 放行

进口货物接受查验、缴纳关税后,由海关在货运单据上签章放行,即为结关。

七、验收与提货

(一) 验收

进口货物到港后,由港务局负责卸货。在卸货时,港务局应该对货物进行检查,如发现短缺,及时填写"短缺报告"且交船方签字,并根据短缺情况向船方提出保留索赔权的书面声明。若卸货发现残损,应将货物存放在海关指定仓库,待保险公司会同商检机构检验后作出处理。

对于法定检验的进口货物,必须向卸货地或到达地的商检机构报验,未经检验的货物不准投产、销售和使用。如进口货物经商检机构检验,发现有残损短缺,应凭商检机构出具的证书对外索赔。对于合同规定的卸货港检验的货物,或已发现残损短缺有异状的货物,或合同规定的索赔期将届满的货物等,都需要在港口进行检验。

(二) 提货

货物经商检、报关后,由外贸经营单位委托外运公司提取货物并拨交给订货单位。外运公司以"进口物资代运发货通知书"通知订货单位在目的地办理收货手续。同时,通知外贸经营单位代运手续已办理完毕。如订货单位不在港口,所有关税、运往内地的运费及其他费用由外运公司向外贸经营单位索取,再由外贸经营单位向订货单位结算。

八、索赔与理赔

在进口业务中,如果进口方没有收到货物,或者发现收到的货物在品质、数量、包装等方面与合同规定的不符或有残损,可向有关方面提出索赔。

在进口合同的履行过程中,进口方也可能会收到卖方提出的索赔要求。进口企业应依据有关法律、国际惯例及实际情况进行理赔,确定自己应承担的责任,从而维护自己的信誉。

本章小结与关键术语

思考题

1. 简述CIF合同下以信用证为支付方式的出口合同的履行程序。

2. 在出口贸易中,为什么要催证、审证和改证?审核信用证的重点有哪些?

3. 出口企业与银行在审核信用证时有什么不同?出口企业在审证时审核的内容有哪些?

4. 审核信用证时发现不符点应如何处理?

5. 出口结汇有哪几种方式?这几种方式有什么不同?

6. 进口方开立信用证应注意哪些问题?

7. 简述FOB合同下以信用证为支付方式的进口合同的履行程序。

练习题

第十三章　国际贸易方式

学习目标

- 了解国际贸易各种方式的含义和种类。
- 掌握国际货物贸易中各种方式的具体做法。
- 理解国际货物贸易中各种方式需要注意的问题。

第一节　经销与代理

一、经销

（一）经销的含义和类型

1. 经销的含义

经销(distribution)是指出口商与国外经销商达成书面协议，规定经销商品的种类、经销期限和地区范围，利用国外经销商推销商品的贸易方式。经销商与出口商之间的关系是买卖关系。经销方式克服了逐笔售定的不足之处，通过协议确定了双方在一定期限内的稳定关系。

2. 经销的类型

按照经销商权限的不同，经销可分为两种类型，即一般经销(general distribution)和独家经销(sole distribution)。

(1) 一般经销。一般经销也称定销。在一般经销方式下，供货方对经销商不做过多的挑选，经销商不享有任何特权。在这种经销方式下，经销商与国外供货商之间的关系同一般进口商和出口商之间的关系没有本质区别，只要经销商有进口积极性，满足出口供货方的交易条件，及时支付订货款，就可得到出口供货方提供的货物。一般经销与一般进出口贸易的不同仅在于，在一般经销方式下，经销商和供货商之间确立了相对长期和稳固的购销关系，而在一般进出口贸易中，买卖双方只不过是逐笔售定的关系。

(2) 独家经销。独家经销也称包销(exclusive sales)，是指经销商在一定的时间和地域内对指定商品享有独家专销权的经销方式。指定商品除独家经销商可以销售外，在该指定区域内任何其他人不得销售。

（二）经销协议

经销协议是确定出口企业和国外经销商之间权利和义务关系的契约。其内容主要有以下几个方面。

(1) 经销协议的名称、双方当事人的名称、签约日期和地点。

(2) 是否有独家经销权。对独家经销权的规定包括专卖权和专买权两方面。前者是指出口企业必须将指定商品在规定的期限和地区内给予独家经销商销售。后者是指规定独家经销商只能购买该出口企业的商品,不得购买其他出口企业的同类产品。

(3) 经销商品种类。为了避免经销商品的争议,最好在协议中对经销商品停止生产或有新品种产生对协议是否适用等予以明确。

(4) 经销地区。经销地区是指经销的地理范围。一旦确定,出口方就负有不向经销地区内的其他商人直接售货的义务。

(5) 经销期限。经销期限一般规定为1年。在协议里也可规定期满后续约或终止的办法。

(6) 经销数量或金额。协议应规定数量或金额,并对双方都有同等的约束力。有时在协议中还规定最低数量或金额。

(7) 作价办法。商品可一次作价,也可分批作价,具体可根据商品的特点和市场情况作价。

(8) 个别销售合同与一般交易条件协议的关系。

(9) 广告宣传、市场情况报道和商标保护。

(三) 采用经销方式应注意的问题

(1) 对经销方式的选用。独家经销比一般经销更能调动经销商的积极性,促使经销商专心销售约定的商品,并向用户提供必要的售后服务。

(2) 对经销商的选用。要注意经销商的资信情况、经营能力及其在经销地区的商业地位。

(3) 对经销商品的种类、经销地区和数量或金额的确定。商品种类的多少、地区的大小,要同资信能力和自己的经营意图相适应。

(4) 对中止或索赔的规定。为了防止独家经销商垄断市场或经营不力等现象的发生,最好在协议中有中止或索赔条款的规定。

二、代理

(一) 代理的含义和特点

1. 代理的含义

代理(agency)是指出口商与国外的代理商达成协议,由出口商作为委托人,授权代理人代表出口商在特定地区和一定期限内推销商品、签订合同的贸易方式。代理商和出口商之间不是买卖关系,而是委托和被委托的关系。

2. 代理的特点

代理具有以下基本特点。

(1) 代理人只能在委托人的授权范围内,代表委托人从事商业活动。

(2) 代理人一般不以自己的名义与第三者签订合同。

(3) 代理人通常是运用委托人的资金从事业务活动。

(4) 代理人不管交易的盈亏,只是收取佣金。

(5) 代理人只居间介绍生意、招揽订单,而不承担履行合同的责任。

（二）代理的种类

1. 总代理

总代理(general agency)是指委托人在指定地区的全权代表，不仅享有指定地区独家代理的权利，还代表委托人进行全国业务活动，甚至包括非商业性质的活动。

2. 独家代理

独家代理(exclusive agency 或 sole agency)是指委托人给予代理商在一定地区和一定期限内享有代销指定货物的专营权。只要在一定地区和规定的期限内做成该项货物的交易，无论是由代理商签约，还是由委托人直接签约，代理商都按成交金额提取佣金。

3. 一般代理

一般代理(agent)指不享有独家专营权的代理商，委托人可同时委托若干代理人在同一地区推销相同商品，也可以直接地向其他买主出售代理商品。一般代理又称普通代理或佣金代理。

（三）代理协议

代理协议是规定出口企业和代理商之间权利和义务的协议。代理协议主要内容如下。

1. 协议名称的双方当事人

签订代理协议时，一定要明确代理协议的性质是独家代理、总代理还是一般代理，同时，要保证所签订的代理协议不与有关的法律规定相抵触。

代理协议的双方当事人，即委托人和代理人，通常是独立的、自主的法人或自然人。

2. 指定代理的商品、地区和期限

在代理协议中，要明确、具体地对代理人代理商品的种类、名称、规格以及代理的地区、时间等作出规定。关于代理商品的范围，出口企业要根据其经营意图和代理商的规模、经营能力及资信等状况作出决定。

3. 代理的权限

不同的代理，该条款的具体内容不同。如果是一般代理，应该在该条款中规定：委托人在代理人代理的地区，有直接向买主进行谈判和成交的权利。在独家代理协议中，委托人则授予代理人代理商品的专营权。

4. 佣金条款

代理协议中必须规定佣金率、支付佣金的时间和方法。佣金率可与成交金额或数量相联系。

5. 最低成交额

独家代理通常承诺最低成交量或金额。若未能达到该数额，委托人有权中止协议或按协议规定调整佣金率。

6. 宣传推广、商情报告

代理人在代理期内，有义务定期或不定期地向卖方提供有关商情，代理

商还应在代理区内努力并且适当地进行广告宣传和促进产品的销售。

7. 其他规定

在代理协议中,进出口企业双方有时常就一些其他情况作出规定。如例外性条款、非竞争性条款等的规定。

此外,独家代理协议还应规定代理商应负责进行产品的售后服务及保护委托人的知识产权等内容的条款。在代理协议中,委托人通常保留对代理商品的商标注册权。

(四)采用代理方式应注意的问题

(1)对代理方式的选用。独家代理比一般代理更能调动代理商的积极性,促使代理商专心代销约定的商品。

(2)对代理商品的选用。要对代理商的资信能力和经营能力及其在代理地区的商业地位做好市场调查。

(3)对代理商品的种类、代理地区和代销数量或金额的确定。商品种类的多少、地区的大小,要同客户的资信能力和自己的经营意图相适应。

(4)对中止或索赔条款的规定。为了防止独家代理商垄断市场或经营不力等现象的出现,最好在协议中有中止或索赔条款的规定。

第二节 寄售与展卖

一、寄售

(一)寄售的含义和特点

1. 寄售的含义

寄售(consignment)是指出口人(委托人)先将货物运往寄售地,委托国外一个代销人(受委托人),按照寄售协议规定的条件,由代销人代替委托人进行销售,货物出售后,由代销人向委托人结算货款的贸易方式。

2. 寄售的特点

(1)寄售人先将货物运至目的地市场(寄售地),然后经代销人在寄售地向当地买主销售。因此,它是典型的凭实物进行买卖的现货交易。

(2)寄售人与代销人之间是委托代售关系,而非买卖关系。代销人员根据寄售人的指示处置货物。货物的所有权在寄售地出售之前仍属寄售人。

(3)寄售货物在售出之前,包括运输途中和到达寄售地后的一切费用与风险,均由寄售人承担。

(4)寄售货物装运出口后,在到达寄售地前也可使用出售路货的办法,先行试销,即当货物尚在运输途中,如有条件即成交出售,出售不成则仍运往原定目的地。

(二)寄售方式的优、缺点

1. 寄售方式的优点

采用寄售方式可以在当地市场出售现货,有利于卖方根据市场的供求情况掌握销售时机、提高商品的竞争能力并使商品卖得好价。货物与买主直接见面，买主可以看货成交，随时采购，对开辟市场、推销新产品有一定作用。代销商不承担风险和费用，一般不需垫付资金，多销多得，有利于激发其经营积极性。

2. 寄售方式的缺点

出口商承担一定的风险和费用。货物未售出之前发运，售后才能收回货款，收汇一般较缓慢，资金负担较重。货物已出口不能直接控制，一旦代销人不履行协议，可能遭到货款两空的危险。

（三）寄售应注意的问题

(1) 在调查研究的基础上选好寄售地点。要了解国外销售市场各方面的情况。

(2) 为了确保寄售达到预期效果，应该选择资信好、有经营推销能力的客户作为代销人。

(3) 要选择适销对路商品作为寄售的商品。

(4) 适当掌握寄售商品的数量。寄售数量的多少，应根据销售情况和市场容量大小而定。

(5) 要注意收汇安全。为了确保收汇安全，除不宜选择外汇管制严格或外汇短缺的国家或地区为寄售地外，还应要求代销人提供银行保函。

(6) 订好寄售协议。

[案例 13-1]

A 公司新研制出一种产品，为打开产品的销路，公司决定将产品运往 B 国，采用寄售方式出售商品。在代售方出售商品后，A 公司收到对方的结算清单，包括商品在寄售前所花费的有关费用的收据。在寄售方式下，商品寄售前的有关费用应由谁承担？为什么？

分析　在寄售方式下，商品寄售前的有关费用应由寄售人承担。寄售方式的特点是：寄售是凭实物进行买卖的现货交易；寄售是一种先出运后成交的贸易方式；寄售人与委托人之间属于委托代售关系；货物出售以前的所有风险由寄售人承担。因而，该案中寄售费用应由 A 公司承担。

思政元素　要具有严谨的工作作风和国际贸易的职业素养。

二、展卖

（一）展卖的含义和特点

展卖(fairs and sales)是指利用博览会和展览会及其他交易会形式，对商品实行展销结合的贸易方式。其特点是：能展示产品的特性，把出口商品的展览和推销有机地结合起来，边展边销；能充分发挥广告宣传的效果；能够成为各国彼此交流技术和了解国际市场上竞争产品的窗口。

(二)展卖的形式和做法

1. 国际博览会和展览会

1)国际博览会

国际博览会(international fair)又称国际集市,是指在一定地点定期举办的由一国或多国联合组织、邀请各国商人参加交易的贸易形式。其目的是使所有参加者都能看到世界各地的产品和技术,促进贸易的发展。它不仅是一个交易的场所,更重要的是介绍产品、宣传广告和打开销路的手段。

2)展览会

展览会贸易是指出口方选择合适的场地,集中一定的商品,不定期地进行展出和销售的贸易方式。

2. 中国出口商品交易会

(1)中国进出口商品交易会(China Import and Export Fair)。中国进出口商品交易会是我国各进出口公司在广州定期联合举办的、邀请国外客户参加的展览与交易相结合的商品展销会,简称广交会。我国于1957年举办了首届中国进出口商品交易会,以后每年于春秋两季各举办一次,分别称为春交会和秋交会。

(2)其他各地的交易会。在中国进出口商品交易会闭会期间,我国的外贸公司经常在某种商品的产地、出口口岸或其他适当的地方,举办规模较小的各种类型的交易会,如地毯交易会、工艺品交易会和服装交易会等。

(3)支持外商举办或与外商联合举办展卖会。我国出口商品在国外展卖采取的主要方式,一是支持外商在国外举办我国出口商品展卖会,二是与外商联合举办我国出口商品展卖会。

(三)开展展卖应注意的问题

1. 选择适当的展卖商品

在选择展卖商品时,要考虑选择一些质量较好、在市场上具有竞争力的参展商品;展出的品种应多样化,每一种花色的档次要多而全,既要有能满足特殊需要的高档品,也要有供应一般消费品的大路货和低档货,以适应各类不同层次消费者的不同需要。一般地说,机器设备、电子产品、手工艺品、儿童玩具以及一些日用消费品比较适用。

2. 选择合适的展销地点

一般来说,应考虑选择一些交易比较集中、市场潜力比较大且有发展前途的集散地或交易中心进行展卖活动。同时还应考虑当地的各项设施,如展出场地、通信和交通等基础设施所能提供的方便条件与这些服务的收费水平。

3. 选择适当的展卖时机

一般来说,展出的时间应与商品的销售季节一致,每次展出的时间不宜过长,以免费用过高,影响效果。

4. 做好参展组织工作

展卖本身是一种宣传活动,可以利用各种媒体登出广告,引起公众注意,同时还可以邀请当地客户和知名人士，进行重点宣传以引起社会轰动，扩大在当地的影响。

5. 选择好合作的客户

合作的客户必须具有一定的经营能力，在当地市场应有一定的地位和影响，比较熟悉展出地点的市场情况，并有一定的业务联系网络或销售渠道，至少是具有一定能力的中间商。

第三节 招标和投标与拍卖

一、招标和投标

（一）招标和投标的含义和特点

1. 招标和投标的含义

招标(invitation to tender)和投标(submission of tender)是一种贸易形式的两个方面，适用于采购物资商务和国际工程承包及劳务合作等项目。

招标是指招标人在规定的时间、地点，以某种方式发布招标公告，说明对特定商品或工程项目的具体内容，同时邀请投标人在规定的时间和地点参加投标，并按照程序从中选择交易对象的交易行为。

投标是指投标人(卖方或承包人)在指定时间内按照招标的要求和条件，报出价格和其他必要的条件，争取中标和达成交易的行为。

2. 招标和投标的特点

(1) 招标和投标是一种复杂的贸易方式，包括的环节多、工作量大、成交金额也很大；一般是即期付款，即在投标人交货和完工后，招标人便付清货款。

(2) 双方当事人之间的买卖关系。投标人只能按照招标人提出的条件和要求向招标人做一次性递价，而且递出的必须是实盘，没有讨价还价的余地，没有交易磋商过程。能否中标，主要取决于一名投标人所提出的投标条件是否优于其他投标竞争者而被招标人所接受。

(3) 招标和投标属于竞卖与竞包性质。

（二）招标的种类

目前国际上采用的招标方式大体可分为三种。

1. 竞争性招标

这是一种通过多数投票人投标，从中选择对招标人最为有利的投标人，并达成交易的方式。它有两种做法：一是公开招标，即无限竞争性招标，招标人要在国内外主要报刊上刊登招标广告，使所有合格的投标者都具有同等的机会了解投标要求、参加投标；二是选择招标，即有限竞争性招标，招标人不在报刊登招标广告，仅有选择地邀请投标人参加投标，通过资格预审后，再由他们进行投标。

2. 谈判招标

这是一种非公开性、非竞争性的招标,招标人仅物色几家供应商直接进行合同谈判,谈判成功,则交易达成。

3. 两段招标

这是一种将公开招标和选择招标结合运用的招标方式,即第一阶段先用公开招标方式,第二阶段再用选择招标方式,将招标分两段进行。

(三)招标的程序

1. 招标

招标首先要发出招标公告,然后由投标人对前来投标的公司的历史状况、财力状况、产品质量、经营作风等方面进行资格审查;审查合格后,由招标人向取得投标资格者寄送标单,内容包括招标要素、合同条款及格式、技术要求以及投标日期、开标日期、寄送投标单的方法等。

2. 投标

投标人在投标前要做好准备工作,如编制投标资格审查表、分析招标文件及寻找投标担保单位等。做好准备工作后,须编制投标文件和提供银行保函,并向招标人递送投标文件。

3. 开标

开标是指招标人在规定的日期、时间和地点,将收到的投标文件进行启封和评估,选定对自己最为有利的最优投标人,作为供货人或承包商。开标有公开开标和不公开开标两种方式。

公开开标是由招标人按照时间和地点,当众拆开所有密封投标单,宣读内容。凡是投标人都可派代表监视开标,允许在场的投标人做记录或录音。不公开开标是由招标人自行选定中标人,投标人不能派代表参加开标。

招标人可根据本身的需要和招标的内容,选择不同的开标方式。国际招标一般采用公开开标的方式。

开标后,投标人不得更改投标内容。开标是对外公开标书内容,以保证招标工作公正进行的一种形式,并不一定当场确定中标人。

4. 中标

中标是从若干投标人中选定交易对象,即中标人,并与之签订合同,然后履行合同,最后达到招标的目的。开标后,对较复杂的标项有时还要由招标人组织人员进行评标,评标后决标,选定中标人。招标人以书面方式通知中标人,在规定的时间内到招标人所在地与招标人签订买卖协议或承包项目协议,并按规定缴付履约保证金。如果中标人没有在规定的时间内签约,事先又未提出申请延期要求,或提出申请未被招标机构接受等,则视为中标人违约,招标人有权没收其投标保证金,并可决定重新招标或将标授予其他合适的投标人。

(四)使用招标、投标应注意的问题

(1) 在招标规定须通过代理人进行投标时,必须事先在招标人所在国家选定代理人，并签订代理协议，订明我方投标的具体条件、代理人的报酬和不中标时应付的手续费等。

(2) 认真审阅招标文件，避免遗漏，对标单的填写要慎重。因其具有实盘性质，不能随意撤销；按照国际投标的一般做法，投标文件是中标签订合同的一部分。由于对招标单的内容不完全清楚很难中标，即使中标也会给以后履约带来麻烦，或可能造成经济损失。

(3) 投标前要了解招标国关于招标的规定和习惯，同时要落实货源，因为投标要支付一定的保证金，而且投标的商品一般数量较大，交货比较集中。如果不能按时履约，将会造成不良影响，并须承担招标人因此而造成的经济损失。

二、拍卖

(一) 拍卖的含义和特点

1. 拍卖的含义

拍卖(auction)，是由拍卖人或拍卖机构接受货主的委托，在规定的时间和场所，按照一定的章程和规则，由买主相互出价竞买，把货物卖给出价最高的买主的一种贸易方式。

2. 拍卖的特点

拍卖具有以下几个特点。

(1) 拍卖是在一定的机构内有组织地进行的。拍卖机构可以是由公司或行业协会组成的专业拍卖行，也可以是由货主临时组织的拍卖会。

(2) 拍卖具有自己独特的法律和规章。许多国家对拍卖业务有专门的规定。各个拍卖机构也订立了自己的章程和规则，供拍卖时采用。这些都使拍卖方式形成自己的特色。

(3) 拍卖是一种公开竞买的现货交易。拍卖采用事先看货、当场叫价、落槌成交的做法。成交后，买主即可付款提货。

(4) 参与拍卖的买主，通常须向拍卖机构缴存一定数额的履约保证金。买主在叫价中，若落槌成交，就必须付款提货；不付款提货，拍卖机构则没收其保证金。

(5) 拍卖机构为交易达成提供了服务，它要收取一定的报酬作为佣金。关于佣金的多少没有统一的规定，这要根据当地的习惯，或按行业的规章加以规定。

(二) 商品拍卖的形式

1. 增价拍卖

增价拍卖也称买主叫价拍卖，是由拍卖人宣布预定的最低价格，然后由买主加价，直至出价最高时，由拍卖人以击槌动作表示交易已经达成，此价格即为成交价。

2. 减价拍卖

这一方式也称卖方叫价拍卖，或称荷兰式拍卖(Dutch auction)。这种拍卖方式是由拍卖人先开出价格,如无人示意成交,则由拍卖人逐步降低叫价,直到有人表示愿意接受而达成交易为止。

3. 密封递价拍卖

密封递价拍卖(sealed/closed bids auction)也称招标式拍卖,是由拍卖人先公布每批商品的具体拍卖条件,然后由竞买者在规定时间内将密封标书递交拍卖人,由拍卖人选择出价最高者达成交易。

(三) 拍卖的基本程序

各种商品的拍卖都有其各自的特点和惯例,但拍卖的基本程序却大致相同。

1. 准备阶段

货主与拍卖行达成拍卖协议,规定货物品种和数量、交货方式与时间,限定价格以分类、分批编号。拍卖人印发拍卖品目录,并刊登拍卖通告。

2. 察看货物

买主既可察看拍卖人提供的样品,也可去仓库察看整批货物并在其中抽取一定数量的样品,以供分析和试用。

3. 正式拍卖

在规定的时间和地点,按拍卖商品目录规定的顺序逐批拍卖。以增价方式拍卖,买方出价相当于要约,拍卖人落槌相当于承诺。在落槌之前,买方有权撤销出价,卖方也有权撤回拍卖商品。以减价方式拍卖,拍卖人报价相当于要约,而买方一旦表示接受,即为承诺,交易成立,双方均受约束。

4. 付款和交货

成交后,买方签署成交确认书,并支付部分货款做定金,待买方付清全部货款后,拍卖行开出提货单,买方凭单提货。拍卖行从货款中提取一定比例的佣金,作为提供拍卖服务的报酬,并扣除按合同应由货主承担的费用后,将货款交付货主。

(四) 采用拍卖方式时应注意的事项

拍卖是一种定时间和定地点举行的、公开竞买的、看货成交的现货买卖方式,存在着激烈的竞争,而且受到一定的章程和规则的制约。因此,在采用拍卖方式时要注意以下事项。

(1) 要选择适合拍卖方式的商品。一般来说,可选择一些销量较大、销路好或竞争力较强的商品参与拍卖。

(2) 要恰当地确定拍卖商品的基价。对此,要考虑拍卖时压价系数,其基价应略高于常见的卖断成交价。

(3) 对于拍卖方式可能出现的不利因素,如拍卖费用较高、买主压价、拍卖人违背卖方的意愿等,要有预防和补救措施。

(4) 要了解各个拍卖中心的章程规则和习惯做法,调查市场供货和价格水平,最后才能决定参加拍卖的商品种类、数量及拍卖基价,以争取扩大销路,卖得好价的效果。

［**案例 13-2**］

某公司在拍卖行经竞买获得精美瓷器一批。在商品拍卖时，拍卖条件中规定："买方对货物的过目与不过目，卖方对商品的品质概不负责。"该公司在将这批瓷器通过公司所属商行销售时，发现有部分瓷器出现网纹，严重影响这部分商品的销售。卖方因此向拍卖行提出索赔，却遭到拍卖行的拒绝。拍卖行的拒绝是否有道理？为什么？

分析　拍卖行的拒绝是无道理的。一般来说，在拍卖业务中，拍卖后，对于用通常的查验手段即可发现的货物缺陷，拍卖行是不负责任的，但对于凭借一般查验手段不能发现的质量问题，拍卖行还是允许买方提出索赔的。本案例中，竞买得主在将竞得商品——精美瓷器通过公司所属商行销售时，发现有部分瓷器有网纹，而这些网纹在拍卖时竞买者是无法用一般查验手段发现的，因而，拍卖行不能拒绝理赔。

思政元素　要具有较强的法律意识，以及专业专注和科学精神。

第四节　对销贸易

对销贸易（counter trade），也称对等贸易、反向贸易，它是在传统的易货贸易基础上发展起来的进出口结合，以出口抵补或部分抵补进口，最终使得买卖双方收支基本平衡的各种贸易方式的总称。对销贸易划分为易货贸易（barter trade）、互购贸易（counter purchase）、转手贸易、抵消贸易、补偿贸易（compensation trade）及国际贸易证书贸易。本节主要介绍易货贸易、互购贸易和补偿贸易。

一、易货贸易

（一）易货贸易的含义和特点

易货贸易是指在换货的基础上，把出口和进口直接结合起来，以商品的出口换取等值商品进口的贸易方式，它是最古老的一种贸易方式。

易货贸易的特点是：只有进口商与出口商两个当事人，不涉及其他的第三者；双方只签订一个进口合同，包括双方交易的货物；双方交换的货物均需明确地载明在合同上。

现代易货贸易可以通过货款结算方式达到货物交换的目的。在货款支付结算上，既可笔笔平衡，也可定期结算，综合平衡；既可付现，也可记账；在时间上，既可进出口同时进行，也可有先有后。总之，易货贸易的做法灵活多样。

（二）易货贸易的形式

易货贸易在贸易实践中主要表现为直接易货和协定记账易货两种形式。

1. 直接易货

直接易货又称为一般易货，它是买卖双方各以等值的货物进行交易，不涉及货币的支付,也没有第三人的介入。贸易双方签订相互换货、相互抵偿的合同,在合同中约定货物的规格、数量、品种及指定交换货物的港口。它是目前应用最广泛的易货形式。

2. 协定记账易货

协定记账易货又称综合易货贸易、双边清偿协定,多用于两国之间根据记账或支付(清算)协定而进行的交易。由两国政府根据签订的支付协定,在双方银行互设账户,双方政府各自提出在一定时期(通常为1年)提供给对方的商品种类,进出口金额基本相等。经双方协商同意后签订易货协定书,然后根据协定书的有关规定,由各自的对外贸易专业公司签订具体的进出口合同,分别交货。商品出口后,由双方银行凭装运单证进行结汇,并在对方国家在本行开立的账户进行记账,然后由银行按约定的期限结算。如有差额,有的规定结转下一年度,也有规定如差额超过约定的摆动额,则以现汇拨付。

(三) 易货贸易的作用和局限性

易货贸易的积极作用有:采用易货贸易有利于节约外汇,有利于外汇紧缺的国家和企业开展对外贸易。易货贸易不受外汇管制和贸易壁垒的约束,可以扩大成交量。易货贸易可以避免外汇价格波动带来的负面影响。

易货贸易的局限性主要是易货贸易可能不利于协调进出口业务。易货贸易受买卖双方国家互补性的制约。

二、互购贸易

(一) 互购贸易的含义

互购贸易是指贸易双方互相购买对方贸易商品的贸易方式。对一方来说,互购涉及两笔交易,一笔是出口,另一笔是进口。这两笔交易既是分别独立又是相互联系的,即一方与另一方签订出口合同的同时,必须承担与该方签订进口合同的义务;相反,一方与另一方签订了进口合同的同时,就有与该方签订出口合同的权利。

(二) 互购贸易的支付

在互购贸易中,一般通过即期信用证来进行支付。对于先出口、后进口的一方来说,采用即期信用证支付比较有利。它可以在收到出口货款至支付进口货价这段时间里利用对方的资金,而且在此后的进口谈判中处于有利的地位,而对另一方来说,则处在被动地位,风险较大。如果在先出口合同中规定用远期信用证支付,在后进口合同中规定用即期信用证支付,意味着先出口方对先进口方提供信贷,可以不用现汇。

(三) 互购贸易与易货贸易的区别

(1) 互购贸易是现汇交易。互购中的出口和进口都有实际的支付。易货贸易中,有的虽然有标价,但实际上只起衡量交易货物价值的作用,没有实际的支付。

（2）在互购贸易中，出口额和进口额一般不要求等值，只要大致相当即可。

（3）在互购贸易中，先出口方在签订出口合同时，要承诺签订另一份进口合同，具体进口商品的品名、数量和价格等不在出口合同中写明，一般只规定回购的金额，详细的规定是在另一份进口合同中加以订明。而在易货贸易合同中，既要订明出口货物的细节，也要订明进口货物的细节。

（4）互购贸易中有时要涉及两个以上的当事人。在征得对方同意的前提下的出口方的回购义务或进口方的供货义务可分别改由其他第三方来完成。

三、补偿贸易

（一）补偿贸易的含义和特点

补偿贸易是指在信贷的基础上，从国外企业购进机器、设备、技术和各种服务等，约定在一定期限内，等项目投产后，以该项目生产的产品或其他货物或劳务，或双方约定的其他办法偿还货款的做法。由于进出口机器设备的企业偿还贷款本息是采用补偿办法，故称补偿贸易。

这种交易方式的期限往往较长，一般在5～10年或更长。这种方式比较灵活，可以全额以货物相抵，也可以部分以货物相抵，部分以现汇偿付。补偿贸易实际上不用现汇，而是在信贷的基础上买进国外机器、设备、原材料、生产技术和其他制成品，在项目建成投产后，用这些引进技术和设备生产出的产品或商定的其他商品或劳务去偿还贷款本息的一种特殊本息贸易方式。

（二）补偿贸易的形式

（1）直接补偿，也称返销方式。引进方用引进的技术和设备直接生产出来的产品偿还引进所需的价款。采用这一贸易方式，进口方将引进设备技术所生产的产品，除可直接向供方抵偿价款外，也可售给供方事先约定的贸易商，由贸易商将贷款偿还给供方。

（2）间接补偿，也称回购方式。引进方不是用引进的技术、设备直接生产出来的产品偿还，而是以双方商定的其他产品偿还引进所需的价款。

（3）劳务补偿。购进设备或技术的一方以提供劳务所赚取的收入来补偿购进设备或技术的价款和利息，如来料加工、来件装配等。

（4）综合补偿。引进一方将一部分价款用引进的技术和设备直接生产出来的产品偿还，另一部分则以与该设备技术无关的间接产品或劳务费偿还。

（三）采取补偿贸易方式时应注意的问题

（1）要注意把购买机器设备同返销产品密切结合起来。

（2）要注意购买机器设备的同时，引进专利或专有技术，提高我国科学技术水平。

（3）要争取以制成品补偿。如果以原料补偿，则必须是资源丰富与自用有余的。

（4）补偿贸易的客户对象，要选择信用好、经营能力强，特别是具有推销补偿产品能力的客户。

(5) 签约时要妥善规定返销产品的作价原则,明确返销的时间。返销金额应为技术设备的价款另加延期支付的利息费用。

(6) 实行多边补偿时,如承担回购义务的第三方未能履行其回购义务,或承担提供间接补偿产品的第三方未能如约提供,那么原设备出口方或进口方仍应分别承担相应的责任。

(7) 要注意使用对双方都有利的支付方式。补偿贸易的显著特点是要利用外资,必须先使用外国的机器设备后支付本息。

(8) 选择补偿贸易项目切实可行,注意经济效益。要选择生产型的项目,保证返销数量,企业要自身达到外汇平衡。

(9) 在补偿贸易合同中要明确双方的权利、义务和责任。

[**案例 13-3**]

甲国某外贸公司从乙国进口一艘渔轮,其具体做法为先出口鱼品积存外汇,达到一定金额后,用以购买渔轮。该公司报请主管部门给予补偿贸易的优惠待遇遭拒绝。为什么?

分析 该公司做法为两笔独立的贸易,即出口鱼品和进口渔轮,不属补偿贸易。补偿贸易以设备出口方向进口方提供信贷为前提,只能是先进口设备,后补偿产品。

思政元素 要认真遵守职业规范,养成细心、有责任与担当的职业素养。

第五节 加工贸易

一、来料加工贸易

在我国,来料加工又称对外加工装配业务,是指由外商(委托方)提供一定的原材料、零部件和元器件,由我方(承接方)按对方的要求进行加工或装配,成品交由对方处置,我方按照约定收取工缴费作为报酬的加工方式。

(一) 来料加工的性质

来料加工与一般进出口不同。一般进出口贸易属于货物买卖;来料加工虽然有原材料、零部件的进口和成品的出口,但却不属于货物买卖。因为原料和成品的所有权始终属于委托方,并未发生转移,我方只提供劳务,并收取约定的工缴费。因此,可以说,来料加工这种委托加工方式属于劳务贸易的范畴,是以商品为载体的劳务出口。

(二) 来料加工的作用

对我方的作用:发挥本国的生产潜力,补充国内原材料不足,为国家增加外汇收入;引进国外的先进技术和管理经验,有利于提高生产、技术和管理水平;有利于发挥我国劳动力众多的优势,增加就业机会,发展地方经济。

对委托方的作用:可以降低其产品成本,增强竞争力,有利于委托方所在国的产业结构调整。

（三）来料加工合同签订时需注意的问题

在商谈合同的主要条款时，应该注意以下问题。

1. 对来料来件的规定

来料加工业务中，能否按时、按质、按量交付成品，很大程度上取决于委托方能否按质、按量、按时供料。因此，在合同中，要明确规定来料来件的质量要求、具体数量和到货时间。

2. 对成品质量的规定

我方在签订合同时，必须从自身的技术水平和生产能力出发，妥善规定，以免交付成品时发生困难。质量标准一经确定，承接方就要按时、按质、按量交付成品，委托方则根据合同规定的标准验收。

3. 关于耗料率和残次品率的规定

耗料率又称原材料消耗定额，是指每单位成品耗费原材料的数额。残次品率是指不合格产品在全部成品中的比率。若这两个指标定得过高，则委托方必然要增加成本，减少成品的收入；若定得过低，则承接方难以完成。因此，耗料不能超过定额，否则由我方负担；残次品不能超过一定比例，否则委托方有权拒收。

4. 关于工缴费标准的规定

由于加工装配业务本质上是一种劳务出口，因此工缴费的核定应以国际劳务价格为依据，要具有一定的竞争性，并考虑我国当前劳动生产率及其与国外的差距。

5. 对工缴费结算方式的规定

来料加工业务中关于工缴费的结算方法有两种：一是来料、来件和成品均不作价，单收加工费；二是来料、来件和成品分别作价，两者之间的差额即为工缴费。

6. 对运输和保险的规定

在来料加工过程中，料件和成品的所有权不转移，始终为委托方所有。因此，原则上运输和保险的责任由委托方承担。在具体业务中，对出口成品的运输和保险，以及料件进口和存仓的保险，均可由承接方代办，费用由委托方另行支付或者计入工缴费内。

此外，来料加工合同还应该订立工业产权的保证、不可抗力和仲裁等预防性条款。

二、进料加工贸易

（一）进料加工的含义

进料加工一般是指从国外购进原料，加工生产出成品再销往国外的加工方式。由于进口原料的目的是扶植出口，因此进料加工又可称为“以进养出”。

进料加工与前面所讲的来料加工有相似之处,即都是“两头在外”的加工贸易方式,但两者又有明显不同。

(1) 来料加工在加工过程中均未发生所有权转移,原料运进和成品运出属于同一笔交易,原料供应者即是成品接受者;而在进料加工中,原料进口和成品出口是两笔不同的交易,均发生了所有权转移,原料供应者和成品购买者之间也没有必然的联系。

(2) 在来料加工中,我方不用考虑原料的来源和成品销路,不担风险,只收取工缴费;而在进料加工中,我方是赚取从原料到成品的附加价值,要自筹资金、自寻销路、自担风险和自负盈亏。

(二) 进料加工的做法

(1) 先签订进口原料的合同,加工出成品后,再寻找市场和买主。

(2) 先签订出口合同,再根据国外买方的订货要求,从国外进原料,加工生产,然后交货。

(3) 对口合同方式,即与对方签订进口原料合同的同时,签订出口成品的合同,原料的提供者也就是成品的购买者。但两个合同相互独立、分别结算。

(三) 开展进料加工的意义

我国开展进料加工的意义主要表现在以下几个方面。

(1) 有利于解决国内原材料紧缺的困难,利用国外提供的资源,发展出口商品生产,为国家创造外汇收入。有些不能出口的产品,还可以满足国内市场的需要。

(2) 可以更好地根据国际市场的需要和客户的要求,组织原料进口和加工生产,特别是来样进料加工方式,有利于做到产销对路,避免盲目生产,减少库存积压。

(3) 进料加工是将国外的资源和市场与国内生产能力相结合的国际大循环方式,也是国际分工的一种形式。

三、境外加工贸易

(一) 境外加工贸易的概念

境外加工贸易是指我国企业在国外进行直接投资的同时,利用当地的劳动力开展加工装配业务,以带动和扩大国内设备、技术、原材料和零配件出口的国际经济合作方式。

(二) 境外加工贸易的意义

(1) 有利于使更多的我国企业成为世界较强企业。

(2) 有利于绕过贸易壁垒,进入外国市场。

(3) 有利于竞争力强、技术先进的生产企业进入国外市场,充分利用我国自然资源、劳动力优势。

(三) 开展境外加工贸易的申报程序

按照我国现行的政策规定,企业开展境外加工贸易应该到有关主管部门办理申报，申报程序如下。

(1) 由地方主管部门负责核准的境外加工贸易项目，地方主管部门收到境外加工贸易项目的申请后，应在征得我国驻外使(领)馆经商参处(室)同意后核准。

(2) 须商务部核准的境外加工贸易项目，由地方主管部门或中央企业总部征得我国驻外使(领)馆经商参处(室)同意后，报商务部。

(3) 地方主管部门核准或上报境外加工贸易项目，应会签地方经贸主管部门。

(4) 需从境内购汇和汇出外汇的境外加工贸易项目，在报地方主管部门前，应由所在地外汇分局或外汇管理部门按照国家的有关规定进行境外投资外汇资金来源审查。

(四) 开展境外加工贸易应该注意的问题

从我国一些大型企业开展这项业务的经验教训来看，应该注意以下几个重要问题。

(1) 做好人才方面的准备。我国企业要想在复杂多变的国际市场上站稳脚跟，需要一大批精干的一专多能的复合型人才。

(2) 要注意信息的积累。境外加工贸易是我国企业在国外进行直接投资的基础上开展的，所以只有在广泛收集信息的基础上进行科学的分析，才能减少盲目性，降低投资风险。

(3) 注意加强宏观管理。应该努力做到四个结合：与扩大我国外贸出口相结合；与国内产业结构调整相结合；与国外市场需求相结合；与企业自身优势及投资能力相结合。

第六节　期货贸易

一、期货贸易的含义和特点

(一) 期货贸易的含义

期货贸易是指在期货交易所内，按照严格的程序和规则，通过公开叫价的方式，买进或卖出期货标准化合约的一种贸易方式。

现代期货交易和期货市场是市场经济的产物。早期的期货交易产生于11—14世纪的欧洲。现代期货市场起源于19世纪中叶的美国，以1848年美国芝加哥期货交易所的成立为主要标志。20世纪七八十年代，又推出金融期货和期权交易。我国的现代期货市场出现于20世纪90年代。

期货合约是在交易所达成的标准化的、受法律约束的，并规定在将来某一特定地点和时间交割某一特定商品的合约。该合约规定了商品方式、交易方式等，它与合同既有相同之处，又有本质区别，其根本区别在于是否标准化。我们把标准化的“合同”称为“合约”。该合约唯一可变的是价格。其价格是在一个有组织的期货交易所内通过竞价而产生的。买卖者缴纳一定的保证金后,按一定的规则就可通过商品期货交易所公开地竞价买卖。

商品期货交易所交易的品种基本上都是属于供求量较大、价格波动频繁的初级产品,如谷物、棉花、食糖、咖啡、可可、油料、活牲畜、木材、有色金属和原油,以及贵金属、金和银等。

(二) 期货贸易的特点

期货交易是在现货交易的基础上发展起来的,但是期货交易与现货交易相比存在着明显的区别。现货交易中,买卖双方可以任何方式,在任何地点和时间达成实物交易,卖方必须交付实际货物,买方必须支付货款。而期货交易是在一定时间,在特定期货市场上即在商品交易所内,按照交易所预先制定的"标准期货合同"进行的期货买卖。成交后买卖双方并不转移商品的所有权。与现货交易相比,期货交易具有下列几个特点。

(1) 期货交易不规定双方提供或者接受实际货物,期货交易买卖是标准化期货合约。

(2) 交易的结果不是转移实际货物,而是支付或者取得签订合同之日与履行合同之日的价格差额。

(3) 在期货交易所参加交易的会员单位、非会员单位只能通过作为经纪人的会员单位来进行交易。

(4) 期货合同是由交易所制定的标准期货合同,并且只能按照交易所规定的商品标准和种类进行交易。

(5) 期货交易的交货期是按照交易所规定的交货期确定的。不同商品,交货期不同。

(6) 期货合同都必须在每个交易所设立的清算所进行登记及结算。

二、期货贸易的功能

参加期货交易的主要目的,除了极少数是购销远期实物外:一是以转移价格(包括汇率、利率和股票指数)波动风险为目的的套期保值业务;二是以盈利为目的的投机性交易。

(一) 套期保值业务

套期保值(hedging),又称对冲交易,是指在期货市场买进(或卖出)和期货市场品种与数量相同,但交易方向相反的商品期货合同,以期在未来某一时间通过卖出(或买进)期货合同来弥补或抵消因现货市场价格变动所带来的实际价格风险。因此,套期保值交易的目的是最大限度地减少或消除因价格波动风险所带来的不利后果。

套期保值有多种交易方式,但主要有卖期保值(selling hedging)和买期保值(buying hedging)两种。

1. 卖期保值

卖期保值是指在期货市场上首先卖出期货合同,以防止将来卖出期货商品时因价格下跌而遭受损失的交易方式。当卖出期货商品时买进一份与先前卖出的期货合同品种、数量和交割期相同的期货合同相对冲，以结束保值交易。由于套期保值者首先卖出期货合同，故称为卖期保值，又称“空头”(bears)套期保值。

卖期保值的目的是避免期货价格下跌的风险，采取先卖出期货合同以实现套期保值的目的。例如，某交易商于 8 月 10 日在期货市场购进 10 000 蒲式耳玉米，价格为 4.30 美元/蒲式耳。为了保值，他同时在期货市场卖出 10 月份玉米期货合同 2 份(每份 500 蒲式耳，价格为 4.50 美元/蒲式耳)。至 9 月，现货价格和期货价格均有所下跌。9 月 10 日，该交易商将上述库存玉米以 4.10 美元/蒲式耳的价格出售，并同时为了抵冲已抛出的 10 月份期货合同，以 4.30 美元/蒲式耳的价格补回同品种、数量和交割期的玉米期货，用期货市场上的盈利来补偿现货市场售价下跌所受的损失，具体过程如表 13-1 所示。

表 13-1　交易商的交易过程

日　期	现货市场	期货市场
8 月 10 日	8 月购进 10 000 蒲式耳玉米，价格每蒲式耳 4.30 美元	卖出 2 张 10 月玉米期货合同，价格为每蒲式耳 4.50 美元
9 月 10 日	9 月出售 10 000 蒲式耳玉米，价格为每蒲式耳 4.10 美元	买进 2 张 10 月玉米期货合同，价格为每蒲式耳 4.30 美元
结果	亏损 0.20 美元	盈利 0.20 美元

上例中，如果该交易商未做卖期保值交易，其现货售价为每蒲式耳 4.30 美元，就要蒙受每蒲式耳 0.20 美元的跌价损失。

2. 买期保值

买期保值是指在期货市场上首先买入期货合同，以防止将来购买商品时因价格上涨而带来的成本增加。当买入现货商品时，出售一份与先前买进的期货合同品种、数量和交期相同的期货合同相对冲，以结束保值交易。由于先买入期货合同，故称为买期保值，又称为“多头”(bulls)套期保值。

买期保值的目的是防止买进现货之前价格可能上升而增加经营成本。例如，某面粉加工商按目前价格水平与某面粉经销商达成一笔交易，规定在 6 个月后售出一批面粉。但面粉加工商已无原料库存，需待小麦上市后进货。因担心届时小麦价格上涨，将会影响其经营成本和利润，为了回避价格上涨的风险，面粉加工商可在期货市场先买进 6 个月后交货所需的小麦期货合同。6 个月后，当小麦上市，在现货市场购进时价格已上涨，而期货市场的小麦价格此时也已相应上涨，面粉加工商即可在期货市场出售先前购进的相同品质、数量和交割期的期货合同进行对冲，并以期货市场上所获利润来补偿在现货市场因价格上涨带来的亏损，从而仍可获取原定的利润。

(二) 期货投机业务

期货投机(futures speculation)是指在期货市场上，以谋取利润为目的而买卖期货合同的行为。从事这项活动的人称为期货市场的投机者(speculator)。这些为数众多、敢冒风险的投机者根据各自对市场前景的推测,在期货市场上大规模地进行买进或卖出的交易。通常在他们认为某种商品或金融性信用工具价格看涨时买进期货合同,待价格上涨后回抛,这种做法称为"买空"或"多头"。相反,当他们认为价格看跌时就抛空期货合同,待价格下跌后低价补进冲销,这种做法通常称为"卖空"或"空头"。

期货投机者既不需要保值的现货,也不想取得合同项下的实物,其交易目的只是获取在买进卖出交易中的价差。如果他们对价格的预测正确,则往往会得到十分可观的盈利;而一旦对价格估测失误,他们不仅要损失价差,还要向交易所交纳佣金及其他各种费用的损失。期货交易之所以能吸引如此众多的风险投资者,其必要前提和基础是必须有人愿意承担价格风险并提供投资金,期货投机者就是敢于承担风险的人。

第七节 跨境电子商务

一、跨境电子商务的概念

跨境电子商务(cross-border E-commerce)有广义和狭义之分。广义的跨境电子商务是指分属不同关境的交易主体,通过电子商务手段从事各种商业活动行为。狭义的跨境电子商务是指跨境网络零售(cross-border online retailing),一般我们所说的跨境电子商务是指广义的跨境电子商务。

具体而言,跨境电子商务是指分属不同关境的交易主体,通过电子商务平台达成信息交流、商品交易、提供服务的国际商业活动。

二、跨境电子商务的特征

(一) 全球性

网络是一个没有边界的媒介体,具有全球性和非中心化的特征。依附于网络发生的跨境电子商务也因此具有全球性和非中心化的特性。任何人只要具备一定的技术手段,在任何时候、任何地方都可以让信息进入网络,相互联系进行交易。

(二) 无形性

网络的发展使数字化产品和服务的传输盛行,而数字化传输是通过不同类型的媒介在全球化网络环境集中进行的,这些媒介在网络中是以计算机数据代码的形式出现的,因而是无形的。基于数字传输的数字化产品和服务也具有无形性。

(三) 可追踪性

在整个跨境电子商务产品的交易过程中,议价、下订单、物流、支付等信息都会有记录,消费者可以实时追踪自己的商品发货状态和运输状态。

（四）即时性

对于网络而言，传输的速度和地理距离无关，在电子商务中的信息交流，无论实际时空距离远近，一方发送信息与另一方接收信息几乎是同时的。某些数字化产品的交易还可以即时结清，订货、付款、交货都可以在瞬间完成。

（五）无纸化

跨境电子商务主要采取无纸化操作的方式，这是以电子商务形式进行交易的主要特征。在跨境电子商务中，电子计算机通信记录取代了一系列的纸面交易记录。

（六）快速演进

互联网是一个新生事物，信息技术、移动终端技术、网络设施和相应软件等的更新换代迅速，基于互联网的跨境电子商务活动也处于瞬息万变的过程中。

三、跨境电子商务的分类

基于不同的分类标准，可以将跨境电子商务进行如下划分。

（一）按市场主体划分

按市场主体，跨境电子商务可分为 B2B、B2C 和 C2C 三种类型。

1. 跨境 B2B 电子商务

B2B 电子商务是电子商务的一种模式，是英文 business-to-business 的缩写，即企业对企业的电子商务，是企业与企业之间通过互联网进行产品、服务及信息的交换。

跨境 B2B 电子商务是指分属不同关境的企业对企业，通过电商平台达成交易、进行支付结算，并通过跨境物流送达商品、完成交易的国际商业活动。

2. 跨境 B2C 电子商务

B2C 电子商务指的是企业针对个人开展的电子商务活动。

跨境 B2C 电子商务是指分属不同关境的企业直接面向消费个人开展在线销售产品和服务，通过电商平台达成交易、进行支付结算，并通过跨境物流送达商品、完成交易的国际商业活动。

3. 跨境 C2C 电子商务

C2C 电子商务是个人与个人之间的电子商务。C2C 即 customer(consumer) to customer(consumer)，主要通过第三方交易平台实现个人对个人的电子交易活动。

跨境 C2C 电子商务是指分属不同关境的个人卖方对个人买方开展在线销售产品和服务，由个人卖家通过第三方跨境电子商务平台发布产品和服务售卖、产品信息、价格等内容，个人买方进行筛选，最终通过跨境电子商务平台达成交易、进行支付结算，并通过跨境物流送达商品、完成交易的国际商业活动。

（二）按服务类型划分

按服务类型，跨境电子商务可分为以下几种。

1. 信息服务平台

信息服务平台主要是为境内外会员商户提供网络营销平台,传递供应商或采购商等商家的商品或服务信息,促成双方完成交易。代表企业:阿里巴巴国际站、环球资源网、中国制造网。

2. 在线交易平台

在线交易平台不仅提供企业、产品、服务等多方面信息展示,并且可以通过平台线上完成搜索、咨询、对比、下单、支付、物流、评价等全购物链环节。在线交易平台模式正在逐渐成为跨境电子商务中的主流模式。代表企业:敦煌网、速卖通。

3. 外贸综合服务平台

外贸综合服务平台可以为企业提供通关、物流、退税、保险、融资等一系列服务,帮助企业完成商品进口或者出口的通关和流通环节,还可以通过融资、退税等帮助企业资金周转。代表企业:阿里巴巴一达通。

(三) 按跨境电子商务市场盈利模式划分

按跨境电子商务市场盈利模式,跨境电子商务可分为以下几种。

1. 传统跨境大宗交易平台(大宗 B2B)模式

为境内外会员商户提供网络营销平台,传递供应商或采购商等合作伙伴的商品或服务信息,并最终帮助双方完成交易;收取会员费和营销推广费。

2. 综合门户类跨境小额批发零售平台(小宗 B2B 或 C2C)模式

独立第三方销售平台,不参与物流、支付等交易环节;收取交易佣金,此外还包括会员费、广告费等增值服务费。

3. 垂直类跨境小额批发零售平台(独立 B2C)模式

批发零售平台,同时自建 B2C 平台(含物流、支付、客服体系),将产品销往境外;销售收入构成主要的收入来源。

4. 专业第三方服务平台(代运营)模式

不直接或间接参与任何电子商务的买卖过程,而是为行业不同、模式各异的从事小额跨境电子商务的公司提供通用的解决方案,帮助客户提供后台的支付、物流以及客户服务、涉外法律顾问等模块服务。

5. 外贸综合服务平台,亦称外贸综合服务企业

以企业化运作模式,提供报关、报检、物流、外汇、退税、融资、保险等一站式、全方位的外贸综合服务,实现了传统外贸业务操作模式自线下向线上的转变。

四、跨境电子商务对国际贸易的影响

(一) 改变了国际贸易的运行方式和运行环境

跨境电子商务贸易活动中的进出口商品交换信息、商贸洽谈、合同签订、

货物运输、报关报检、进出口代理交货付款等服务功能都可以通过电子商务系统来传输和处理。因此国际贸易的运行方式和环境都发生了很大的变化。

（二）促进国际贸易流通渠道的变革

传统贸易的流通渠道中间商较多，流通时间长、贸易效率低。新模式下，跨境电子商务渠道主体为国际贸易电商企业，电商企业可以进行跨国界全天候经营和服务，为消费者选择产品、进行资金支付等降低交易费用。

（三）使国际贸易经营主体发生变化

在传统的国际贸易中，贸易的成本较高，需要雄厚的资金开拓国际市场，因此，从事国际贸易的主体大多为实力较强的大型企业。而电子商务的发展简化了国际贸易的流程，降低了交易成本以及中间环节的成本，使买卖双方直接交流，因此，广大的中小企业可以在国际市场拥有竞争力。

（四）使国际贸易经营管理方法发生变化

以计算机网络信息技术为核心的电子商务系统，突破了传统国际贸易以单向物流为主的运作格局，实现了以物流为依托、以资金流为形式、信息流为核心、商业流为主体的全新经营管理模式。通过信息网络提供全方位、多层次、多角度的互动式的商贸服务。

（五）使国际贸易成本结构发生变化

传统贸易方式中，各个环节的衔接以及层层手续、烦琐的交易过程大大增加了贸易的成本。电子商务通过无纸贸易，直接达成了企业对企业或者是企业对个人的终端贸易形式，很大程度地节省了贸易的中间费用，从而直接降低了国际贸易的成本，提高了交易的效率。

（六）使国际贸易的监管方式发生变化

电子商务交易的无形化、网络化必将促使各国政府对国际贸易的监管方式进行创新，特别是在关税征收、海关管理、进出口检验等方面，必须尽快适应电子商务的发展需要。

另外，电子商务对国际贸易政策的取向、创造新的国际贸易营销模式、国际贸易的竞争方式的变化也产生很大的影响。

五、跨境电子商务发展存在的问题和对策

（一）跨境电子商务发展存在的问题

1. 法律问题

电子商务涉及电子文件、合同、公证和签名等认证问题，也涉及商务的争端解决问题。电子商务市场的参与者，包括消费者、企业、金融机构和网络服务提供者，都有必要建立起一套共同遵守的商业规则。

2. 税收问题

国际互联网为企业和个人节税开辟了一条新途径。特别是针对数字产品，一个高税率国家的消费者可以通过互联网在一个低税率国家购买到自己需要的产品，而且只需花少许上网费即可。其后果是对税率相对较高的国家

产生了不利的影响,造成税收的流失。各国政府对网上征税又面临种种困难。

3. 安全问题

安全问题包括:有效保障通信网络、信息系统的安全程度,确保信息的真实性、保密性、不可否认性和不可更改性,以防止非法入侵、使用、盗用、修改和破坏等。使用密码可以帮助实现保密目的,但也会因为密码的丢失而造成无法挽回的损失。因此,建立完善的加密、解码系统,对电子商务的发展十分关键。

4. 跨境物流滞后

作为整个产业链中的上下两环,线上商品交易与线下货物配送两者发展须相辅相成,但国际物流运输渠道却跟不上当前跨境电子商务的快速发展。跨境电子商务情况较复杂,且各国(地区)间政策差异较大,很难像内贸电商一样通过自建物流的方式来解决物流问题。跨境电子商务的物流,周期较长,此外还存在投递不稳定、收货时间波动较大等问题。

5. 人才缺失

跨境电子商务人才缺失,特别是一些小语种电商人才缺乏。从事跨境电子商务业务的人才,除了要突破语种的限制外,还要能了解境外的市场、交易方式、消费习惯等,同时,要了解各大平台的交易规则和交易特征。

(二) 跨境电子商务发展的对策

1. 构建跨境电子商务法律法规体系

在跨境电子商务法律法规的制定过程中,既要以确定的安排弥补技术和信用的不足,又要给跨境电子商务发展创造相对宽松的法制环境,避免过度监管。另外,构建跨境电子商务法律法规体系,不仅需要新制定专门的法律法规,也要合理解释原有法律和制定有利于跨境电子商务发展的配套法律法规。

2. 完善跨境电子商务管理体制

跨境电子商务面临着比境内交易更为复杂的交易环境,但我国在跨境电子商务的监管、结汇、税收等方面的管理还处于探索阶段,需要进一步完善跨境电子商务管理体制,适应跨境电子商务管理的实践需求。

3. 加强外经贸公共信息服务体系建设

逐步建立以提供外经贸商情信息、政策法规信息和经济环境信息服务为主要内容的外经贸信息服务体系。

4. 加强跨境电子商务监管的国际合作

跨境电子商务交易具有全球性特征,需要不同国家或地区之间有跨区域、跨文化、跨体制的监管合作。同时,还要积极参与跨境电子商务多边谈判,在跨境电子商务规则制定中争取话语权,为境内企业参与竞争提供规则。

5. 加强跨境电子商务行业自律

跨境电子商务行业的健康发展,需要加强跨境电子商务行业自律,就是要鼓励跨境电子商务企业界、非营利性组织、第三方平台、评价机构等建立行业自律体系，推动跨境电子商务业务相关行业标准出台，对跨境电子商务的交易渠道、交易过程等环节进行内部规范，营造统一、开放、竞争、有序的跨境电子商务市场环境，促进跨境电子商务的快速、可持续、健康发展。

本章小结与关键术语

思考题

1. 什么是经销？经销应注意什么问题？

2. 什么是代理？按代理权限不同可分为哪几种？使用代理方式时应注意哪些问题？

3. 寄售的特点是什么？其优缺点及在使用中应注意的问题有哪些？

4. 什么是招标、投标？招标的程序有哪些？

5. 拍卖及其特点是什么？拍卖的方式有哪几种？

6. 什么是展卖？开展展卖应注意的问题有哪些？

7. 什么是易货贸易？其作用有哪些？

8. 什么是补偿贸易？补偿贸易的方式有哪几种？

9. 什么是加工贸易？其形式有哪几种？

10. 什么是期货贸易？其功能是什么？

11. 什么是套期保值？举例说明其做法。

12. 什么是跨境电子商务？其对国际贸易的影响如何？

13. 跨境电子商务在发展中存在哪些问题，应采取什么对策？

练习题

参考文献

[1] 黎孝先.国际贸易实务[M].3版.北京：对外经济贸易大学出版社，2000.
[2] 彭福永.国际贸易实务教程[M].上海：上海财经大学出版社，2000.
[3] 张向先.国际贸易概论[M].3版.北京：高等教育出版社，2008.
[4] 盛洪昌.国际贸易[M].3版.北京：中国人民大学出版社，2013.
[5] 盛洪昌.国际贸易理论与实务[M].5版.上海：上海财经大学出版社，2016.
[6] 盛洪昌.国际贸易实务[M].上海：上海财经大学出版社，2012.
[7] 盛洪昌.国际贸易实务[M].北京：北京师范大学出版社，2018.
[8] 盛洪昌.国际金融[M].大连：东北财经大学出版社，2016.
[9] 盛洪昌.国际贸易理论与实务[M].2版.北京：中国时代经济出版社，2006.
[10] 陈景霖.国际贸易实务[M].大连：东北财经大学出版社，2009.
[11] 张彦欣，卓小苏，杨楠.国际贸易操作实务[M].北京：中国纺织出版社，2005.
[12] 武晋军.报关实务[M].北京：电子工业出版社，2007.
[13] 霍红.报关实务[M].北京：中国物资出版社，2005.
[14] 姜学军.国际结算[M].大连：东北财经大学出版社，2012.
[15] 董宏祥.外贸单证实务[M].上海：华东理工大学出版社，2003.
[16] 谢文心，王博.国际贸易运输与物流[M].北京：中国社会科学出版社，2013.
[17] 李勤昌.国际货物运输实务[M].北京：清华大学出版社，2008.
[18] 姚新超.国际贸易保险[M].北京：对外经济贸易大学出版社，2012.
[19] 孟恬.国际货物运输与保险[M].北京：对外经济贸易大学出版社，2008.

教师服务

感谢您选用清华大学出版社的教材！为了更好地服务教学，我们为授课教师提供本书的教学辅助资源，以及本学科重点教材信息。请您扫码获取。

教辅获取

本书教辅资源，授课教师扫码获取

样书赠送

国际经济与贸易类重点教材，教师扫码获取样书

清华大学出版社

E-mail: tupfuwu@163.com

电话：010-83470332 / 83470142

地址：北京市海淀区双清路学研大厦 B 座 509

网址：https://www.tup.com.cn/

传真：8610-83470107

邮编：100084